만주사변에서 중일전쟁으로

Series NIHON KINGENDAISHI, 10 vols.
Vol. 5, MANSHU JIHEN KARA NICCHU SENSO E
by Yoko Kato
ⓒ 2007 by Yoko Kato
First published 2007 by Iwanami Shoten, Publishers, Tokyo.
This Korean edition published 2012
by Amoonhaksa, Seoul
by arrangement with the proprietor c/o Iwanami Shoten, Publishers,
Tokyo

일본
근현대사
시리즈
5

만주사변에서
중일전쟁으로

┃ 가토 요코 지음
┃ 김영숙 옮김

어문학사

▶ 일러두기

● 일본의 지명 및 인명, 고유명사는 현 외래어 표기법에 따라 표기하였다. 단 장음 표기는 하지 않았으며, 어두에는 거센소리를 쓰지 않아 가급적 일본어 발음대로 쓰는 것을 원칙으로 삼았다. 예를 들어 と, か, た가 어두에 오면 '도' '가' '다' 로 표기하고, 어중이나 어말에서는 그대로 거센소리 '토' '카' '타' 로 각각 표기하였다.

● 중국의 지명과 인명 등은 우리말 한자음으로 번역하고 한자를 병기하였다.
  (예) 베이징 → 북경(北京), 상하이 → 상해(上海)

● '지나(支那)' 는 '중국' 으로 번역하였으나 조직 등에서 고유명사로 사용된 경우는 '지나' 로 표기하였다. (예) 외무성 지나과, 지나주둔군 등

● 논문이나 국가 간 합의 문서, 법 조문, 노래, 시, 연극, 소설 제목 등에는「 」, 신문은 〈 〉, 잡지와 단행본 등 책으로 볼 수 있는 것은 『 』로 표시하여 구분하였다.

머리말

유럽의 전쟁

1945(쇼와 20)년 8월, 여태껏 보아왔던 낯익은 땅 위에서 인간이나 건물이 깨끗이 지워지는 공습과 원폭의 체험을 사람들에게 남긴 채 일본의 전쟁은 끝이 났다. 마키노 노부아키(牧野伸顯)의 손자인 요시다 시게루(吉田茂)의 아들이자 영불 문학에 정통한 문학자 요시다 켄이치(吉田健一)는 일찍이 유럽의 인간과 일본인의 전쟁관을 이렇게 비교하였다(『유럽의 인간』).

전쟁이란, 가까운 사람과 헤어져 전쟁터로 간다거나 원자폭탄이 터져 인간이 순식간에 혹은 서서히 죽어가는 것이 아니다. '그것은 선전포고가 이뤄지면 언제 적이 자신의 문전에 나타날지 모르며, 또한 그것이 당연하다고 각오해야 하는 것이고, 그런 각오 속에 자신의 나라와 그 문명이 망한다는 것도 당연히 포함된다.'

그렇다면 유럽인의 전쟁과 일본인의 전쟁은 그 실체나 기억에서 분명히 달랐을 것이다. 괴뢰국가였던 만주국, 식민지하의 조선, 그리고 오키나와(沖縄) 등 몇 가지의 예외(엄청나게 가혹한 체험을 사람들에게 강요하는 예외이긴 하지만)를 제외하면, 많은 일본인에게 전쟁이란 어디까지나 고국에서 멀리 떨어진 장소에서 일어난 사건으로 인식되었다고 해도 이상하지 않다.

그것은 전쟁이었나

따라서, '일본인에게 중국이란 무엇이었나'라는 물음에 대해 일생에 걸쳐 계속 질문해 왔던 정치사상가 하시카와 분소(橋川文三)가 중일전쟁에 대하여, '일본인은 그것을 전쟁이라고 생각했을까'라는 물음을 던졌다는 사실에 새롭게 주목해도 좋을 것이다. 전쟁 기간 중에 일본낭만파 사상에 공감하고 전후 그것을 깊이 후회하였던 하시카와 나름의 뛰어난 착안이었다.

하시카와는 이렇게 말했다. 생각해 보면 1937년 7월에 발발한 중일전쟁은 이상한 전쟁이었다. 중일 쌍방 모두 선전포고 없이 전투를 계속하는 한편, 이면에서는 아시아·태평양전쟁 말기에 이르기까지 중국에 대한 갖가지 화평 공작을 집요하게 계속하였다. 일본인은 그것을 전쟁이라고 생각하고 있었을까? 중일전쟁의 실체와 중일전쟁에 대한 일본 측의 인식 차이가 치명적이어서, 위로는 위정자에서 아래로는 국민에 이르기까지 태평양전쟁에 돌입할 때의 판단이 그릇된 것은 아니었을까?

이처럼 하시카와는 의문을 던지며 중일전쟁과 태평양전쟁을 연결시키는 단어로서 '진흙탕화'라는 형용사구밖에 가지지 못한 우리들의 경직된 두뇌를 크게 자극하였다(『심포지움 일본역사21 파시즘과 전쟁』).

전쟁이 아니라 보상

하시카와 자신은 답하지 않았으나, 일본인이 당시의 호칭인 '지나사변(支那事変)', 즉 중일전쟁을 어떻게 인식하고 있었는지는 검토할 만한 문제일 것이다. 교토(京都)의 요메이분코(陽明文庫)에 보관되어 있는 고노에 후미마로(近衛文麿) 관계 문서 가운데 「현 시국의 기본적 인식과 그 대책」(38년 6월 7일 자)이라는 제목의 사료가 있다. 내용으로 판단하건대, 고노에 수상의 브레인이었던 쇼와연구회(昭和研究会) 등의 지식인이 집필했다고 추정되는 사료에는, 다음과 같은 중일전쟁관이 보인다.

'전쟁의 성질—영토 침략, 정치·경제적 권익을 목표로 하지 않으며, 일본과 중국의 국교 회복을 저해하고 있는 잔존 세력의 배제를 목적으로 하는 일종의 토벌전이다.' 중국과 전쟁을 하고 있는 와중에 전쟁의 성질을 마치 비적 토벌전 같은 싸움이라고 표현하고 있다. 물론 화북(華北)과 화중(華中)을 연결하는 전략지점인 서주(徐州)를 함락한 후 쓰인 사료라는 점은 고려해야 하지만.

그렇다면 군은 어떻게 생각하고 있었을까? 1938년 중지파견군(中支派遣軍) 사령부가 작성한 문서 「양자강 개방에 관한 의견」을 통해 그들의 중일전쟁관을 살펴보자. '이번 사변은 전쟁이 아니라 보상이다. 보상을 위한 군사행동은 국제 관례가 인정하는 바'라는 인식이 보인다. 중일전쟁은 전쟁이 아니라 보상이라고 기술하고 있다. 그렇다면 '보상'이란 어떠한 의미를 갖는 것일까?

보상(補償)은 법률 용어에서 말하는 보복의 동의어이며, 국제 불법행위의 중지나 교정을 촉구하기 위한 강력 행위로 정의된다. 이는 상대국이 조약에 위반하는 행위를 한 경우, 그 행위를 중지시키기 위해 상대국의 화물·선박의 억류, 영토의 일부 점령 등 강제 행위에 호소하는 것을 말한다. 이때 그들이 실행한 강력 행위는 법률상 위법행위가 아니다.

고노에의 사료나 중지파견군의 사료가 외부 선전을 위해 작성된 것이 아니라 내부용 극비 문서인 점을 고려하면, 쇼와연구회의 지식인이나 중지파견군의 군인이 눈앞의 전쟁을 진실로 비적 토벌전이라고 여기고 보상·보복이라고 생각했음에는 틀림없다.

이 책이 지향하는 것

그때 일본 측이 보상이나 보복에 호소하면서까지 막아야 한다고 믿었던 중국 측의 국제 불법행위는 대체 무엇이었을까? 태평양전쟁에 돌입할 때 일본인의 판단을 그르치게 한 계기가 되었다며 하시카와가 지적했던 중일전쟁. 이 중일전쟁을 우리의 조상들은 비적 토벌전이나 보상·보복의 개념으로 다루고 있었다. 현재로서는 중일전쟁이 우발적인 무력 충돌로 일어났다는 것은 분명하다. 그러나 그 중일전쟁의 근간에는 1931년 9월 18일 관동군 참모의 모략에 의해 일어난 만주사변이 있었다.

이처럼 생각을 정리해 보면 만주사변이 꾸며진 시점에서 일본 측은 이미 보상·보복이라는 생각을 염두에 두었으리라는 추측이 성립한다. 리튼조사단이 일본을 방문한 1932년 3월 오사카상업회의소는 다음과 같은 각서를 조사단에 건넸다. '만주의 변란을 야기시킨 것은 (중략) 중국이 조약을 통해 일본에게 인정한 권리를 존중하지 않고, 일본으로 하여금 그 권리를 확보하기 위한 정당방위의 행동에 나설 수밖에 없게 하였다.'

이 각서는 리튼 보고서의 부속서에도 수록되어 있다. 부속서는 일본 정부나 상공업자가 ① 중국에 의한 일본 제품 보이콧(일본 제품 배척)을 무력에 의하지 않은 적대행위로서 부전조약 제2조(정책 수행을 위한 전쟁을 불가능하게 한다) 위반이라고 인식하고 있는 점, ② 일본이야말로 보복 조치를 취해도 된다고 '순진하게' 믿고 있는 상황 등에 대하여 보도하고 있으며, 더 나아가 리튼 보고서 제7장에는 조사 과정에서 일본의 상공업자 등이 보이콧을 '침략 행위라고 하여 이에 대한 보복으로서 일본이 군사행동을 취했다고 주장'한 사실을 명백하게 기록하고 있다.

필자는 당시의 일본 위정자나 국민이 어떠한 경위로 마음속으로부터 보복을 주장하게 되었을까 하는 점을 밝히고 싶다. 만주사변, 중일전쟁의 원인이 중국 측의 국제 불법행위에 있었다고 주장하고 싶은 것은 절대 아니다. 오히려 국제연맹을 무대로 한 논쟁에서 중국 측은 일본의 위법적인 무력행위에 대항하기 위해 보이콧을 행한 것으로서, 중국의 보이콧은 보복 조치라고 반론하였으며, 그 주장은 국제연맹총회에서 채택된 권고안에 반영되었다. 쌍방이 상대 국가에 대해 국제 불법행위를 했다고 주장하면서 스스로 취한 강력조치가 보복이기 때문에 위법이 아니라고 서로 논쟁하는 두 나라, 그것이야말로 1930년대 일본과 중국의 모습이었다.

몇 가지 의문

왜 그렇게 되어 버린 것인가? 1930년대의 위기는 세계적 규모의 경제적 위기이면서 영국·미국·소련·일본 등 열강이 각축을 벌이는 극동의 군사적 위기이기도 했다. 따라서 위기의 발단이 된 만주사변 또한 중국의 국가 통일을 저지하기 위해 일본이 군사행동을 일으킨 사건이라고 설명하는 것만으로는 불충분할 것이다.

이 책은 만주사변의 기원을 1920년대, 필요한 경우 러일전쟁까지 거슬러 올라가는 한편, 중일전쟁을 독자적으로 해결할 길이 사실상 소멸되는 1940년 10월의 대정익찬회(大政翼贊會) 성립까지를 대상으로 다음과 같은 질문에 대답하고자 하였다.

① 만몽(滿蒙) 특수권익이란 무엇이었나? ② 두 가지 체제를 둘러싼 각축은 1920년대의 중국을 어떻게 변화시켰나? ③ 리튼보고서는 일본의 특수권익론에 어떠한 판단을 내렸나? ④ 국제연맹에 대하여 강경한 태도를 취했던 우치다(內田) 외교의 이면에 어떠한 논리가 있었나? ⑤ 1933년 이후 대일 유화정책으로 전환한 듯 보이는 중국 측의 전략에는 어떠한 것이 있었나? ⑥ 화북 분리공작을 진행한 일본 측의 의도는 무엇이었나? ⑦ 중일전쟁의 특질은 무엇이었고, 또한 그것은 어떠한 원인에 의해 발생했는가?

제1장에서는 만주사변이 갖는 형태상의 4가지 특질에 주목하여

세계 정세를 수시로 바꾼 사변의 전체상을 우선 살펴보았다. '후기' 까지 읽어 주신다면 더할 나위 없는 기쁨이 될 것이다.

이 책의 기술은 표면적으로, 대상 시기가 제4권과 겹치는 부분이 있다. 그러나 30년대 위기에 대하여 외교와 군사의 측면에서 설명하기 위해서는 제4권의 시간 축까지 거슬러 올라가 설명하는 것이 불가피하다. 이 점은 독자에게 양해를 구하는 바이다.

차례

제1장 만주사변의 4가지 특질

유조호사건 직후 점령된 북대영의 항공 사진(1931년 9월 19일, ⓒ 마이니치신문사).

1. 상대의 부재

4가지 특질

1931(쇼와 6)년 9월 18일 밤 10시 20분, 중국 동북부(만주), 요녕성 (遼寧省)의 심양(봉천)에서 가까운 류조호(柳條湖)에서 남만주철도의 노선 일부가 폭파되었다. 관동군 참모 이시하라 칸지(石原莞爾) 등에 의해 1929년부터 주도면밀하게 준비해 온 작전이 여기서 실행된 것이다.

만주사변을 역사적으로 생각하고자 할 때 왜 이 같은 사건이 발생한 것일까, 사람들은 우선 이유부터 생각하려고 할 것이다. 역사의 인과관계에 주목하는 것은 자연스럽고 중요한 일이기 때문이다.

그러나 이를테면 2001년 9월 11일, 미국에서 일어난 동시다발 테러의 충격을 접했을 때 우리는 테러를 '일찍이 없었던 전쟁(war like no other)'이라고 부르며, 우선은 그 새로운 전쟁의 형태상 특질에 주목하였다. 순식간에 세계의 정경을 뒤바꾼 폭력의 실태에 다가가기 위해서는 형태에서 시작하는 것이 적합하다고 본능적으로 느꼈기 때문일 지도 모른다. 나아가 본서와 연결해서 말하자면, 만주사변을 주도한 이시하라 자신은 러일전쟁, 제1차 세계대전 때 전쟁의 형태상 변화나 특질에 대하여 가장 치밀하게 연구를 해온 인물이었다.

따라서 이 장에서는 만주사변이 가지고 있던 형태상의 특질을 밝혀 본서 전체의 도입부로 삼고자 한다. 만주사변은 ① 상대국 지도자의 부재를 틈타 일으켰다는 점, ② 본래는 정치 간섭이 금지된 군인에 의해 주도된 점, ③ 국제법에 저촉된다는 것을 자각하면서도 국제법 위반이라는 비난을 피하도록 계획된 점, ④ 지역 개념으로서의 만몽의 의미를 끊임없이 확장시키고 있었다는 점, 이 4가지 특질을 가지고 있다고 보인다. 그렇다면 왜 이러한 '형태'가 선택된 것일까? 또한 이러한 '형태'를 선택함으로써 만주사변은 일본 사회를 어떻게 변용시키고 있었는가? 바로 이러한 점에 대해 고찰하고자 한다. 우선 ①부터 살펴보자.

그 당시의 두 사람

그때 장개석(蔣介石)은 수도 남경을 비우고 있었다. 장개석은 국민정부 주석, 육해공군 총사령관이었기 때문에 정치적으로도 군사적으로도 중국의 최고 지위에 있었다고 할 수 있다. 장학량(張學良)도 그 근거지 심양(瀋陽)을 비우고 있었다. 장학량은 동삼성(東三省 : 요녕성〔遼寧省〕, 길림성〔吉林省〕, 흑룡강성〔黑龍江省〕)이라고 불리던 동북부의 실질적 지배자였으며, 동북변방 군사령장관의 지위에 있었다.

▶그림 1-1. 1930년대의 중국.

본래 있어야 할 장소를 떠나 그때 두 사람은 무엇을 하고 있었을까?

만주사변이 일어나기 전 1931년 7월부터 9월에 걸쳐 장개석은 약 30만의 국민당군을 이끌고 강서성(江西省)을 본거지로 하는 중국공산당 홍군에 대한 제3차 소탕전을 진행하고 있었다. 전년 12월의 제1차 공산당 소탕전 시점부터 장개석이 이끄는 국민당군은 고전을 면치 못하고 있었다. 장개석이 직면한 군사적 위협은 그뿐만 아니었다. 국민당 내 반(反)장개석 세력인 왕조명(汪兆銘) 등을 중심으로 1931년 5월 28일 '광주국민정부'가 수립되어 여기에 광동파와 광서파로 구성된 반 장개석 연합군도 가담하였다. 만주사변 5일 전인 9월 13일, 장개석이 이끄는 국민당군은 이 반(反)장개석 연합군을 상대로 호남성(湖南省)에서 싸우고 있었다. 장개석은 강서성과 호남성, 두 장소에서 다른 상대와 내전을 하지 않을 수 없었다(그림 1-1 참조). 내전에 대한 대응에 쫓기고 있던 장개석은 남경이 아니라 강서성의 성도 남창(南昌)에서 만주사변의 제1보를 듣게 되었다.

한편, 장학량은 어떠했는가? 만주사변 전에 장학량은 화북의 석우삼(石友三)군이 일으킨 반란에 대처하기 위해 휘하의 동북변방군(이하 동북군)의 정예 11만 5천 명을 이끌고 관내, 즉 장성 이남인 화북에 있었다. 결과적으로 1931년 8월 4일까지 진압된 반란은 본래 일본 측 특무기관이 석우삼군을 매수하여 일으킨 것이었다. 관동군은 사변 준비에서 동북군 주력을 사전에 화북 방면으로 견제하기까지 하였다(황자진〔黃自進〕,「만주사변과 국민공산당」).

장학량은 1930년 5월 중원대전에서 반 장개석 연합에 가담하지 않았기 때문에 남경 국민정부는 이를 고맙게 여기게 되었다. 그 결과 북평(북경)·천진의 위수(衛戍)사령이나 화북성(華北省) 정부 주석 등 중요 직책을 자파(自派)로 장악하게 되었으며, 1931년이 되자 동삼성에 이어 화북에도 정치·경제적인 지배를 넓히는 준비를 하고 있었다. 석우삼군의 반란이 없었다 해도 장학량이 동북을 비울 가능성은 높았을 것이다. 사실 그는 심양이 아니라 북평에서 제1보를 듣게 되었다.

모략의 심도

이 같은 경과를 보면 장개석과 장학량이 본거지를 떠났을 때를 노려 만주사변이 발생했다고 생각하는 것이 자연스러울 것이다. 그렇다면 왜 이러한 형태가 필요했던 것일까?

관동군은 러일전쟁 후 관동주의 방어 및 만철 노선 보호 임무를 띠고 설치된 군대였다. 1919년 4월 무관제인 관동도독부가 폐지되고 관동청(關東廳)이 설치됨에 따라 독립된 만주지역 군사기관으로서 발족하였다. 철도 수비에 그치지 않고 일본의 만주 권익을 군사력으로 보호하는 역할, 대소 전략을 수행하는 주체로서의 역할을 차츰 강화시켜 간다(야마무로 신이치〔山室信一〕,『키메라 증보판』). 그러나 그 병력은 만주사변 전에는 일본 본토에서 2년 교대로 파견되는 주차사단과 6개 대대의 독립 수비대, 합쳐서 약 1만 4천 명밖에 없었다(에구치 케이이치〔江口圭一〕, 『15년전쟁소사』). 이 숫자를 동북군 약 19만과 비교하면, 피아의 전력 차가 너무도 확연하다는 것을 이해할 수 있을 것이다.

당시의 관동군 병력으로 전 만주를 단기간에 제압하려면 이러한 병력 차가 가장 큰 문제가 되었을 터이며, 이 문제를 해결하기 위해서는 동북군 정예와 더불어 장학량이 자리를 비우고 장개석이 공산당 소탕전, 반 장개석 연합과의 전쟁에 바빴던 시기를 고려하면서 만주사변을 일으켰던 것이다.

2. 정치와 군인

공회당에서

다음으로 만주사변 특질의 두 번째로서, 앞에서 ②로 표시했던, 본래 정치 관여가 금지된 군인에 의해 주도된 점에 관하여 살펴보기로 하자. 이시카와 현(石川県)에서 태어나 가나자와(金沢)의 제4고등학교를 거쳐 1924년 도쿄제국대학 문학부에 입학한 청년은, 도쿄대 신인회(新人会)에서 활동한 후 일본공산당에 입당, 1928년의 3·15사건(같은 해 실시된 제1회 보통선거에서 노동농민당〔労働農民党〕 후보를 세워 공공연하게 활동하고 있던 공산당에 대해서 당시의 다나카 기이치〔田中義一〕 내각이 치안유지법에 따라 탄압했던 사건)으로 검거되었다. 석방 후 약해진 몸을 요양하기 위해 청년은 고향 이시카와 현으로 돌아갔다. 1930년경의 일이었으며 청년의 이름은 이시도 키요토모(石堂清倫)였다(사진 1-2).

어느 날, 고마쓰초(小松町)의 공회당 앞을 지나던 이시도는 평소 마을에서 보지 못했던 광경으로 햇볕에 그을린 얼굴의 농민들이 공회

▶사진 1-2. 1992년 무렵의 이시도 키요모토(이소도 키요모토, 「우리들의 이단의 쇼와사」 상. 平凡社 라이브러리, 2001에서).

당을 가득 메우고 있는 모습을 보게 되었다. 입구에는 '시국대강연회(時局大講演會)'라는 간판이 걸려 있고 육군성(陸軍省)에서 파견된 소좌(少佐)가 연설하고 있었다(이시도 키요모토〔石堂淸倫〕, 『20세기의 의미』). 단상의 소좌는 가난의 벼랑 끝에 있던 농촌의 모습을 언급한 후 해결책으로는 특단의 조치가 필요하다며 다음과 같이 말을 이었다.

이른바 '좌익의 조합'은 대지의 평등 배분을 요구하고 있는데, 이는 정당한 주장이지만 설령 일본의 모든 경지를 모든 농가에 평등하게 분배한다고 해도 그 양은 5반보(1반은 약 992㎡)에 지나지 않은가, 라며 다음과 같은 주목할 만한 선동적인 구절로 연설을 이어갔다.

여러분은 5반보의 토지를 가지고 아들을 중학교에 보내겠는가, 딸을 여학교에 다니게 할 것인가. 불가능할 것이다. (중략) 일본은 토지가 좁고 인구는 과잉이다. 이것을 좌익은 잊고 있다. 따라서 국내의 토지 소유제를 근본적으로 개혁하는 것으로는 개혁이 불가능하다. 여기서 우리는 국내에서 외부로 눈을 돌리지 않으면 안 된다. 만몽의 옥토를 보라. (중략) 타인의 것을 실례하는 것은 칭찬받을 일이 아니지만 죽느냐 사느냐 하는 마당에 비본질적인 것이 본질적인 것을 대체할 수는 없다. 계산해보면 여러분은 5반보가 아니라 일약 10정보(1반의 100배, 거의 10ha에 해당)의 지주가 될 수 있다. 즉 부자가 될 수 있다.

▶사진 1-3. 일본농민조합대회(1926년 7월경, 호세이대학 오하라사회문제연구소 소장).

연설 속의 '좌익'은 노동농민당을 가리키며, '좌익의 조합'이란 일본농민조합 등을 가리키는 것이리라. 일찍이 소작인이 주도하는 소작료 감면 요구가 중심이었던 소작 쟁의는 소좌의 연설이 이뤄진 쇼와 공황기가 되면, 지주 주도에 의한 소작지 철수, 소작료 체납 일소 요구로 쟁의 발생의 이유가 극적으로 변화하고 있었다. 공황으로 타격을 입은 농촌에서는 소작인뿐 아니라 지주도 궁핍해져서 지주—소작인 사이에 토지를 둘러싸고 사활적인 투쟁이 벌어졌다. 소작료뿐 아니라 토지가 문제였다(사진 1-3).

이 같은 배경을 이해한 후에 다시 한 번 소좌의 연설을 읽으면 말이 갖는 하나하나의 무게를 잘 알 수 있다. 5반, 중학교, 부자라는 말을 효과적으로 나열한 후 소좌는 만몽의 옥토를 가져야 하지 않겠느냐고 말하였다. 이 연설은 육군이 추진하고 있었던 국방사상 보급운동 중지방에서의 한 장면이었다.

육군 형법 제103조

육군 측이 국방사상 보급운동에 걸었던 노력은 보통 이상이었다. 본래 군인은 육군 형법 제103조 '정치에 관하여 상서, 건백이나 그 밖의 청원을 하거나 연설 혹은 문서를 통해 의견을 공표하는 자는 3년 이하의 금고에 처한다'에 따라 정치 운동이 금지되어 있었다. 그러나 당시 국민군축동맹의 오자키 유키오(尾崎行雄) 등이 비판하고 있었던 것처럼 제103조는 준수되고 있지 않았다.

이 점에서 비판을 면하기 어렵다고 자각한 육군성은 군이나 사단의 참모장 앞으로 1931년 8월 정부의 시정·정책 등을 군인이 비판한 경우에는 법에 저촉되지만 국방·군비 등에 관하여 군인의 직책과 본무에 비추어 '사실의 해설 및 연구의 결과'를 발표하는 것은 금지하지 않는다는 해석을 통첩하였다(방점은 인용자, 이하 동일).

같은 통첩 중에는 형법 제103조에 저촉되지 않는 구체적 예로서 '만몽에서의 우리 권익을 설명하고 해당 권익의 현상을 소개'하는 예를 들고 있다. 사실을 소개한 다음 일본이 취해야 할 태도에 대해 듣는 사람이나 독자에게 '자연스럽게 판단하게 하는 행위는 육군 형법 제103조에 조금도 저촉되지 않는다'고 육군성은 마음대로 판단했다(『자료 일본현대사 8』). 군인은 법적으로 정치 운동이 금지되어 있으나 정치 운동을 할 필요가 있을 경우 사실을 설명함으로써 국민에게 무엇을 해야 하는가를 판단하게 하면 된다고 육군은 제멋대로 생각하여 강연회를 전국적으로 개최하고 있었던 것이다.

　이시도 청년이 고마쓰초의 공회당에서 들은 것처럼, '만몽의 옥토를 차지해야 하지 않겠는가'라는 누가 보아도 명백한 선동도 있었을 것이다. 그러나 민주주의나 공산주의 사상의 세례를 받은 국민에 대해 육군이 행한 것은 이러한 노골적인 선동보다는 오히려 국민에게 '사실'을 제시하고 '판단'하게 하는 설득의 형식이 아니었을까?

　판단의 구체적 방법에 관해서는 국방사상 보급 강연회의 논거를 보면 분명해진다. 논거는 재향군인회 기관지『전우』나 육군장교의 친목·지식 교류를 위해 발행된『가이코샤기지(偕行社記事)』였다. 이러한 기사에 공통적으로 보이는 특징은 집요하다고 할 만큼 숫자를 나열한다는 점, 역사적 경위에 역점을 두는 점이다. 일반적으로 객관적이라 생각되는 숫자나 역사적 경과를 늘어놓음으로써 무엇을 해야 하는가를 국민에게 '판단'하게 하려는 것이리라.

'사실'의 내용

　여기서 참모본부 제2부장(정보) 다테카와 요시쓰구(建川美次)가 1931년 3월 3일, 재향군인회 본부 평의회에서「우리나라를 둘러싼 각국의 정세」라는 제목으로 행한 연설 내용을 살펴보자. 이 강연을 필기한 것이 나중에『전우』에 게재되어(같은 해 7월호 부록), 그 후 강연의 유력한 논거 중 하나가 되었기 때문이었다.

　우선 소련의 군비 증강의 양상을 자세히 설명하기 위해 잡다한 숫자가 나열되었다.

항공 병력은 1927년에 97중대 700대였던 것이 작년에는 203중대 약 1,700대로 증가하였으며 (중략) 전차는 1927년에는 전차대가 10부대였던 것이 확장되어 전차 연대 3연대, 독립 전차 대대 4~5, 독립 전차 중대 약간에 이르렀으며, 현재는 약 400대의 전차를 가지고 있습니다.

열거된 수치 자체는 정확하리라. 그런데 그 수치가 극동소련군의 항공기·전차 배치 수가 아니라 유럽 전선까지 포함한 소련군 전체의 항공기·전차 수라는 것은 명시되어 있지 않다. 당시의 청중에게는 일본의 항공기는 100, 전차는 50이라는 지식(모두 1932년 9월의 수치)이 있었을 터이나 소련군의 풍부한 장비에 대한 공포감과 위기의식은 더 커졌을 것이다.

내친김에 다테카와는 일본의 만몽 권익과 열강에 의한 승인이라는 관계사를 다음과 같이 정리하였다.

1917년 11월에는 이시이(石井) 런싱협정이 채결되어 종래 우리나라의 만몽정책에 가장 반대하던 미국조차도 만주에서의 우리나라의 권익을 인정하게 되었습니다. (중략) (그러나) 2, 3년 후의 워싱턴조약에서 그것이 본래대로 돌아가 일본이 모든 것을 포기하지 않을 수 없게 되었습니다.

협정이나 조약의 이름이 많이 언급되지만, 이시이 런싱협정의 시점에서 미국이나 세계로부터 인정받았던 일본의 만몽 권익을 워싱턴회의에서는 전부 포기하게 되었다는 역사 해석에는 무리가 있다. 어느 부분이 문제인가는 제2장 이하에서 명확히 하겠지만, 참모본부 제2부장이 이러한 연설을 했던 것이 만주사변 6개월 전이라는 점에 주목하기 바란다.

조약과 국제법

다테카와에 의한 역사적 경위 설명의 두 번째 항목도 살펴보기로
하자. 조약상 인정된 일본의 권리를 중국 측이 어떻게 침해해 왔는가,
그것을 다테카와는 열심히 논하고 있다.

메이지 38(1905)년 12월 청일조약의 비밀의정서에 의하여 만철에 병행
하는 선은 만철의 이익을 침해하기 때문에 부설하지 않는다는 엄격한
제한이 있습니다만, (중국 측은) 이를 무시하고 우리나라의 항의를 받으
면서도 그들 자신이 이를 만들었습니다. (중략) 만주에서의 상조권(商租
權, 당사자의 상의에 의한 자유계약에 따른 토지 대차)이라는 것이 남아 있습
니다. 이는 조약서에 엄존하는 것입니다. 그러나 오늘날 무엇 하나 이뤄
지고 있지 않습니다.

만철 병행선(竝行線, 평행선이라고도 하지만 본서에서는 병행선으로 표기
한다) 금지 문제와 상조권 문제의 두 가지는, '조약을 준수하지 않는 나
라'로서 중국을 비난하는 문맥에서 당시로서는 널리 사용된 테마였
다. 역사 과정을 분석하면, 다테카와의 말처럼 사태가 단순하지 않았
다는 것을 쉽게 알 수 있다. 그러나 다테카와의 연설 중 어느 부분이
작위적인 잘못된 인식인가, 어느 부분이 무지에서 오는 잘못된 인식인
가에 대해 정확히 대답할 수 있는 사람은 그 당시나 지금이나 그렇게
많지 않을 터이다. 지금 시점에서 다테카와의 논의를 읽었을 때 왠지
많이 들어본 것 같은 느낌이 드는 것은 현재에도 다테카와와 같은 관
점에서 역사를 해석하는 논의가 있기 때문일 것이다.

만몽에 관한 숫자나 역사적 경위를 '사실'로서 국민 앞에 제시

하고, 무엇을 해야 할 것인가를 자연스럽게 '판단' 하게 하는 운동은, 1931년 8월부터 본격화되었다. 만주사변 4일 후인 9월 22일 자의 「국방사상 보급강연회 및 강연회 상황과 그 반향에 관한 건 보고」에서 헌병 사령관은 강연회에 관하여 '반향이 매우 크고 오히려 예상 이상의 성과를 계속 올리고 있다' 라고 만족하였다. 동원된 민중의 수는 9월 24일 단계에서 헌병 사령관이 파악한 것만으로도 48만 8,100명에 이르렀다 한다(요시다 유타카〔吉田裕〕, 「만주사변하의 군부」).

본래는 정치 운동에 관여하지 않을 군인이, 사실의 문제로서 운동에 적극적으로 관여하는 것이 필연적으로 필요하다고 여겨졌다. '사실' 과 '판단' 이라는 설득의 형태와 방식은 중국 문제에 관한 수치적 파악과 역사적 경위에 대한 심상치 않은 집착을 국민에게도 파급시켰으리라. 수치와 역사가 문제가 되는 경우, 일본 측은 반드시라고 해도 좋을 만큼 조약이나 국제법을 논하려고 하였다.

나아가 이러한 태도는 세계의 대세가 지지하는 국제법 체계가 크게 변화하는 제1차 세계대전 후에는 결코 적지 않은 저항을 받게 된다는 것을 의미한다. 여기서 미국 대통령 윌슨의 말을 소개하겠다. 1919년 4월 파리강화회의에서 4대국회의 석상, 산동(山東) 문제로 대립하는 일본과 중국 사이의 주장을 들은 윌슨은, 곁에 있던 영국 외상 발포아(수상 로이드 조지의 임시 대리)에게 다음과 같이 말했다. "일본이라는 나라는 경우에 따라서는 매우 어려운 나라입니다. 저도 과거의 경험에 비추어 봐서 일본인은 조약 해석에 대해 매우 교묘한 설명을 한다는 것을 잘 알고 있습니다"(NHK 취재반 편, 『이념 없는 외교 「파리강화회의」』).

일본의 힘을 잘 제어할 수 없다면 태평양의 평화는 유지할 수 없다고 생각하고 있던 윌슨에게, 조약에 관해 '매우 교묘하게 설명' 하면서 기득권익을 사수해 오려는 일본은 강력한 상대로 인식되었다.

　본래는 정치 운동에 관여할 수 없는 군인이 형법 제103조를 회피하면서 만몽 문제의 '사실'을 국민에게 계몽하고 '판단' 시키는 방식으로의 정치 운동을 추진하려고 할 때, 수치와 역사가 그로테스크할 정도로 이용될 수밖에 없는 구조가 필연적으로 잉태되었다고 할 수 있을 것이다.

3. 사변의 형태

부전조약

다음으로 만주사변 특질의 세 번째, 앞에서 ③으로 정리한, 국제법에 저촉된다는 것을 자각하면서도 국제법 위반이라는 비난을 피하려고 한 점에 관하여 살펴보자. 관동군 외에 참모본부 제2부, 만철조사과 등에 있어서도 만주사변의 형태는 주도면밀하게 계획된 것이었다. 그들이 가장 염려한 것은 열강, 특히 미국의 간섭이었다. 간섭을 피하기 위해서도 단기간에 전 만주를 군사적으로 제압할 필요가 있었다.

그때 그들이 사변이 발발하기 2년 전인 1929년에 일어난 중소분쟁을 귀중한 사례로서 주시했음은 거의 확실할 것이다. 중소분쟁이란, 장학량이 이끄는 동북 정권의 국권 회수 열기에 의해 중국과 소련 사이에 일어난 무력 충돌을 말한다. 같은 해 5월, 장학량은 하얼빈에 있는 소련 총영사관을 강제 수색하고, 같은 해 7월, 중동철로(동청철도)

의 실력 회수에 나섰으나 철도 이권의 원상회복을 요구하는 소련은 장학량의 동북군과 전투를 치러 동북군을 격파하였다.

이러한 극동의 불안정을 보고 미국이 움직였다. 같은 해 7월, 부전조약의 정식 발효를 기다려 국무장관 스팀슨은 분쟁조정 기간에 제3국에 의한 철도관리안을 포함하는 조정안을 중국과 소련에 제안하였다. 1929년 당시 외상이었던 시데하라 키주로(幣原喜重郞)는 소련과 밀접한 연락을 취하면서 미국의 개입을 배제하는 데 힘썼다. 만주 문제는 당사자국끼리 해결해야 한다는 것이 시데하라의 생각이었다. 중국의 신뢰를 얻어 중재에 나섰던 독일 또한 중국과 소련 사이의 2국간 교섭을 알선했기 때문에 극동에 부전조약을 처음으로 적용하려는 미국의 의도는 관철되지 못하고 끝났다.

미국은 다음 기회에야말로 부전조약을 근거로 간섭해 올 터이다. 그렇다면 국제연맹규약, 9개국조약, 부전조약에 저촉되지 않는 사변의 발생 형태를 취하면 된다. 이러한 연쇄적 사고의 결과, 국제법에 저촉되지 않는 전쟁의 형태가 선택되어 갔다.

'민족자결'로의 회피

이리하여 선택된 것이, 악정(惡政)의 결과 장학량이 만주 민중의 지지를 잃었다는 논리였다. 해당 지역 민중이 '민족자결' 원리에 의해 국민정부에서 독립했다고 설명하는 것이다. 1931년 가을, 사변 발발 직후라고 보이는 시기에 참모본부 제2부는 '만몽 신정권 수립은 표면상 중국 자체의 분열 작용의 결과이다'라고 설명하면, 미국이 무력간섭에 나설 위험은 없다고 정세 판단하였다(『현대사자료7 만주사변』). 또한 1932년 1월, 관동군 참모 이타가키 세이시로(板垣征四郎)가 아라키 사다오(荒木貞夫) 육군대신과 회견하기 위해 도쿄에 가지고 간 서류에는 다음과 같은 한 구절이 있었다. '9개국조약에서도 연맹규약에서도 일본이 중국 본부와 분리시키려 하는 직접 행위를 굳이 허용하지 않아도 중국인 스스로가 내부적으로 분리하는 것은 위 조약의 정신에 위배되지 않는다'(『태평양전쟁으로의 길 2』).

이러한 견해는 육군 일부의 생각에 지나지 않는 것처럼도 보인다. 그리고 정부 과장급의 결정에서도 같은 생각을 확인할 수 있다. 1932년 1월 6일, 외무·육군·해군 3성 과장 사이에서 '이상 각 시책의 실행에 있어 애써 국제법이나 국제조약에 저촉되는 것을, 특히 만몽정권 문제에 관한 시책은 9개국조약 등의 관계상 가능한 한 중국 측의 자주적 발의에 바탕을 두는 듯한 형식에 의한다'는 결정을 내렸다(「중국문제 처리 방침 요강」).

이처럼 일본 측은 만주의 독립국가화를 민족자결로 설명하였다. 관동군은 신정권이나 새로운 국가에 동원되어야 할 인물이 장학량의 만주 귀환을 두려워하여 신정권이나 새로운 국가에 참가하기를 주저할 가능성을 봉쇄하기 위하여 전 만주의 군사적 제압을 서둘렀다. 본장 제1절의 설명과 관련지어 보면, 장개석과 장학량의 부재를 노려 사변을 일으킨 배경으로서 신정권에 참여하게 될 중국 측, 주로 중국 동북부 출신 정객의 망설임을 없애고 조기에 치안유지회를 조직화할 필요성도 있었다고 지적할 수 있을 것이다. 중국 측에 의해 신속하게 신정권이 수립되었다는 변명이 가능하다면 '민족자결'의 내실도 보증된다, 이렇게 생각했다.

사실 1932년 11월 21일 리튼보고서 심의에 해당하는 국제연맹 이사회 석상에서 마쓰오카 요스케(松岡洋右) 전권은, 일본인이 만주국 독립을 계획했다는 리튼보고서의 기술 부분에 대해, 다음과 같이 반박하였다. 봉천의 지방자치유지회는 재빨리 1931년 9월 26일에 독립을 선언하였으며, 이어서 하얼빈이나 길림 등에서도 같은 선언이 계속되었다. 이만큼 신속하게 일본인이 일을 진행할 수 있을 리는 없지 않은가, '우리 능력으로 가능한 일은 아니다'라고(『국제연맹에서의 일중 문제의 사록 후편』).

분명히 마쓰오카가 말한 대로, 9월 24일 봉천지방자치위원회가 설립되었으며, 26일에는 요녕성지방유지위원회로 개조되어 요녕성 정부의 기능을 대행하였으며, 독립이 선언되었다. 물론 지방유지위원회가 민족자결원리에 의하여 자연히 탄생했다는 것은 궤변이었다. 1931년 9월 22일, 관동군에서 이타가키, 이시하라 외에 도히하라 켄지(土肥原賢二), 가타쿠라 타다시(片倉衷) 등이 회합해 동북 4성(동삼성에 열하성(熱河省)을 포함시킨 영역)과 몽고를 영역으로 하여, 청조의 마지막 황제 선통제 부의(溥儀)를 수반으로 하는 정권 수립을 구상하였다.

'자위'로의 회피

일찍이 부전조약에 관하여 미국 국무장관 켈로그가 1928년 6월 23일, 관계 각국에게 보낸 각서에는 자위권 악용을 경계하는 다음과 같은 한 구절이 있었다(『일본외교문서』 쇼와기 I, 제2부, 제1권, 92문서, 이하 『일본외교문서』는 『일외』로 약칭).

무법한 자에게 협정된 정의에 적합하도록 사건을 날조하는 것은 매우 쉽기 때문에 조약으로 자위의 법률적 개념을 규정하는 것은 평화를 위해 이익이 되지 않는다.

켈로그의 각서는 이 조약의 결점으로서 당시부터 종종 비판받았던 자위권 개념이 불명확하다는 비판에 답하는 형태를 취하고 있다. 무법자에 의한 악용을 피하기 위하여 군이 자위권 개념을 법률적으로 명확하게 규정하지 않는다는 해명은 주목할 만하다. '정의에 적합하도록 사건을 날조하는 것'이란, 3년 후에 일어난 관동군의 모략을 정확히 예언한 것처럼 보인다.

이상에서 설명한 만주사변의 형태적 특질은 다음과 같이 정리할 수 있다. 그들은 20배의 병력을 가진 동북군을 단기간에 제압할 수 없다는 것을 자각하고 있었다. 그들은 자신들의 운동이 바로 정치 관여라는 것을 알고 있었다. 그들은 만주사변에서 민족자결과 자위의 논리가 위장술에 지나지 않는 것을 알고 있었다. '표면 중국 자체의 분열 작용의 결과' '자주적 발의에 바탕을 둔 것과 같은 형식'이라는 말에서도 그것은 명백할 것이다.

본래 정치에 관여할 수 없는 군인은 무엇을 해야 하는가를 국민에게 판단시키기 위하여 숫자와 역사를 이용해서 극동의 안전에 대한 불안을 선동하고, 중국의 국제 불법행위의 부당함을 호소하였다. 상대국이 조약을 위반하는 행위를 했기 때문에 자위권의 '정의에 적합하도록 사건을 날조'하는 것은 '머리말'에서 설명한 것처럼 보상이며 보복이라고 생각한 것이다.

4. 팽창하는 만몽 개념

만주와 남만주

강연 가운데 다테카와는 만주에서의 우리나라의 권익이라고 설명하는가 하면, 만몽에서의 우리나라의 권익이라고도 표현하였다. 만주와 만몽이란 그 함의하는 구역이 달랐던 것일까? 그렇지 않으면 같았을까? 마지막으로 네 번째의 특질, 즉 지역 개념으로서의 만몽의 의미가 끊임없이 확대되어간 점에 대하여 검토해 보기로 하자.

'만몽'이 어떤 지역을 가리키는 말로서 사용되기 시작한 것은 그곳에 사는 사람들에 의해서가 아니라 일본인들에 의해서였다. 만몽을 설명하기 위해서는 먼저 만주를 설명할 필요가 있다. 본서에서는 지금까지 만주(滿州)라고 표기하였는데, 본래는 '만주(滿洲)'라고 써야한다. 만주(滿洲)란, 민족명·국가명인 Manju에 같은 음의 한자를 붙인 것, 즉 만주어의 한자음으로서 거기 사는 당사자들로서는 공간이나 지역명을 나타내는 것이 아니었다.

만주사변 무렵의 중국 동북지방

시베리아철도
중동철로
남만주철도 및 한반도 안의 일본 철도
중국계 철도
남북 만주의 경계선
국경선
성(省)의 경계선

소 련

흑 룡 강 성

만주리

몽고인민공화국

극산

해륜

치치하얼

동강

앙앙계

내몽고

조남

하얼빈

길 림 성

만보산

길림

개로

장춘(신경)

열 하 성

통요

요

훈춘

타호산

류조호

동

블라디보스토크

열하

금주

봉천

무순

성

북평

산해관

천진

안동

신의주

조 선

여순

관동주

평양

원산

▶그림 1–4. 남북 만주의 경계선(가토 요코, 『전쟁의 일본근현대사』, 講談社 현대신서, 2002).

그러나 일본에서는 1687년 시점에서 「강희제의 본국 만주」라는 표기에서 사용되었던 것이 확인되며, 또한 18세기 말에 쓰여진 『북사문략(北槎聞略)』 등에서 지역명으로서 만주를 사용한 예 등도 널리 알려져 있다. 이러한 용법은 유럽인이 작성한 해당 지역 지도에서도 종종 찾아볼 수 있다. 정리하자면, 19세기의 러시아 진출과 청나라 지배

영역의 축소, 청조 체제 아래서의 동삼성이라는 틀이 성립됨과 더불어 동삼성의 영역이 유럽인과 일본인 등에 의해 Manchuria 혹은 만주(滿洲)라고 규정되었다고 말할 수 있을 것이다(나카미 타쓰오[中見立夫],「지역 개념의 정치성」, 야마무로 신이치[山室信一],『キメラ 증보판』보장[補章]). 앞으로 본서는 관례적 표기에 따라 만주(滿州)라는 표기로 통일하기로 한다(단, 인용문 중의 만주(滿洲)라는 표기는 그대로 두었다).

그렇다면 남만주란 어디를 가리키는 것일까? 남북의 경계선은 어디인가? 예로부터 경계선이 있었던 것은 아니다. 러일전쟁 후 1907(메이지 40)년 7월 30일, 제1차 사이온지 킹모치(西園寺公望) 내각에 의해 조인된 제1차 러일협약 부속 비밀협약에 의해 일본과 러시아는 철도와 전신에 관해 남만주는 일본, 북만주는 러시아의 세력범위로 한다는 것을 상호 인정하였다. 그때 지도상의 남북 경계선이 정해졌다. 그러나 그 시점에서는 러시아의 남하에 대한 남만주 권익의 예방적 조치로서의 의미가 강했다(미타니 타이이치로[三谷太一郎],『증보 일본 정당정치의 형성』제2부).

종이 위에 경계선을 연상해 보자. 우선 훈춘(琿春)을 지도에서 찾아 그 지점에서 줄을 그어 길림의 북쪽을 지나 제2 송화강을 따라 서쪽으로 나아가게 하면 남북의 경계선이 된다. 이미지로서는 중동철로의 앙앙계(昂昂溪)·하얼빈·블라디보스토크를 연결하는 철로를 묘사하여 그 남쪽에 장춘과 하얼빈의 중간 지점을 지나도록 평행선을 그으면 대체로 이 남북의 경계선과 겹친다(그림 1-4).

만몽이란

　그렇다면 만몽의 '몽(蒙)'에는 어떠한 의미가 부여되어 있었을까? 1910년 7월 4일, 제2차 가쓰라 타로(桂太郎) 내각은 제2회 러일협약에 부속된 비밀협약을 조인하여 제1회 러일협약의 밀약에서 정한 철도와 전신에 관한 남북 구분선을 철도와 전신 이외의 전반적인 이익 범위까지 확장하도록 합의하였다. 그때 외몽고는 물론 러시아의 세력 범위가 되었다.

　그 후 1911년 10월의 신해혁명, 1912년 2월의 청조 멸망이라는 새로운 사태에 대응하기 위하여 제2차 사이온지 내각은 같은 해 7월 8일에 제3회 러일협약을 조인하였다. 부속 비밀협약에서 내몽고 부분에 관하여 일본과 러시아는 합의하여 북경의 경도인 그리니치 동경 116도 27분의 동쪽을 일본, 서쪽을 러시아의 특수이익지역이라고 결정하였다. 이처럼 러시아와의 비밀협약을 거듭함으로써 일본 측은 남만주와 내몽고에 대하여 북경 경도의 동쪽 부분을 스스로의 이익 범위에 넣는 데 성공하였다. 물론 이러한 합의는 중국 측의 양해를 얻은 것이 아니었다.

　제3회 러일협약의 이면에서는 영국·미국·독일·프랑스의 4개국 은행단에 의한 4국 차관단에 의해 청조 멸망, 신 정부 승인과 연결되었으며, 러시아와 일본을 이 차관단에 포함시켜 일본과 러시아를 견제하려는 움직임이 일어났다. 이는 6국 차관단으로서 1912년 6월에 성립되었다. 러시아와 일본은 차관단에 가입할 때 서로의 제외 범위를 결정하기 위해서도 쌍방의 특수이익지역을 확정할 필요가 있었다.

　이 같은 배경이 있었기 때문에 차관단 규약 작성의 일본 측 책임자였던 우치다 코사이(內田康哉) 외상의 교섭 방침이 4국 측과 러시아 측 쌍방이 어떻게 나오는가를 경계하는 것이 된 것은 당연한 결과였다. 일본은 차관단에 대해 남만주 외에 '남만주에 인접한 몽고'를 제외하고 싶다고 주장하였다. 남만주만 제외해서는 '몽고는 전부 러시아의 특수이익 및 이익의 범위 안에 있는 것을 시인'하는 것이 되어 버리기 때문이었다. 미국과 독일은 이러한 일본과 러시아의 제외 요구에 반대하여, 결국 '일본은행단은 본 차관이 남만주 및 남만주에 인접하는 내몽고의 동부지방에서의 일본의 특수한 권리 및 이익을 조금도 훼손하는 일이 없도록 하는 양해 아래 본 차관에 참여한다'는 문구를 의사록에 남기는 선에서 타결되었다.

동서 내몽고란?

그렇다면 일본과 러시아가 동서로 분할한 내몽고란 구체적으로 어느 지역에 해당하는가? 일본 측의 이해에 의하면 내몽고란, 남으로는 장성선(長城線)으로 나누어진 동 4맹(哲里木盟, 卓索圖盟, 昭烏達盟, 錫林郭勒盟), 서 2맹(烏蘭察布盟, 伊克昭盟), 차하얼부로 이루어진 지역이라고 생각된다. 이러한 구분의 근거를 일본 측은 중국에서 간행된 각종 지지『중화지리전지』(상해중화서국 간행)나 「직원록의 내몽고 직원표」로도 분명하다고 주장하였다. 그러나 동시에 관동도독부가 작성한 어느 문서는, 동서 내몽고라는 개념은 중국 측에는 없다고 다음과 같이 솔직하게 인정하고 있다. '동서 내몽고의 명칭은 중국 지지 기록에 없고, 다만 우리나라 사람의 저서에서 가끔 보일 뿐이므로 이 명칭은

우리나라 사람이 명명했다고 볼 수 있다.'

러시아와 일본에 의한 비밀협정으로 설정된 동서 내몽고라는 종이 위의 지역 개념은 일본인에 의한 명명에 지나지 않았다. 동 4맹, 서 2맹, 차하얼부로 이루어진 내몽고를 북경의 경도로 동서로 나누면 동으로는 동 4맹과 차하얼부 일부가 들어가며, 일본 측은 이 지역을 동부 내몽고라 불렀다. 이렇게 하여 1912년 남만주와 동부 내몽고를 합쳐 지역 개념으로서의 「만몽」이라는 어휘가 새롭게 탄생한 것이다.

동몽고를 둘러싼 공방

이익 범위의 설정은 일본과 러시아의 경우 러일협약의 비밀조항으로 서로 확인한 것이며, 영국과 프랑스 두 열강은 이를 '내고(內告)'라는 형태로 통고받았다. 그러나 일본의 이익 범위가 영국·프랑스·러시아로부터 인정을 받았다 해도 해당 지역이 중국 주권 아래 있는 이상, 중국으로부터 법적 권리를 승인받지 않으면 실체화될 수 없다.

사실 러일전쟁 전승에 의해 일본이 러시아로부터 획득한 권익은, 새롭게 청나라에서 승인을 얻을 필요가 있었다(표 1-1). 중국은 1905년 12월 22일, 만주에 관한 청일조약 및 부속협정에 조인하여 러시아 권익의 일본 이전 양도를 원칙으로서 승인하였다(표 1-2).

▶표 1-1. 러일강화조약 및 추가 약관(1905년 9월 5일 조인) (요약)

1. [여순(旅順)·대련(大連) 조차권의 계승] 러시아는 청나라의 승낙을 얻어 여순, 대련 및 그 부근의 영토 및 영해의 조차권 및 해당 조차권에 관련되거나 그 일부를 조성하는 일체의 권리, 특권 및 양여를 일본에 이전 양도한다(제5조).→러시아가 청나라에서 권리를 획득한 1898년부터 25년째에 해당하는 1923년에 기한이 끝나는 권리.

2. [동청철도 남부 지선의 장춘(長春)·여순 사이, 부속 탄광과 그 밖의 이권 양도] 러시아는 장춘·여순 구간의 철도 및 그 일체의 권리, 특권 및 재산, 동 지방에서의 해당 철도에 속하거나 그 이권을 위해 경영되는 일체의 탄광을 보상 없이 청나라의 승인을 얻어 일본에 이전 양도할 것을 약속한다. 상기 규정에 관한 청나라 정부의 승인을 얻어야 할 것을 서로 약속한다(제6조).→1903년부터 36년째에 해당하는 1939년에는 중국의 매수 요구에 응할 의무 있음.

3. [철도 수비병] 양 체결국은 만주에서 각자의 철도 노선을 보호하기 위하여 수비병을 둘 권리를 가진다. 해당 수비병 수는 1km마다 15명을 초과할 수 없다. 그러나 일본 및 러시아 군사령관은 전기 최대 수 이내에서 실제 필요를 고려하여 사용될 수비병 수를 쌍방의 합의로 가능한 한 소수로 한정해야 한다(추가 약관 제1조 제3항).→중국 측은 철도 수비병을 배치할 권리를 러시아에 주지 않았다고 하여 일본에 상기 권리가 이전 양도될 이유는 없다고 하였다.

▶표 1-2. 만주에 관한 청일조약(1905년 12월 22일 조인) (요약)

1. 청나라 정부는 러시아가 러일강화조약 제5조 및 제6조에 의해 일본국에 대하여 행한 일체의 양도를 승낙한다(제1조).

2. 일본국 정부는 청러 양국 간에 체결된 조차지 및 철도 부설에 관한 현 조약에 비추어 가능한 한 수행할 것을 승낙한다. 장래 어떠한 조건이 발생한 경우에는 수시로 청나라 정부와 협의하여 이를 정해야 한다(제2조).

3. 청나라는 남만주철도의 이권을 보호할 목적으로 해당 철도를 아직 회수하기 이전에는 해당 철도 부근에 이와 병행하는 간선 또는 해당 철도의 이익을 해하는 지선을 부설하지 않을 것을 승낙한다(회의 의사록에 적힌 성명서, 일본 측은 비밀 의정서의 존재를 주장).

　　그러나 동부 내몽고가 일본의 이익 범위라고 북경에 인정하게 하는 것은 어려울 것이라고 예상되었다. 1912년의 차관단 교섭에서 각국에게 지적받은 대로 거기에는 권익의 실태가 없었기 때문이다. 또한 그 지역을 외국의 영향 아래 두는 것은 중국의 수도가 북으로부터 위협받는 것이 된다. 이것은 영일동맹이 유효한 시기라 해도 영국이 기피하는 것이었다. 일본은 1915년 5월 이른바 21개조 요구를 최후 통첩하여 남만주 및 동부 내몽고에 관한 조약(표 1-3)에 의해 간신히 그 목적을 달성하였다.

▶표 1-3. 남만주 및 동부 내몽고에 관한 조약(1915년 5월 25일 조인)

> 1. 양 체결국은 여순·대련의 조차 기한 및 남만주철도 및 안봉철도에 관한 기한을 모두 99개년으로 연장할 것을 약속한다(제1조).
> 2. 일본국 신민은 남만주에서 각종 상공업상의 건물을 건설하기 위해서나 농업을 경영하기 위해 필요한 토지를 상조할 수 있다(제2조).
> 3. 일본국 신민은 남만주에서 자유롭게 거주 왕래하며 각종 상공업과 그 밖의 업무에 종사할 수 있다(제3조).
> 4. 일본국 신민이 동부 내몽고에서 중국 국민과 합변에 의해 농업 및 부수적인 공업을 경영하려고 할 때 중국 정부는 이를 승낙해야 한다(제4조).

팽창하는 개념

남만주 및 동부 내몽고에 관한 조약은 그 4조에서 동부 내몽고를 언급하고 있다. 본 조문에 따라 일본인은 중국인과 합변이라면 이 지역에서 농업 및 부수되는 공업 경영을 인정받게 된다. 일본 측이 이러한 요구를 한 것은 러시아와의 균형 논리에서 온 것이었다. 1912년 11월 3일, 러시아는 외몽고 영역을 대상으로 치외법권을 가진 채 내지 잡거권을 중국에 인정하게 했으나(「러몽협정 부속 의정서」), 그 선례를 일본이 든 것이다(우스이 카쓰미〔臼井勝美〕, 『일본과 중국』). 그러나 외몽고는 중국에게 주변 지역, 즉 변두리라는 지위에 지나지 않았으나, 남만주나 동부 내몽고에 해당하는 지역은 변두리와는 근본적으로 다른 지위였다.

여기서 주목되는 것은 일본 측이 교섭에서 동부 내몽고의 범위를 중국 측에 분명히 밝히지 않도록 한 점이다. 히오키 에키(日置益) 주중 공사에 대한 가토 타카아키(加藤高明) 외상의 훈령에는 '이때 우리 쪽이 나서서 중국 측에 분명히 말할 필요는 없으며, 이 범위는 막연하게 해두는 게 좋다'라는 구절이 보인다(1915년 5월 10일). 동부 내몽고의 범위를 분명히 말하지

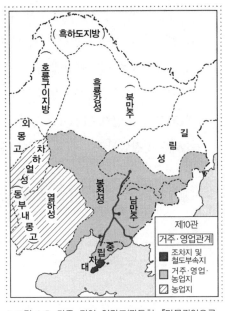

▶그림 1–5. 각종 권익 일람표(관동청, 『만몽권익요록』, 1932).

않는 편이 유리하다는 인식이 있었다.

앞에서 살펴본 바와 같이 일본 측은 처음에 동부 내몽고를 동4맹과 차하얼부의 일부라고 생각하였으나 그때 해당 지역은 중국의 제도 개정에 따라 1928(민국 17)년 열하성으로 개칭되어 1932년의 시점에서는 22현을 포함하는 지역이 되었다(우치다 나오타카〔内田尚孝〕, 『만주사변의 연구』). 이에 따라 동4맹과 차하얼부의 일부를 그 실질적 내용으로 하고 있던 동부 내몽고는 1932년 시점에서는 열하성과 차하얼성 모두를 합친 영역으로서 일본에 인식되었음을 관동청이 작성한 지도를 통해 알 수 있다(그림 1-5).

이처럼 중국 측이 지방행정제도를 정비하는 기회를 통해 일본 측은 자신이 동부 내몽고라고 부르는 지역을 확대 해석하고 있었다. 처

음에는 남만주와 동부 내몽고를 가리켰던 개념이 동삼성과 열하성, 차하얼성의 두 성을 포함한 지역 개념으로 변모하였다. 나아가 1932년 만주국이 수립되기 이전에 일본은 만주국 창건 과정에서 장성선의 북쪽에 놓인 열하성과 하북성의 경계를 장성선의 남쪽에 두는 해석을 취하고 만주국 안에 편입시킬 생각을 갖고 있었다. 이는 1933년의 당고(塘沽) 정전협정과 그에 따른 교섭에서 추인되었다. 이상과 같이 일본이 취한 방법은 우선 지역을 말로 표현하고 다음으로는 말에 표현되는 실태를 시간의 경과와 더불어 팽창시키는 방법이었다.

제2장 특수권익을 둘러싼 공방

워싱턴회의 개막식에 가는 미국 전권단(1921년 11월, ⓒ 마이니치).

1. 열강은 승인했는가?

유산의 기억

제1차 세계대전 후 영국·미국·프랑스 등의 열강과 더불어 일본은 독일과 러시아의 급속한 체제 변화를 응시하면서 전후의 동아시아와 태평양을 둘러싼 경제 질서 재편에 나섰다. 재편 과정에서는 전전이나 전쟁 중 일본이 해당 지역 사이에 구축한 정치적·경제적 지위 또한 당연히 새롭게 정의해야 했다.

1920년대 일본은 베르사이유 워싱턴체제와 협조하는 길을 선택했다. 그러나 1920년대야말로 그때까지의 일본이 가진 국가로서의 궤적을 어떻게 평가해야 할지 실은 위정자 사이에서조차 의견의 일치를 보지 못한 시대였다. 세계대전 후에는 공식적 제국은 인정되지 않았는데 그렇다면 세계대전 전에 일본이 갖는 만몽에서의 특수 지위는 열강의 승인을 얻은 것일까? 만몽에서의 일본의 특수권리와 특수이익에 관하여 과연 열강은 승인을 해왔다고 말할 수 있는 것일까?

이 물음에 대답하는 과정에서 전혀 다른 세 가지 입장이 나타난다. 1918(다이쇼 7)년부터 1920년에 걸쳐 영국·미국·프랑스·일본 사이에서 논의된 신 4국 차관단 교섭을 계기로 일본 쪽 과거의 기억은 순식간에 씻겨져 재검토를 요구받게 되었다. 교섭을 계기로 생겨난 세 가지 관점은 어떻게 1920년대를 살아남아 1930년대에 계승되었는가? 이 문제를 본 장에서 고찰하고자 한다.

후발 제국

후발 제국주의 국가인 일본으로서는 한국 병합도 남만주와 동부 내몽고의 세력범위화도 동아시아에서 당시의 열강인 영국·미국이나 러시아 등의 동의나 승인이 있을 때 비로소 실현 가능했다. 이러한 근대 일본의 특징을 가장 극적으로 지적한 것은 미타니 타이이치로(三谷太一郞)이다. 일본의 국가적 독립은 한편으로는 서양으로부터의 독립을, 다른 한편으로는 아시아로부터의 독립을 의미한다고 하여 청일전쟁을 탈아의 제1단계, 러일전쟁을 탈아의 제2단계로 한다. 1911(메이지 44)년의 관세 자주권 확립에 의한 조약 개정의 완성은 그 당연한 귀결이라 할 수 있다(미타니 타이이치로〔三谷太一郞〕,『증보 일본 정당정치의 형성』).

메이지 말년이 되어서야 겨우 불평등조약의 질곡을 벗어난 일본에게 다음 과제로 닥쳐온 것은 청일전쟁에서 진 외채의 중압이었다. 채권국인 서구 열강의 의향에서 그동안 일본이 자유로웠다고 생각하기는 어렵다. 불평등조약과 외채 두 가지는 일본의 외교정책을 장기에 걸쳐 근본적으로 규정했으리라. 그러나 제1차 세계대전 발발에 의

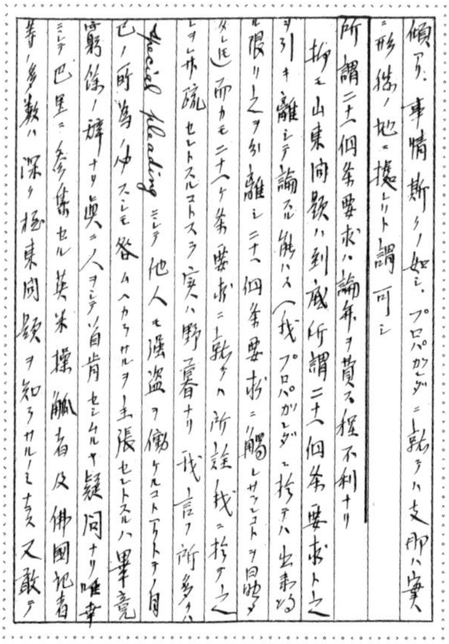

▶사진 2-1. 마키노 노부아키에게 보낸 마쓰오카 요스케 서한(국립국회도서관 헌정자료실 소장).

해 참전 각국의 군비와 아시아를 향한 수출이 급증한 결과, 전시에 15억 1,560만 엔의 채무국이었던 일본은 1918년에는 2억 8,737만 엔의 채권국으로 변모해 있었다(다카무라 나오스케〔高村直助〕 외 편, 『일본역사대계 5 근대 2』).

제1차 세계대전 때부터 명확해진 탈식민지화 움직임과 공공연한 제국주의 지배의 종언은 일본에게도 세태 변화로 인식되었다. 파리강화회의에서 일본은 산동 권익을 둘러싼 문제로 중국으로부터 거센 비난을 받았다(그림 2-1). 그러나 이 문제로 독일에 대한 일본의 강화 불참가라는 결정적 손해를 회피하려고 한 영국과 프랑스가 일본·중국·미국 사이를 알선하여 강화조약 조문에서, 일본은 산동에 관한 모든 요구를 관철시킬 수 있었다(제156~제158조). 일본은 전후 세계에 가볍게 착륙한 것처럼 보였다.

신 4국 차관단

그러나 진정한 투쟁은 파리강화회의 그 자체가 아니라 강화회의와 동시에 파리에서 진행되고 있던 영국·미국·프랑스·일본의 4개국을 대표하는 은행단에 의한 예비은행가회의 석상에서 시작되었다. 세계대전 종결 후의 중국 시장에 대해 어떻게 국제금융자본이 관여하는가, 그 차관조건이 논의되고 있었다. 본래 이러한 움직임은 1918년 7월, 미국이 중국에 기득권익을 가지고 있던 열강, 즉 영국·프랑스·일본에 차관단 형식을 요청한 것으로 미국에서는 월가의 가장 유력한 은행 모건상회, 일본에서는 요코하마정금은행(横浜正金銀行) 등이 참가하여 각국의 은행단을 지휘하고 있었다. 위의 4국 차관단을 1910년 5월에 성립한 영국·미국·독일·프랑스의 4국 차관단과 구별하기 위해 신 4국 차관단이라고 부른다.

차관단은 2년 이상의 절충기간을 거쳐 1920년 10월 15일, 뉴욕에서 탄생하였다. 중국을 대상으로 한 본 차관단=대국제투자기관의 한 가지 의의는 윌슨 대통령이 제창한 국제주의적 이념을 자본주의 국가군을 축으로 실현하려고 한, 경제판 '소국제연맹'이라는 데 있었다(미타니 타이이치로, 「국제금융자본과 아시아의 전쟁」). 중국의 중앙정부·지방정권에 대한 차관, 정부가 관여하는 일체의 기업·사업에 대한 투자까지 대체로 해외에서 모집되는 모든 것을 이 기관이 취급하게 되었다.

그러나 다른 한편으로 이 차관단이 제1차 세계대전 후의 중국을 무대로 한 영국·미국·프랑스·일본 각국의 국가적 이익의 계산 아래 이루어졌다는 것도 의심의 여지가 없다. 미국은 중국의 문호 개방과 주권 존중을 부르짖음으로써 일본을 견제하는 한편, 세계대전으

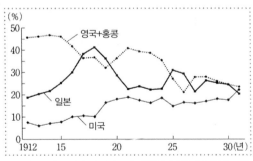

▶그림 2-2. 중국의 수입 상대국의 변천(남만주철도주식회사 조사부 편, 『지나국제수지논총』, 일본평론사, 1941에서 작성).

로 피폐한 영국과 프랑스의 기득권익이 집중된 장강 유역으로 경제적 진출을 꾀하려 하였다(그림 2-2).

영국은 미국 측의 의도를 간파하고 이미 '구체적 진척'이 보이는 차관 계획에 대해서는 차관단의 공통화 대상에서는 제외할 수 있다는 중대한 수정을 미국으로부터 쟁취하였다. 이 수정 덕분에 일본도 만몽에 관한 철도 차관의 대부분을 제외할 수 있게 되었다(아카시 이와오〔明石岩雄〕, 「제1차 세계대전 후의 중국 문제와 일본 제국주의」, 동 「신 4국 차관단에 관한 일고찰」).

열강의 '승인'

하라 타카시(原敬) 내각은 제1차 세계대전 종결에 따른 강화 방침을 결정하는 외에 세계대전과 불가분하게 일어난 시베리아 출병에 관한 '전쟁' 지도를, 임시외교조사위원회(이하 외교조사회로 약칭)에서 하고 있었다. 이 시기 정부의 외교 방침은 이토 미요지(伊東巳代治)가 남긴 외교조사회 회의 필기나 『하라 타카시 일기(原敬日記)』에서 알 수 있다.

『하라 타카시 일기』의 1920년 5월 4일 자에는 다음과 같은 기록이 있다. 이날 신 차관단의 투자활동 범위에 만몽을 포함시킬지 말지의 문제, 이른바 만몽 제외 문제에 대해 결착을 지었다고 생각한 하라는 만족하고 있었다(사진 2-3).

이 차관 문제는 상당히 오랜 시간을 들였지만 만몽은 우리 세력범위라고 막연히 주장해 온 것에 지나지 않으나 이번 차관단 해결로 구체적으로 열강의 승인을 얻음으로써 장래에 우리의 이익이 크다고 생각한다.

육군 등에 뿌리 깊은 만몽 지역 전체의 제외를 주장하는 '개괄주의'를 버리고, 만몽에서 조약 혹은 그 밖의 확실한 결정에 바탕을 둔 기득권익만을 제외하는 '이익주의'를 취함으로써 영국·미국·프랑스와의 곤란한 교섭을 매듭지을 수 있었다는 자부심이 하라에게 있었으리라. 이 시점에서 하라가 만몽의 특수권익에 대하여 열강의 승인을 얻었다고 이해하고 있었던 것은 틀림없다.

그러나 사태는 그렇게 단순했을까? 구체적인 절충 과정을 볼 필요가 있다. 차관단은 1920년 10월에 성립하였으나 전년 5월 11일 파리에서 개최된 신 4국 차관단회의에서 영국·미국·프랑스 중 특히 미국과 일본 측의 의견 차가 분명해진 시점까지 시간을 거슬러 생각해보자. 일본 대표는 회의에서 '일본은 만몽에 대해 지리적·역사적 특수

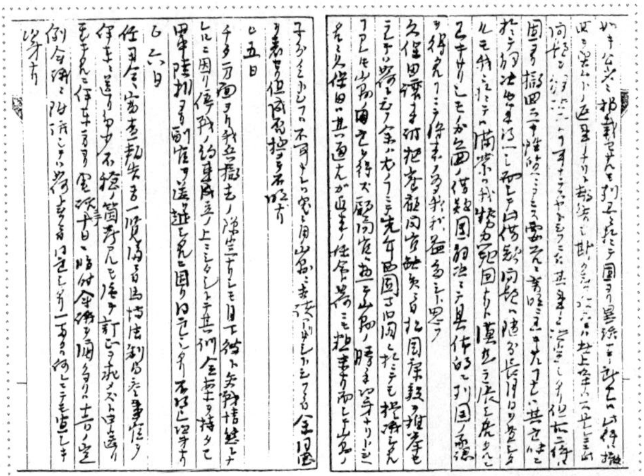

▶사진 2-3. 『하라 타카시 일기』 1920년 5월 4일 자(『영인 하라 타카시 일기』, 北泉社 ,1998).

관계를 가지며 여러 나라가 모든 기회에서 이를 승인했다는 것'을 지적하여, 해당 지역에서 일본이 가진 권리·우선권은 신 차관단으로부터 제외해야 한다고 발언했다. 이 발언에 반발한 미국은 일본 측에 미국 측은 만몽을 제외하는 어떠한 계획도 용인할 수 없으며, 이 점은 영국과 프랑스 정부도 같은 의견이라고 전했다.

이토 미요지의 의문

이상과 같이 영국·미국·프랑스 측의 반응은 재빨리 외교조사회에 전해졌다. 1919년 8월 7일의 외교조사회에서의 이토 미요지의 반응은 흥미롭다. 이토 히로부미(伊藤博文) 계열의 관료로서 메이지헌법을 비롯한 많은 법전의 초안을 집필한 이토, 외교에 자부심이 있던 이토는 어떠한 반응을 보였을까? 이토는 우선 같은 해 5월, 즉 파리의

▶사진 2-4. 이토 미요지(ⓒ 마이니치).

일본 대표에게 만몽 제외를 훈령한 시점에서 스스로가 '개괄주의'를 시인하고 있었음을 고백하였다.

그런데 왜 개괄주의를 시인하고 있었냐 하면, '만몽에서의 우리의 특수한 지위는 일찍이 열강이 확실히 승인한 것'이라는 외무 당국의 설명을 믿었'기 때문이라고 외무성(外務省)에 책임을 돌렸다. 그런데 특수 지위의 해석을 잘 생각해 보면 '외무 당국의 소견이 반

드시 적확하다'고는 말할 수 없으며, 열강은 일본을 승인하지 않은 것이 아닌가 생각하였다. 이렇게 이토는 설명하며, 세력범위라는 본래의 국제법 원칙으로 보면 명분이 옳지 않은 논리를 이제 와서 내세우며 영국과 미국에 대항하기보다는 자유경쟁의 정신을 발휘하여 지금까지 영국과 프랑스의 세력범위로 보였던 지역, 이를테면 화중(華中)으로 적극 진출하는 마음가짐이 중요하지 않겠냐고 대담한 주장을 폈다.

이토의 일련의 논리가 중요한 것은 1919년 시점에서 만몽에 대한 일본의 특수 지위가 열강에게 승인을 받았는가 아닌가의 근본 문제가 외교정책에 관한 최고결정기관에서 본질적으로 논의되었다는 점에 있다.

'승인'의 최초 사례

근본적인 지적을 받은 우치다 코사이 외상은 다음 주인 8월 13일 조사회 답변을 준비하지 않을 수 없었다. 우치다는 열강이 만몽에서 일본의 특수 지위를 '승인'해 왔다고 외무성이 생각해 온 사례를 읽어 갔다. 이날의 조사회는 나가타초(永田町)의 수상 관저에서 열렸는데 참가자는 이토와 우치다 외에 하라 수상, 다나카 기이치 육군대신, 히라타 토스케(平田東助), 이누카이 쓰요시(犬養毅), 모토다 하지메(元田肇) 등 각 위원이었으며, 데라우치 마사타케(寺内正毅) 전 수상, 가토 토모사부로(加藤友三郎) 해군대신, 고토 신페이(後藤新平) 전 외무대신은 결석이었다.

▶사진 2-5. 하라 타카시 내각이 탄생했을 때의 정우회 간부들(1918년 9월, ⓒ 마이니치).

　우치다는 어떠한 '승인'의 실태를 읽었던 것일까? 우치다는 승인의 최초 예로서 몸소 외상으로서 관여했던 사적을 들었다. 1912년 당시 영국·미국·독일·프랑스 사이에서 진행되고 있었던 4국 차관단에 일본이 가입할 때 가입조건으로서, '일본은행단은 본 차관이 남만주 및 남만주에 인접하는 내몽고의 동부 지방에서의 일본의 특수한 권리 및 이익을 조금도 훼손하는 일이 없도록 하는 양해 아래 본 차관에 참여한다'는 문구를 차관 계약의 의사록에 남겼다는 것이다. 정부 차원에서도 영국 외에 미국·독일·프랑스에 대해 같은 해 3월 18일, 본 차관에 관련되는 일체의 사항이 남만주에서 일본이 가진 '특수권익 및 이익'에 조금도 저촉되지 않는다고 일본이 당연히 기대한다는 것을 공문으로 통고했다는 것이다.

　분명히 유보는 의사록에 남아 있고 공문 또한 도착했을 것이다. 그러나 사실은 우치다의 보고를 배반하는 것이었다. 일본의 유보에 관해 러시아를 제외한 영국·미국·독일·프랑스의 4국 은행단은 스스로는 정치적 문제에 개입할 권능이 없다고 일본의 성명을 용인 또는 고려할 수 없다고 회답한 것이었다. 미국과 독일 양 정부의 반대에 대해서는 제1장에서 이미 살펴보았다.

특수권익의 의미

여기서 일본 측이 유보할 때의 특정한 관용구에 대해 검토해 보자. 일본 측은 남만주 및 동부 내몽고에서의 '특수권리 및 이익' 제외를 원하였다. 언뜻 보면 동의어 반복이라고 보이는 특수권리와 특수이익을 병기하는 것은 각각의 말이 고유한 의미로 사용되고 있었기 때문이었다.

특수권리와 특수이익의 영어 번역은, 각각 special rights와 special interests이며, 양자는 별개의 의미를 가지고 있었다. 법률 용어로서의 '특수'는 명실상부하게 일본만이 전유하는 경우에 사용된다. 따라서 특수권리란, 주로 조약(드물게 기정사실)에 의해 인정되어, 타국에는 실제로는 균등하게 적용될 수 없는 일본의 전유권이라고 정의할 수 있을 것이다.

그렇다면 특수이익이란 무엇일까? 국제법학자 시노부 슌페이(信夫淳平)는 다음과 같이 해설하였다. 특수권리를 행사한 결과로서 경제상, 정치상, 군사상의 시설·경영이 이루어졌다 하자. 그 경우 국가에 있어서 그 시설·경영의 성쇠가 국가 정책상 중요성을 가지며 따라서 상대국 혹은 제3국이 이를 침해하는 경우 국가의 힘(반드시 무력으로 한정되지는 않는다)을 가지고 대항하지 않으면 안 될 만큼의 중요한, 시설·경영상으로 나타나는 경제적 및 정치적 발현 현상, 이것을 특수이익이라고 부른다(시노부 슌페이, 『만몽특수권익론』).

특수권리와 특수이익, 이 두 가지를 합친 개념이 특수권익이었다. 특수권익은 영어로는 special interests이라고 표기되어 특수이익 special interests와 구별이 되지 않는다. 따라서 특수권익을 표현하고 싶은 경우, 공문 등에서는 특수권리 및 이익이라고 병기하여 표현하고 있었다. 일본의 특수권익이란 무엇인가를 엄밀히 정의하면, 명실상부한 일본의 전유나 우선을 인정한 권리에 대해 일본이 시설·경영을 실행함으로써 경제적·정치적으로 발전을 본 현상이나 상태가 된다.

여기까지 자세히 살펴보면, '남만주 및 남만주에 인접하는 내몽고 동부 지방에서 일본의 특수한 권리 및 이익'을 유보한다는 의미가 한눈에 보인다. 그러나 이 경우에도 협의적 해석과 광의적 해석이 가능하다는 것을 깨닫게 된다. 가장 좁게 해석하면, 남만주와 동부 내몽고에서 일본이 가지고 있는 우선권 중 일본의 시설·경영으로 경제적·정치적으로 발전을 본 현상이나 상태에 대해서는 차관단 사업 대상이 되지 않게 된다.

협의적 해석이 만몽에서의 특수권익이라고 할 수 있는 것을 열거하여 제외하는 이른바 열거주의이며, 광의적 해석이 만몽이라는 지역을 특수권익이라고 생각하여 포괄적으로 제외하는 이른바 개괄주의에 해당했다. 외교조사회에서 드러난 것은 장래의 신 4국 차관단에 관해 일본이 유보사항을 달 경우 열거주의로 갈 것인가, 개괄주의로 갈 것인가 하는 점뿐 아니라 과거 열강이 승인한 것의 내실이었다.

영국은 '승인'했는가

그럼 1919년 8월 13일의 외교조사회 석상으로 돌아가자. 우치다는 이어서 영국이 '승인'한 예를 소개하였다.

① 1914년 남만주와 양자강 비교에 이야기가 미쳤을 때 영국은 '일본의 남만주에 대한 지위는 경제적 이상으로 정치적 이해관계가 있음을 양해'하였다.

② 1915년, 영국 외무대신은 혼다 쿠마타로(本多熊太郎) 참사관과 당시 영국에 체류 중이던 이시이 키쿠지로(石井菊次郎) 대사에 대해 '중국에서의 일본의 발전은 당연한 운명으로서 특히 만주 지방에서는 그러하다는 것을 언명'하였다.

③ 1919년 7월 18일, 영국 외무대신 대리는 친다 스테미(珍田捨巳) 대사에 대하여, 차관단에 대한 만몽 제외가 어렵다는 것을 말하는 한편, '남만주에서 일본이 특수한 지위를 점한다는 것은 당연하다는 뜻을 언명'하였다.

④ 러일협약을 맺을 때마다 비밀협약의 내용을 영국 측에 알린 것은 러일 양국의 만몽에서의 특수 지위를 영국 측이 양해했다는 것이 될 터.

우치다가 든 예는 영국 측의 사소한 언명을 모아놓은 것처럼 보인다. 이토 또한 이 점을 꿰뚫어보고 있었다. 이토는 네 번째 사례, 러일협약을 영국에 알린 문제를 들어 러시아가 소멸하고 그 후에 탄생하는 국가, 소비에트 러시아가 세력범위를 부정하는 시대가 된 지금, 구시대의 언질 등을 영국이 계속 시인할 거라고 생각하는 것이 이상하다고 비꼬며 이러한 언명은 '궤짝 바닥에 감추어둔 폐지' 즉 휴지 조각과 같다고 말했다.

외무성은 만몽의 특수권익이 영국의 승인을 얻었다고 주장하고 있으나 자세히 확인하면, 영국은 남만주에 대해서도 동부 내몽고에 대해서도 한 번도 언급하지 않았다는 것을 알 수 있다. 또한 특수한 지위라고 하는 경우도 일본의 우선권이나 독점권을 인정한 것이 아니라 일본과 남만주가 지리적인 접근성으로 보아 특수한 이해관계에 있다는 인식을 표명한 것이었다.

1919년의 논의는 우치다보다는 이토의 반론이 논리적이었다. 그러나 시대가 내려오면 기억도 바뀐다. 만주사변 전에는 현 상태에 대한 통분을 더하였으나 기억은 바뀌어 만몽의 개괄적 제외를 열강이 인정했다는 '기억'이 전해지게 된다. 그것은 이를테면 대련(大連)에서 조직된 만몽연구회가 1931년 8월에 발행한 팸플릿『만몽에서의 일본의 특수권익』에서도 확인할 수 있다. 거기에는 '[1912년의 4국 차관단 계약에서는] 영국·미국·독일·프랑스 등 4국 정부도 암묵적으로 일본의 주장을 인정하여 만몽의 특수권익을 승인했다'고 적혀 있다.

2. 미국 외교의 지향점

미국은 '승인'했는가

우치다는 1919년 8월 13일의 외교조사회 석상에서 미국의 '승인' 사례에 대해서도 밝혔다.

① 1915년 3월 13일, 이른바 중국에 대한 21개조 요구(표 2-1) 때 브라이언 국무장관은 공문에서 '만몽 지방과 일본국과는 영지가 접속되는 관계로 특수한 관계를 형성하는 것'은 미국이 솔직히 인정하는 바이다, 라고 표명하였다(이른바 「브라이언 노트」).

② 1917년 1월 런싱 국무장관은 일본 대사에 대해, '중국에서의 각국의 우선권은 승인할 수 없지만 만주는 별개이다'라고 언명했다.

③ 1917년 11월 2일, 이시이 키쿠지로 특파대사와 런싱 사이에 교환된 공문에 의한 공동선언, 즉 이시이 런싱협정.

▶표 2-1. 이른바 21개조 요구의 내용(요약)

[제1호] 산동 문제 처분에 관한 조약안

일본국 정부 및 중국 정부는 전적으로 극동에서의 평화를 유지하고 일찍이 양국 사이에 존재하는 우호 선린의 관계를 더욱 공고히 할 것을 희망하여 여기에 다음 조관을 체결한다.

제1조 독일이 산동성에 대해 갖는 일체의 권리 이익 양여 등의 처분에 대하여 일본과 독일이 협정하는 것을 중국은 승인할 것.

제2조 중국은 산동성, 그 연해 일대의 땅 또는 도서를 타국에 양여하거나 대여하지 않을 것.

제3조 중국은 지부(芝罘) 또는 용구(龍口)와 교주만(膠州灣)에서 제남에 이르는 철도를 연결하는 철도 부설을 일본에 허가할 것.

제4조 중국은 산동성의 주요 도시를 스스로 개방할 것.

[제2호] 남만주, 동몽고에서의 일본의 지위를 명확히 하기 위한 조약안

일본국 정부 및 중국 정부는 중국 정부가 남만주 및 동부 내몽고에서의 일본국의 우월한 지위를 승인함으로써 다음 조관을 체결한다.

제1조 여순, 대련의 조차 기한과 남만주철도와 안봉철도의 양 기한을 각각 99개년 연장한다.

제2조 일본국 신민은 남만주 및 동부 내몽고에서 상공업이나 경작을 위해 필요한 토지의 임차권, 소유권을 취득할 수 있다.

제3조 일본국 신민은 남만주 및 동부 내몽고에서 자유롭게 거주, 왕래하고 각종 상공업에 종사할 수 있다.

제4조 중국은 남만주 및 동부 내몽고에서 광산의 채굴권을 일본에 준다. 채굴할 광산은 별도로 협정한다.

제5조 중국은 아래 사항에 대해서는 미리 일본의 동의를 얻어야 한다.
⑴ 타국인에게 철도 부설권을 주는 것.
⑵ 남만주 및 동부 내몽고에서 세금을 담보로 타국에서 차관을 얻는 것.

제6조 중국은 남만주 및 동부 내몽고에서 정치, 재정, 군사에 관하여 고문 교관을 요하는 경우에는 반드시 일본과 협의해야 한다.

제7조 중국은 99년간 길장철도(吉長鐵道)의 관리 운영을 일본에 위임할 것.

[제3호] 한야평공사(漢冶萍公司)에 관한 양해안

일본국 정부 및 중국 정부는 일본국 자본가와 한야평공사(漢冶萍公司)와의 사이에 존재하는 비밀스러운 관계를 고려하여 일찍이 양국 공통의 이익을 증진시키기 위해 다음 조관을 체결한다.

제1조 한야평공사는 장래에 양국 합변으로 한다.

제2조 한야평공사 근처의 광산 채굴에 관해서는 공사의 동의가 필요하다.

우선, 미국이 '승인'했다고 하는 ①의 예를 살펴보자. 그때까지 영국과 미국에도 감추고 있던 이른바 21개조 요구 제5호의 존재를 1915년 2월 20일, 가토 타카아키(加藤高明) 외상은 주미 대사에게 미국 측에 알리라고 전하고, 제5호는 요구(demands) 항목이 아니라 희망 (requests) 항목이었기 때문에 알리지 않았다고 변명하게 하였다. ①은 이러한 일본 측의 설명을 들은 미국 측의 반응이라는 점에 주의했으면 한다.

브라이언 노트

확실히 ①을, 만몽에 대한 일본의 특수 지위를 승인한 사례라고 외무성이 인식했다고 해도 무리는 아니다. 노트의 내용은 다음과 같다. 일본이 중국에 대해 제시한 제1호 요구(산동 문제 처분에 관한 조약안)와 제2호 요구(남만주와 동몽고에서의 일본의 지위를 명확하게 하기 위한 조약안)에 관해 미국은 반대할 근거를 갖지만, '영토가 인접하여 일본이 이들 지역과 특수한 관계에 있는 것'은 솔직히 인정하여 이 점에는 문제를 제기하지 않는다고 말했다.

이 시점에 한정한다면, 미국은 일본이 남만주와 동부 내몽고와 영토가 인접하기 때문에 특수 지위에 있다고 인정했다고 할 수 있다. 중국에 대한 일본의 요구 항목 중 가장 핵심적 부분인 산동 조항에 관해 의외로 미국이 억제하는 태도를 취한 것에 당시의 가토 외상도 놀랐을 정도였다(기타오카 신이치[北岡伸一], 「21개조 재고」).

그러나 그 후 이어진 전개과정을 1919년 당시의 사람들이 잊어버렸다고는 생각할 수는 없다. 2개월 후인 1915년 5월 11일, 미국은 중국과 일본에 대해 이른바 '불승인' 정책의 시효라고 할 수 있는 통첩(제2차 브라이언 노트)을 송부하였다. 미국은 '일본과 중국 양국 정부 사이에서 이미 체결되었거나 이후 체결되는 어떠한 협정 또는 약정이라 해도 만약 중국에서의 미국과 그 인민의 조약상의 권리를 훼손하고 중화민국의 정치적 혹은 영토적 보전을 파괴하거나 통상 문호개방주의로서 알려져 있는 중국에 관한 국제정책에 반하는 경우에는' 승인하지 않는다고 통고해 왔다. 3월 13일 브라이언 노트의 요지는 5월 11일자 통첩에서 부정되었다고 보는 것이 자연스럽다. 3월에서 5월의 변화는 중일 문제를 결정하는 주체가 브라이언 국무장관에서 윌슨 대통령으로 바뀌었다는 변화에 대응된다. 일본이 중국 측에 최후통첩으로 밀어붙인 데 대한 경고의 의미를 담아 5월 11일 통첩이 나온 것이다(다카하라 슈스케〔高原秀介〕,『윌슨 외교와 일본』). 우치다가 읽었던 ①과 ② 사례의 전말은 이상과 같았다.

이시이 런싱협정

이토는 브라이언 노트에 대해 특별히 반론하지 않았다. 이상의 경위가 자명했기 때문이리라. 이토가 비판한 것은 ③의 이시이 런싱협정에 대해서이며, 외무 측은 '특수이익'을 확대 해석하고 있다고 공격했다.

이시이 런싱협정에 관한 통설적 이해는 제1차 세계대전에 참전하는 미국의 태평양 방면에서 일본과의 관계를 개선할 필요에 직면한 타협의 산물, 즉 일미 상호 견제의 일시적 정치 타협이라고 본다. 참전하는 미국에게 태평양의 경비 협력, 물자 공급의 조절, 극동 정세의 안정 확보 등은 반드시 필요했다. 한편, 일본 측은 1915년 3월의 브라이언 노트를 미국 측에 재확인시켜 '일본은 중국에서 정치적으로도 경제적으로도 우월한 이익(paramount interests)을 갖고 있다'고 미국에 인정시키고 싶었다.

그러나 1917년 7월 6일 런싱 국무장관의 각서는 이렇게 적고 있다. 미국은 일본이 '중국에서 정치적으로도 경제적으로도 우월한 이익(paramount interests)을 갖고 있다'고 언명할 수는 없다고.

이시이 런싱협정은 분명히 중국에서의 일본의 특수이익에 관하여 설명한 부분과 문호개방주의 원칙을 설명한 부분으로 구성되어 있다. 특수이익에 관한 문장은 다음과 같다. '합중국 및 일본 양국 정부는 영토가 서로 인접하는 국가 사이에는 특수한 관계가 발생하는 것을 승인한다. 따라서 합중국 정부는 일본국이 중국에서 특수한 이익을 갖는 것을 승인한다. 일본의 영토에 인접하는 지역에서 특히 그러하다.' 영토가 서로 인접하는 국가 운운은 먼로 선언 이후 미국의 원칙적 입장이었다. 영토 인접을 특수이익의 기초로 두는 것은 1907년의 페르시아 등에 관한 영러협약에서도 보이며, 당시에는 일반적인 생각이었다.

이토는 이시이 런싱협정의 등신대(等身大)의 모습을 위원들에게 설명하며, 이 협정에는 특수이익에 관해 설명한 위의 문장 뒤에 특수이익의 해석을 한정한 한 구절이 있음을 밝혔다. 그것은 '중국의 영토 주권은 완전히 존재하는 것으로서, 합중국 정부는 일본국이 그 지리적 위치의 결과, 위 특수이익을 갖지만 타국의 통상에 불리한 편파적 대우를 하거나 조약상의 종래 타국에게 허용되던 상업상의 권리를 무시하고자 하는 것이 아니라는 뜻의 일본 정부가 누차 보장한 바를 전적으로 신뢰한다'는 것이었다. 특수이익은 어디까지나 지리적 접근성으로 설명될 뿐 그것이 일본의 우월권 승인을 의미하지 않는다고 언명되어 있었다.

3. 신 4국 차관단

교섭 타결

이처럼 외교조사회에서 이시이 런싱협정 등의 의미에 관한 재검
토가 이루어진 후 일본은 만몽을 개괄적으로 제외하려는 입장을 간신
히 바꾸었다. 이토의 약간 장황한 설명은 하라 타카시를 상대하기에
충분했으나, 우치다의 근거 없는 낙관주의에서 정부의 입장을 현실적
대응으로 바꾸었다는 점에 의미가 있었을 것이다. 사실 1920년 3월 2
일 하라 내각은 영국·미국·프랑스 정부 앞으로 각서를 송부하여 구체
적으로 차관단 사업에서 제외해야 할 철도와 그 밖의 기득권을 열거
하는 방침으로 전환하였다. 개괄주의에서 열거주의로 주장을 바꾼 것
이다.

왜 일본 측이 만몽을 제외하기를 바라는 것인지 그 이유에 관한
설명도 바꾸었다. '우리 국방 및 국민적 생존'상 필요하다는 것이었
다. 그에 덧붙여 '남만주 및 동부 내몽고 지방에서 일본의 국방 및 국

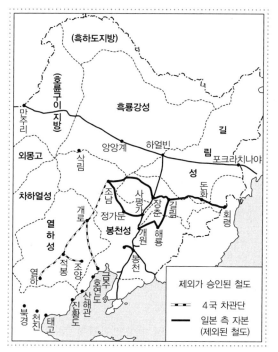

▶그림 2–6. 열거주의적 제외가 인정된 철도(지도는 1932년 무렵).

민의 경제적 생존에 지대한 관계'가 있는 사업에 대해서는 국가의 안전과 자위상 포기할 수 없다고 주장하였다. 열거주의를 취하면서도 그 이유를 설명하는 부분에서는 여전히 남만주·동부 내몽고라는 지역을 포괄적으로 제외하려는 최후의 노력이 계속되었다. 일본과 만몽의 관계의 특수성을 '치안유지'라는 입장에서 설명하는 것으로 바꾸려 하고 있었다(후루야 테쓰오〔古屋哲夫〕편, 『일본전쟁사연구』).

이에 대한 미국 정부의 1920년 3월 16일 자 회답. 일본이 말하는 국가의 자위권은 국가 간의 관계에서 세계가 용인하는 권리이므로 특수한 선언은 필요 없다. '신 차관단이 일본의 경제적 생존 또는 국방에 위배되는 어떤 시책을 시도한다는 우려는 필요 없다'고도 설명하였다. 따라서 미국 측은 열거주의로 전환한 일본의 자세를 평가하면서도 일본이 차관단 규약을 대체로 무조건 승인할 것을 더욱 집요하게 요구하였다.

최종적으로는 미국의 월가를 대표하는 모건상회의 사실상의 주재자 토머스 라몬트가 미국 은행단과 일본 은행단의 왕복 서한 형식으로 일본 측의 의향을 분명히 하는 방식을 제안하여 교섭은 타결되었다. 1920년 5월 11일의 일이었다.

그 일본 측 번역문에서 세 가지를 확인하였다.

① 남만주철도 및 현재의 지선은 철도부대사업인 광산과 더불어 차관단의 범위에 속하지 않는다.

② 조남(洮南)·열하철도 및 조남·열하의 한 지점에서 항구에 이르는 철도는 차관단 규약의 조항 안에 포함시키는 것으로 한다.

③ 길림·회령·정가둔·조남, 장춘·조남, 개원·해룡·길림, 길림·장춘, 신민부(新民府)·봉천 및 사평가(四平街)·정가둔 등 여러 철도는 신 차관단의 공동 활동 범위 밖에 있다(그림 2-6).

이상을 고찰하면, 일본 측은 동부 내몽고 유보를 포기하였으되, 조남·열하선 이외의 열거주의적 제외 요구를 모두 인정시켰다고 할 수 있다. 이 점에서 남만주 특수권익에 대해서는 신 4국 차관단 규약이라는 형식으로 열강의 승인을 얻었다는 평가가 성립된다(우스이 가쓰미,『일본과 중국』). 하라 타카시가 일기 1920년 5월 4일 자에 '이번 차관단 해결로 구체적으로 열강의 승인을 얻었다'고 기록한 것은 이러한 점에서 타당한 인식이었다고 할 수 있다.

육군 중앙의 평가

그러나 영국과 미국은 정부 차원에서는 차관단 규약의 무조건 승인을 일관되게 일본에 밀어붙였다. 열거주의에 의한 제외 승인조차 미국 은행단 대표자 라몬트의 이름으로 했다. 나아가 라몬트와 일본 은행단 대표와의 사이에 교환된 왕복 서한에도 만몽에 대한 일본의 특수 지위를 은행단이 승인했다는 문장은 어디에도 없었다.

그렇다면 외교조사회 석상에서 일관되게 개괄적 제외를 추구해온 다나카 육상 등 육군이 차관단 교섭에 대해 하라와 같은 평가를 내렸다고는 생각하기 어렵다. 사실 다나카는 1919년 8월 13일의 조사회 석상에서도 '신 차관단 문제에 대해서는 우리 제국은 탈퇴를 걸고 만몽 제외를 주장하지 않으면 안 된다. 또한 만몽 제외는 단순히 특정 사항에 국한해서는 안 된다. 적절하게 지역을 주목하여 개괄적으로 제외하도록 청구해야 하는 것'이라고 강하게 주장하였다. 다나카는 만몽 지역을 일본의 세력범위로 봐야 한다고 생각하고 있었다.

참모본부 제2부 등은 1920년 6월 15일 자의 「신 차관단 성립과 제국의 대책」에서 '신 차관단에 대한 제국의 재단 가입 조건인 만몽 제외는 결국 제국이 받아들일 수 있는 바가 아니다' '본 문제에 관한 제국의 다음 정책은 완전 실패' 등의 평가를 내렸다. 이처럼 참모본부의 평가는 하라 수상의 평가와는 달랐다.

열강의 입장

이상 4국 차관단 교섭 경과를 돌아보면, 만몽에서의 일본의 우월적 지위를 인정하게 하려는 일본 측의 주장에 대해 영미 쪽은 일관되게 반대하고 있었다고 할 수 있을 것이다. 일본의 우월성을 인정하는 것은 중국의 정당한 국민적 감정의 견지에서도 용납할 수 없고, 중국에서의 열강의 이해관계로 보아도 허용할 수 없다고 1919년 10월 28일의 회답에서 런싱 국무장관은 설명하였다.

영국 또한 일본은 중국의 이웃 나라이며, 공업 면에서도 원래부터 유리한 지위에 서 있다고 일본을 설득했다. 나아가 차관단 규약 제1조의 구체적 진척 조항에 따라 남만주에 관한 일본의 기득권익은 이미 인정되어 안정된 지위에 있으므로 일본이 지리적·세력범위적인 발상에 집착하는 이유를 이해할 수 없다는 의문을 제기하였다.

미국의 회답이 솔직히 말하고 있는 것처럼 영국과 미국이 일본의 제외 요구를 정부 차원에서 일관되게 인정하려고 하지 않았던 첫 번째 이유는 중국에 대한 배려이며, 두 번째 이유는 국제금융자본의 다음 각축장인 대전 후의 중국에서 '열강의 이해관계'에 있었다고 할 수 있다.

세 가지 입장

차관단 교섭에서 열강이 만몽에서의 일본의 특수 지위를 승인했는가, 승인하지 않았는가 하는 관점에서 일본 측의 정치 주체의 입장을 분류하면 셋으로 나눌 수 있다. 첫 번째는 하라 타카시와 이토 미요지의 견해이다. 두 사람은 1920년의 4국 차관단 계약 이전에 열강은 명시적인 승인을 해오지 않았으나, 이번에 처음으로 구체적으로 열거주의에 의한 승인을 했다는 평가를 내리고 있었다. 객관적인 국제 정세와 희망 사항을 구별한 냉정한 견해라고 할 수 있을 것이다. 또한 이토는 세력범위 포기는 오히려 일본에게 유리하다고 보고 있었다. 장강 유역을 지배하는 영국의 희생 위에 일본과 미국이 성장하면 좋겠다는 것이었다.

두 번째 입장은 외무성이다. 우치다 외상을 비롯한 외무성은 4국 차관단 계약 이전의 역사, 만몽의 특수 지위를 열국에 '승인'시켜온 외무성의 실적에 자신감을 품고 있다고 볼 수 있다. 1912년의 6국 차관단 의사록의 유보 기재에서 시작하여 1915년 3월의 브라이언 노트, 1917년의 이시이 런싱협정 등의 사례를 외무성은 열강에게 승인을 얻은 사례라고 해석하고 있었다. 이러한 외무성의 생각이 우치다에 한정되는 것은 아니었다. 이시이 런싱협정 체결에 이르는 과정에서 모토노 이치로(本野一郎) 외상의 훈령 등을 읽으면, 1917년 시점에서 외무성이 1915년 3월의 브라이언 노트를 미국 측의 승인 선례로 인식하고 있었음을 알 수 있다.

세 번째 입장은 육군이다. 육군은 1920년의 4국 차관단 교섭을 열강의 승인이 소멸된 계기라고 보았다. 앞에서 설명한 참모본부「신 차관단 성립과 제국의 대책」에서는 1912년의 6국 차관단 교섭과의 차이에 대해 일부러 언급하고 있다. '중국에 대한 구 차관단 조직 때에는 (중략) 만몽 제외는 당시 이를 해당 규약에 명시할 수는 없었다 해도 이를 은행단 회의록에 남길 수 있었는데' 이번 차관단에서는 '무조건' 가입이 되어 버렸다고 탄식하였다. '만몽 지역의 확보'가 '우리 제국의 생존 문제'라고 생각하고 있었던 다나카와 같은 사람에게는 1920년의 교섭은 어디까지나 실패로 기억되게 되었다.

4. 부전조약과 자위권

워싱턴회의

　이러한 3자의 인식 차이는 1921~1922년에 걸쳐 개최된 워싱턴회의에서는 표면화되지 않았다. 알려진 바와 같이 이 회의에서는 영일동맹조약을 종료시키고, '태평양 방면에서의 도서(島嶼) 영토의 상호 존중을 약속하는' 영국·미국·프랑스·일본에 의한 4개국 조약이 조인되었다. 그 밖에 중국에 관한 9개국조약, 해군군축조약, 중국관세조약 등이 조인되었다. 9개국조약의 성립을 계기로 1922년 5월 미국은 이시이 런싱협정이 불필요해졌다는 뜻을 일본 측에 전달하여, 1923년 4월 14일 동 협정은 폐기되었다. 이렇게 열거하니 일본에 유리한 조건이 모두 사라져 가는 듯하다.

　그러나 미국의 외교 자세는 하딩 대통령과 휴즈 국무장관의 등장에 따라 1919년 파리강화회의 당시와는 달라져 있었다. 미국 전권 루트가 제출한 이른바 루트 4원칙은 1921년 11월 16일 중국 전권 시조기(施肇基)가 워싱턴회의의 '태평양 및 극동문제 총위원회'에 제출한 '10원칙'을 기초로 하여 영국 전권 발포아의 초안과도 합친 것이었다. 루트 4원칙은 중국 측이 준비한 초안에 비해, 현상유지적인 색채가 강하며, 4원칙은 같은 달 21일의 총회에서 '중국에 관한 대헌장'으로서 채택되었다(가와시마 마코토[川島真], 『중국 근대 외교의 형성』). 4원칙 중에는 안녕 조항이라 불리는 항목이 있는데, '제국의 국방 및 경제적 생존의 안정'이 만몽 특수이익에 크게 의존한다는 일본의 이전부터의 주장을 이해한다는 뜻을 표명한 것이었다(아사다 사다오[麻田貞雄], 『양 대전 간의 미일관계』). 각국은 중국의 기득권익을 원칙적으로 유지하는 데 합의하여 불평등조약 심의에 관한 의무를 장래에 지지 않는다는 해석도 확인하였다(핫도리 류지[服部龍二], 『동아시아 국제환경의 변동과 일본 외교』).

워싱턴회의는 동아시아 해역에서의 영국·미국·일본의 해군 확장 경쟁에 종지부를 찍고, 대전 후의 중국에 대한 열강의 경제 진출 경쟁에 관한 최소한의 규정을 정했다. 그러나 유독 만몽에 대해서는 무엇 하나 새로운 결정을 하지 못했던 것이다.

국제금융자본 클럽으로서 영국·미국·프랑스·일본이 일치하여 다시 중국에 나타나는 도식이 성립한 듯했다. 이렇게 본다면 제1장 제2절에서 언급한 참모본부 제2부장 다테카와가 논한 것처럼 워싱턴회의에서 만몽권익을 '전부 일본이 포기하는' 사태 등 사실의 문제로서 일어나지 않았다는 것을 알 수 있다.

자위와 부전조약의 격차

그러나 시대는 흘러 1928년 8월 27일 파리에서 전쟁 포기에 관한 조약(부전조약)이 조인되는 시기가 되면, 지금까지 영국·미국의 '승인'을 가장 낙관적으로 전망하던 외무성 안에서조차 인식 변화가 일어나기에 이르렀다.

부전조약의 내용은 표 2-2를 보기 바란다. 부전조약이 논의되자 다시 만몽권익에 관한 성찰이 이뤄지게 되었는데, 그 이유는 차관단 계약에서 일본 측이 영국·미국·프랑스 정부에 제출했던 1920년 3월의 각서, 즉 5월의 타결 전 최종 각서에서 주장하고 있던 만몽 제외 이유와 부전조약이 밀접한 관련을 갖기 때문이었다. 앞에서 살펴본 것처럼 일본은 최종 각서에서 만몽이 국가로서의 일본의 국방과 국민의 경제적 생존에 관계되는 중대한 장소라고 설명하였다.

부전조약 교섭 과정에서는 조약이 성립했다고 해도 자국 영토 방위에 국한하지 않고 재외 자국민 보호를 위해 행하는 군사행동 등은 이전과 마찬가지로 승인된다고 여러 국가들은 해석하였다. 그러나 부전조약과 자위권의 관계를 어떻게 규정할 것인가에 관해서는 영국·미국·프랑스·일본 등 각국 견해에는 차이가 있었다(모리 다다시〔森肇志〕,「전간기 '자위권' 개념의 한 단면」).

▶표 2-2. 부전조약

1. 체결국은 국제 분쟁 해결을 위해 전쟁에 호소하지 않을 것을 일찍이 상호관계에서 국가 정책의 수단으로서의 전쟁을 포기할 것을 그 각자의 인민의 이름으로 엄숙히 선언한다(제1조).
2. 체결국은 상호 간에 일어날 수 있는 일체의 분쟁이나 분규는 그 성질 또는 원인 여하를 막론하고 평화적인 수단을 따르는 외에 처리 또는 해결을 추구하지 않을 것을 약속한다(제2조).

이를테면 미국의 켈로그 국무장관은 1928년 6월 23일 자 각서에서 각국은 자위의 권리를 조금도 제한받지 않는다고 하면서도 자위권의 내용에 대해서는 '공격 또는 침입에 대해 그 영토를 방위할 자유' 뿐이다, 라고 좁게 해석하고 있었다. 켈로그는 자위권이 국가의 고유 권리라는 것은 인정했지만, '자위권 행사를 주장하는 나라는 국제 여론과 조약 체결국 앞에서 자신의 행위가 정당하다는 것을 증명하지 않으면 안 된다'고 하여, 국제 여론의 존재가 자위권 주장에 설득력을 갖게 하였다.(시노하라 하쓰에〔篠原初枝〕, 『전쟁의 법에서 평화의 법으로』).

영국의 유보

영국은 부전조약 제1조에 유보조항을 붙였다. '영국 정부는 세계의 어떤 지역의 방위 및 보전이 영국을 위해 특별하고 긴밀한 이해관계가 있다는 데 주의를 환기시키고자 한다. (중략) 이들 지역의 공격에 대해 방어하는 것은 영국에게 있어서는 자위수단이다'라고, 확실히 말하지는 않았으나 이집트와 페르시아만에 대한 행동의 자유를 유보했다.

일본에서는, '인민의 이름으로'라는 조약 체결의 주체를 둘러싼 논쟁이 정부·추밀원 사이에서 있었으나, 조약에 유보를 달지 않고 조인하였다. 이는 매우 교묘한 조치였다. 미국은 먼로주의 원칙이 있었으며, 영국에는 특수지역 제외 유보가 있었다. 또한 프랑스는 여러 기득 조약에 관한 유보를 행했다. 다국간 조약에서는 각국 정부가 행한 유보는 체결국 전체에 적용된다고 생각하고 있었기 때문에 일본은 굳이 유보를 하지 않았던 것이다.

만주권익 옹호는 자위인가

조약 조인을 마치고 비준 직전이었던 1929년 5월, 외무성 아세아국 제1과는 자위권과 부전조약의 관계를 정리했다. 이집트와 페르시아만에 관한 영국의 유보가 가능했던 것은 유보를 한 것이 영국이었기 때문이었다. 일본과 중국 관계에서 일본은 영국처럼 행동할 수 있었을까? 이것은 중요한 물음이 될 것이다. 제1과는 「자위권에 관하여」라는 제목으로, 세 가지 경우를 상정하여 논의를 정리하였다. 우선 첫 번째 경우, 중국에 거주하는 일본 국민을 보호하기 위한 출병은 자위권 발동이라고 할 수 있을까? 이 문제에 대하여 제1과는 학설상으로나 실행상으로나 정당화할 수 있다는 답을 내놓았다.

이어서 두 번째 경우, 만몽의 일본 권익 옹호는 자위권으로 설명할 수 있는가? 이 질문에 대한 답은 매우 흥미로웠다. '위 권익 옹호가 자위권이 될 수 있는가는 자위권에 관한 학설로 당장은 규명할 수 없다는 것이 확실'하다고 우선 정리하였다.

그리고 만몽에 대한 일본의 특수권익이 영국·미국·프랑스 3국의 '승인을 받은 이상, 해당 권익을 위한 적당한 조치를 강구하는 것이 제국에게 있어서는 자위의 수단이라는 것에 대해 열강의 승인을 얻었다고 간주할 수 있다.' 만몽 권익의 옹호는 자위권 학설상 무조건 정당하다고 설명할 수 없다. 그러나 일본의 만몽 특수권익이 영국·미국·프랑스 3국의 승인을 얻은 이상, 만몽 권익을 옹호하기 위한 일본의 조치는 열강의 승인을 얻은 것이라고 할 수 있을 것이다, 라는 이중의 유보를 붙인 어려운 설명을 하였다. 특수권익에 관해서는 영국·미국·프랑스 열강의 '승인'이 있으므로, 권익 옹호 조치는 자위라고 할 수 없지만 승인을 예상할 수 있다는 판단이었다. 여기서는 부전조약 체결이라는 새로운 상황 발생에 의해 열강으로부터의 승인 획득 의미가 4국 차관단 규약과는 다른 문맥에서 새롭게 부각되었음을 알 수 있다.

마지막으로 세 번째, 일본은 만몽권익을 위한 치안유지에 해당한다고 주장할 수 있을까? 이 물음에 대해서는 자위권에 관한 통상의 해석으로는 정당화할 수 없다고 외무성은 솔직히 인정하고 있었다.

지역을 개괄적으로 보는 세력범위 설정은 인정받을 수 없어도 국방과 경제적 생존을 이유로 한 권익을 열거하면 인정받을 수 있었던 시대가 1920년의 차관단 계약 시대였다. 그러나 부전조약의 적용 범위가 각국에서 논의되는 가운데 자위권의 본질이 보다 상세히 논의된 결과 일본과 만주의 관계가 부전조약과의 관계에서 다시 새롭게 정의되어야 할 필요성이 대두되었다.

두 사람의 외교관

그러면 1928년 6월의 켈로그 국무장관의 통첩이 있고 나서 얼마 안 되었을 무렵, 외무성 안에서는 일본의 만몽 특수권익에 관해 영국·미국 등은 과연 '승인'해 온 것인가 하는 하라 내각 이래의 문제에 대해 전혀 다른 두 가지 입장이 나타나게 되었다. 하라나 이토의 견해,

외무성의 견해, 육군의 견해라는 3자 중 먼저 분열을 가져온 것이 두 번째 외무성의 입장이었다는 점이 주목된다.

일본의 특수 지위는 과거에도 현재에도 승인받았다는 외무성의 낙관은 이미 모든 외교관에게는 공유될 수 없게 되었다. 이를테면 아리타 하치로(有田八郞) 외무성 아세아국장이 그중 한 명이다. 「동삼성의 중국 본부에서 정치적·정신적 분리문제에 관하여」(1928년 7월 21일자)에서 다음과 같이 논하고 있다(『日外』 쇼와기 I , 제1부, 제2권, 189문서).

일본이 동삼성에서 특수이익을 가진다는 점에 대해서는 종래 각국에 이견이 있다. 오늘날까지 각국은 이를 승인하지 않고 있으며, 최근 영국 외상조차도 하원 노동당 의원의 질문에 대해, 영국은 일본의 만주에서의 어떤 특수이익도 인정하지 않는다고 설명할 정도이다.

영미 등 열강은 지금까지도 일본의 만몽 특수이익 등을 승인한 적이 없기 때문에 현재 일본이 동삼성을 중국 본부에서 분리하려고 중국에 압력을 가한다든지 한다면 9개국조약을 위반하게 된다는 우려를 표명한 것이었다. 현재 승인하지 않을 뿐 아니라 과거에도 특수이익에 관하여 승인한 적이 없다는 인식이 아리타에게 나타나 있다. 하라나 이토의 견해와도 다른 매서운 평가였다.

한편, 주중대사 요시자와 켄키치(芳沢謙吉)는 아리타와는 전혀 달랐다(1928년 8월 1일, 다나카 외상 앞으로 보낸 『日外』 쇼와기 I , 제1부, 제2권, 199문서).

원래 만주에 대한 일본의 입장은 (중략) 일본의 이러한 노력[러일전쟁]에 대한 보상으로서, 중국이 갖가지 이익을 제공하였다. 그 결과 지금의 특수관계가 발생한 것으로서, 만주는 일본의 경제적 생존 및 국방상 가장 중요하므로 신 차관단 창립 때에도 이에 관해 열강의 양해를 얻었던 것이다.

요시자와는 만주는 러일전쟁에 대한 보상이므로 일본과 특수관계를 갖는다고 보았다. 보상이므로 열강의 승인도 당연하다는 관점에서는 외교 교섭을 통해 열강의 승인을 얻으려는 의식은 생기지 않을 것이다.

이처럼 아리타와 요시자와의 예는 앞의 세 가지 입장과는 미묘하게 다르다. 옛날에는 승인받았지만 지금은 아니라고 생각하는 육군과 비교하여, 옛날에도 승인이 없었고 지금도 없다고 생각하는 아리타는 보다 철저하다. 일본의 외교 노력이 열강의 승인을 이끌어냈다고 인식하는 우치다에 비하여, 만주는 러일전쟁의 보상이라고 본 요시자와는 보다 철저하다. 열강의 '승인'을 둘러싼 인식에는 위정자나 정치 주체 사이에서조차 커다란 인식의 차이가 있었다. 이러한 차이를 그대로 둔 채 만몽 영유론이 등장하게 될 때, 어떠한 파란이 일어날 것인가? 그것을 다음 장에서 살펴보기로 하자.

제3장 무너진 세 개의 전제

폭파 직후로 보이는 장작림 폭살 현장(1928년 6월 4일, ⓒ 마이니치).

1. 두 개의 체제

세 개의 전제조건

관동군 막료들은 어떠한 경위로 만몽 영유론을 꿈꾸게 되었을까? 이러한 생각이 설득력을 갖기 위해서는 그 전 단계로서 그때까지의 체제를 안정시켜온 몇 가지 전제조건이 무너져야 할 필요가 있다. 그렇다면 무너진 전제조건이란 무엇이었을까?

세 가지 측면에서 설명이 가능하다. 첫째는 일본의 만몽권익은 조약에 기초를 둔 확고한 것이며, 신 4국 차관단 등에 의한 보증도 있으므로 누가 동삼성을 지배하든 누가 중국 정부의 중심이 되든 걱정할 필요는 없다는 입장을 취하고 있던 시데하라 외교이다. 중국에 대한 내정 불간섭과 중국에서의 일본의 경제적 이익 확대 양면을 꾀했던 시데하라 외교는 왜 설득력을 갖지 못하게 되었을까? 그것을 제1절에서 생각해보자.

두 번째로, 장작림(張作霖)을 통한 만몽 지배의 안정성이다. 어느 시기가 되자 폭살(爆殺)이라는 극단적 수단은 아니지만 장작림의 퇴진을 바라는 목소리는 군부뿐 아니라 외무성에서도 강해져 갔다. 장작림은 왜 그 정도로 기피 대상이었을까? 그것을 제2절에서 생각해보자.

세 번째로 총력전 시대에 일본이 직면해야 할 전쟁 준비의 어려움이다. 자원이 부족한 일본이 총력전을 하기 위해서는 자재 정비나 총동원을 위한 방대한 시간과 자금을 필요로 한다. 『무산계급과 국방문제』(1929년)를 쓴 미즈노 히로노리(水野広德)는 이렇게 말했다. 현대의 전쟁은 경제전이 될 수밖에 없으나 자원의 빈약, 기술의 취약, 주요 수출 품목이 생필품이 아닌 점에서 일본은 치명적인 약점을 갖고 있다. 일본은 무력전에서는 이길 수 있어도 시간이 필요한 경제전에서는 이길 수 없다. '전쟁이 기계화되고 공업화되어 경제력화된 현대에는 군수 원료의 대부분을 외국에서 구하는 의존적 국방은 (중략) 전쟁 국가로서 치명적 약점'을 갖고 있다. 이러한 생각은 어떻게 반론을 당하게 되었을까? 이것을 제3절에서 검토하고자 한다.

정치적 군인

그럼 첫 번째 문제, 시데하라 외교가 설득력을 갖지 못하게 되는 과정과 배경부터 생각해 보겠다.

어느 정치적 군인의 이야기부터 시작하자. 스즈키 테이이치(鈴木貞一)는 이시하라 칸지보다 한 살 더 많은데, 1888(메이지 21)년 지바 현(千葉県)에서 태어났다. 육군유년학교가 아닌 일반 중학을 졸업한 뒤 육사(22기), 육군대학에 순조롭게 진학하여 1920(다이쇼 9)년 4월부터 참모본부 지나과(支那科) 근무를 시작으로 상해 주재(1920년 11월~1922년 2월), 북경 공사관부 무관 부보좌관(1923년 8월~1925년 12월) 등 주로 중국 문제를 담당했다(기타오카 신이치,「지나과 관료의 역할」).

위싱턴회의 참가국 혹은 신 4국 차관단에 의한 국제경제협조체제 이외의 길이 세계에는 있을 수 있다는 것을 스즈키는 1920년대 중반에 자각하였다. 군이 시대하라 외교를 연약하다며 위싱턴체제 타파를 부르짖으며 국민을 설득하려고 나섰을 때, 그럼 위싱턴체제 이외에 세계에는 어떠한 체제가 가능한가에 대해 스즈키는 논할 수 있었다(반노 준지[坂野潤治],『근대 일본의 외교와 정치』). 다지마 노부오(田嶋信雄)는 이러한 반위싱턴체제를 지지하는 세력을 '반 베르사이유 위싱턴체제' 세력이라고 이름 붙여, 독일, 러시아, 중국, 일본 각국에서 해당 세력에 어떠한 사람들이 있었는가, 또한 그 국제질서 구조는 어떠한 것이었나에 대해 연구하였다(「동아시아 국제관계 속의 일독관계」). 중국을 직접 눈으로 본 군인 가운데 위싱턴체제를 상대화할 수 있는 시각이 싹터가는 것에 주목해야 한다.

1969(쇼와 44)년의 인터뷰에서 스즈키는 다음과 같이 말하였다(『스즈키 테이이치 씨 담화 속기록』하).

내가 북경에 있을 때 러시아의 북경 대사관과 친하게 왕래하고 있었는데, 그때 상대방이 일본과 독일, 러시아 셋이서 중국의 반제국주의운동을 함께 돕자는 제안을 해왔습니다.

이 담화는 1925년 무렵일 것이다. 사실 소련 외무인민위원 치체린은 같은 해 1월 20일 북경에서 이루어진 일소기본조약 조인 후 사토 나오타케(佐藤尚武) 소련 주재 임시 대리대사에 대해 일본·중국·소련의 삼국동맹안을 제안했다(사카이 데쓰야,『다이쇼 데모크라시체제의 붕괴』).

소련의 이용

많은 일본인이 장작림을 통한 만몽 이권의 유지를 생각하고 있었던 당시에 스즈키의 의견은 달랐다. 반 조슈(長州) 파벌의 장로 중 한 명인 우에하라 유사쿠(上原勇作)에게 보낸 1826년 8월 25일 자 편지에서 일본인이 장작림 없이는 권익을 유지할 수 없다고 생각하는 데 대해 스즈키는 틀렸다고 말하며 오히려 '장작림 일가가 망해도 동삼성 발전에 동요되지 않을 대책'을 세워야 한다고 편지를 끝맺었다(『우에하라 유사쿠 관계문서』). 이해 4월 이미 단기서(段祺瑞) 정권이 붕괴하여 북경은 무정부 상태가 되어 있었다.

1926년 중국의 반제국주의운동, 특히 보이콧의 공격 대상이 되었던 것은 영국이었다. 스즈키는 이 점에 주목하여 영국에 압박과 고통을 한층 더 안겨주기 위하여 소련을 이용해야 한다고 하였다. 압박을 가함으로써 극동에서의 권익 유지를 위해서는 일본의 힘이 필요하다는 것을 영국이 깨닫게 해야 한다는 것이었다. 영국은 일본과 소련이 접근하는 것을 두려워하고, 소련은 일본과 영국의 접근을 두려워

▶ 사진 3-1. 도조 히데키 내각에 국무대신 겸 기획원 총재로서 입각했을 때의 스즈키 테이이치(앞줄 왼쪽)(1941년 10월, ⓒ 마이니치).

하는 것이 지금 극동의 현상이라고 관찰한 스즈키는 같은 해 9월 12일 자 우에하라 앞으로 보내는 서한에서 다음과 같이 적었다.

소련의 세력을 반드시 이용할 필요가 있습니다. 즉 소련이 광동에서 어느 정도까지 세력을 휘두르게 하고, 영국이 중국 중부에서 소련의 위협을 느끼는 호기를 포착하여 일본의 주장에 귀를 기울이게 할 필요가 있습니다.

이에 이어지는 구절은 격렬했다. 제1차 세계대전에서 독일의 국체를 바꾼 최대의 요인은 '미국의 민주주의 사상'이었다. 그런데 소련 공산당의 위험 등은 미국과 같은 정도에 지나지 않는다. 이처럼 스즈키는 각성된 인식을 가지고 있었다.

러시아 연구의 성과에 의하면, 1920년대 소련 외교의 근저에는 레닌과 치체린의 외교 방침이 있었다고 한다. 그것은 중국에 대한 지원과 베르사이유체제의 근본적 변화를 지향하는 외교라고 요약할 수 있다. 손문(孫文)에 의한 제1차 국공합작은 1924년부터 시작되었다. 1926년 9월 8일 독일이 국제연맹에 가맹하여 상임이사국이 되자 소련은 이를 영국에 의한 반소 통일전선 조직화의 하나로 보았다. 영국에 포위될 것이라는 소련의 우려는 북경의 실권을 잡게 된 장작림이 같은 해 8월 중동철로 소유의 선박을 포박했을 때 모스크바의 반응에서 알 수 있다. 모스크바는 장작림의 배후에 영국이 있다고 보았다. 스즈키가 우에하라에게 의견을 올렸던 때는 소련 중앙에서 반영 감정이 높아지던 바로 이 무렵이었다(요코테 신지[橫手愼二],「게 베 치체린의 외교」).

소련의 외교 노선

그러나 소련의 극동 외교도 일관되지는 않았다. 공산당 서기장 스탈린은 1925년 1월 시점에서 일찍이 치체린에 의한 외교 노선에 의문을 제기하였다. 중국은 아직 후진국이자 피억압 민족이므로 소비에트 권력의 동맹자로는 부적당하다는 것이다. 동시에 중국혁명에 대한 소련의 과도한 관여가 중국에서 최대 이권을 갖는 영국의 반발을 불러 영국과 소련의 군사 충돌을 야기하는 것을 스탈린은 우려하였다. 치체린과 스탈린의 대항관계는 1926년 말 치체린과 외무인민위원 대리 리토비노프의 대립으로 나타났다. 치체린이 중국에 대해 힘을 빌려줄 것을 주장한 데 비해, 리토비노프는 어느 독일 외교관에 의하면 진정 '영국에게 중국을 파는' 방침, 즉 중국에서 손을 떼고 영국과의 대립을 완화하려는 방침을 채택하고 있는 것처럼 보였다고 한다.

이처럼 소련 내부에서 중국 지원 방침이 흔들리기 시작했을 무렵, 일본 육군 가운데에서도 흥미 있는 움직임이 있었다. 중국공사관 부 무관이었던 혼조 시게루(本庄繁)가 1926년 12월 29일, 스즈키에게 '남방 신 세력과 연락할 필요가 있어 무한(武漢) 방면에 그대를 급파한다'는 뜻을 전했다. 혼조의 요청에 따라 스즈키는 1927년 1월 화중(華中)의 한구(漢口)에 가서 국민정부, 국민당 중앙, 모스크바에서 파견된 국민정부 고문 보로진 등과 협의하였다. 보로진은 스즈키에게 '러일 제휴로 영미, 특히 영국에 대항할 것을 주장'했다고 한다.

영국의 새로운 방침

여기서 혼조가 스즈키를 무한에 급파하려고 한 날짜, 1926년 12월 29일에 주목해보자. 혼조의 이 조치는 같은 해 12월 24일에 일본 측에 전해진 영국의 '12월 비망록'과 관계가 있었다. 물론 1927년 1월 한구·구강(九江)의 영국 조계가 중국 측의 실력 행사로 회수된 경위와도 관계가 있으리라. 이 비망록의 내용은 ① 워싱턴회의 이후 중국 정세가 변했기 때문에 기존의 조약은 시대에 떨어져 현상에 맞출 필요가 있다, ② 워싱턴 부가세(중국에 대해 수입세 증가율을 보통품 2.5%, 사치품 5.0% 인정한다)의 징수를 즉시 무조건 인정하고, 나아가 중국 정세가 안정되어 새로운 관세 규칙이 공포되면, 관세 자주권을 승인할 용의가 있다, ③ 중국에 강력한 중앙정부가 생길 때까지는 지방 당국과도 교섭할 용의가 있다, 등의 내용이었다.

영국은 워싱턴회의에서 결정된 중국 관세조약 결정에서 할 수 없이 이탈하며, 담보가 있는 확정 채권만을 가진 영국에 확실히 채권을 변제할 수 있는 정부라면 지방정권으로 취급해 온 광동의 국민정부라도 교섭할 자세를 보였다고 할 수 있다. 실체가 없는 북경정부에서 국민정부로 방향을 바꾸는 성명이었다. 데라우치 마사타케 내각 아래 북경의 단기서 정권에 정치 차관(니시하라[西原] 차관)을 무담보로 제공한 일본에게는 도저히 불가능한 곡예였다. 미국도 이를 따랐다. 1927년 1월 27일, 켈로그 국무장관은 중국에 대해 관세 자주권뿐 아니라 치외법권 철폐도 시사하였다(사카이 데쓰야, 「중일 제휴」).

당시의 중국 공산당은 한편으로는 모스크바의 정치국 중국소위원회의 통할 아래 있는 주중 소련 대사 카라한과 소련 대사관 안의 북경 군사센터를 통한 지휘를 받으며, 다른 한편으로는 위의 계통과 다른 코민테른 극동 지부의 지도도 받고 있었다. 코민테른은 중국 공산당에 대해 파업·폭동·무장 봉기에 의한 상해 등의 도시 제압, 자치정부 수립을 지도하고 있었다. 상해에 권익을 집중시키고 있던 영국은 한구·구강에서 일어난 사태가 다시 상해에서 일어나는 것을 반드시 저지해야만 했다. 영국의 「12월 비망록」은 국민정부에 유리한 경제 환경을 갖추어 국민정부의 좌경화를 억제할 의도가 있었다고 볼 수 있을 것이다. 즉 국민정부(당) 좌파와 구별하여 장개석을 중심으로 하는 국민정부를 지지하려는 것이었다. 중국의 격동을 앞에 두고 영국과 미국은 워싱턴회의에서 확립된 중국에 대한 경제 프로그램을 스스로 버렸던 것이다.

국민정부 안의 대립

그럼 여기서 국민정부 안의 대립을 살펴보자. 1926년 7월부터 장개석이 이끄는 국민혁명군에 의한 북벌이 시작되어 북벌군은 광동에서 호남·호북·강서 등 장강 연안에 진출하였다. 북벌이란 병력을 사용하여 남북 중국을 통일하려는 것이었으나, 동시에 북방 군벌의 '강대한 무력'을 뒤엎고 민중운동을 발전시켜 그곳에 국민당 조직을 부식시키는 것이었다(이에치카 료코〔家近亮子〕, 『장개석과 남경 국민정부』). 이에 대항하는 북경정부 측은 동삼성에 세력을 가진 장작림을 총사령으로 하고 장종창(張宗昌) 등을 부사령으로 하는 안국군(安國軍)을 조직하여 북벌군에 대치하였다. 1927년 초에는 남북 양군 충돌이 확실해졌는데 스즈키가 중국에 도착한 것은 바로 그러한 시기였다.

물론 모스크바는 장개석의 북벌을 원조했다. 대포·비행기 대금에 상당하는 약 284만 루블을 1926년부터 27년에 걸쳐 제공하는 결정을 내렸다(도미타 타케시〔富田武〕, 「중국 국민 혁명과 모스크바」). 그러나 모스크바의 중국 원조체제는 국민정부를 지도하는 그룹과 중국 공산당을 지도하는 그룹이 대립하여 복잡했다. 중국 혁명에 대한 소련의 두 가지 입장은 북벌에 의해 급속히 남북통일을 이루려는 장개석을 지지하는 국민정부 그룹과 중국 공산당과 연대하면서 각지에서 도시 제압이나 파업을 거듭하여 그 후에 남북통일을 이루려는 국민정부(당) 좌파의 대립으로 나타났다. 좌파는 1927년 2월 광저우 국민정부를 무한으로 옮겨(호남·호북·강서의 3성을 지배), 장개석과의 대립이 깊어졌다.

안국군과 군사적으로 대치하는 한편, 장개석은 국민정부(당) 좌파나 공산당과 대립을 심화해갔다. 1927년 초 장개석에 대한 평가는 미지수였으나, 영국에 이어 미국 또한 장개석을 주목하기 시작했다. 같은 해 3월 30일, 미 국무성은 장개석을 재정적으로 원조하여 공산당의 폭발을 장개석이 진압하게 하고, 소련의 중국 개입을 저지하려는 「중국에 대한 새로운 계획」을 발표했다.

이러한 미국의 조치는 영국의 「12월 비망록」과 같은 의의를 가지고 있었다. 이리하여 같은 해 4월 18일 장개석의 군사력을 배경으로 남경 국민정부(강소〔江蘇〕·절강〔浙江〕·복건〔福建〕·광동〔廣東〕·광서〔廣西〕·안휘〔安徽〕·사천〔四川〕의 7성을 지배)가 수립되기에 이르렀다.

영국과 소련의 대립

중국을 무대로 영국·미국과 소련이 암투를 벌이는 와중에 스즈키는 일본이 취해야 할 길을 연소 반영(連蘇 反英)으로 보고 있었다. 앞에서 설명한 1927년 3월 8일 자 우에하라 앞으로 보내는 서한에서 '다소의 희생을 치르더라도 소련과 함께하여, 어디까지나 영국을 구축하는 것이 중요' 하다고 분석하였다.

영국과 미국 측이 중국에 대한 새로운 방침을 채택한 바로 그때, 모스크바는 리토비노프 노선을 선택하게 되었다. 1927년 소련은 주네브의 국제연맹 군축준비위원회에 처음으로 대표를 보냈다. 리토비노프는 유럽과의 협조 속에 소련이 가야 할 길을 찾고자 하였던 것이다. 같은 해 4월 6일, 북경에서는 장작림의 지시 아래 소련 대사관과 공산당 지부를 수색하고 대사관 옆의 중동철로 사무국과 극동은행도 수색하였다. 같은 사건은 상해에서도 일어났는데, 4월 7일 상해 공부국 경찰은 소련 총영사관과 외부와의 교통 출입을 차단하였다. 소련은 영국과의 정면충돌을 계속 피하면서 중국문제에 대해 소극적으로 관여했다.

물론 공부국(조계의 의사 결정 기관인 참사관 아래 행정 사무를 관장하는 부서)은 영국의 이익을 대표했으나 영국의 이러한 조치는 중국 노동조합의 전국 조직인 중화민국 전국총공회가 공전의 비즈니스를 기획하여 상해 조계 돌입 계획을 발령했다는 정보를 사전에 입수했기 때문이었다.

이처럼 소련이 중국에 대해 소극적으로 관여하고 영국이 중국에 대한 영향력을 회복하는 시기에 있어서는 연소 반영이라는 스즈키의 주장은 설득력을 갖지 못했으리라. 와카쓰키 레이지로(若槻礼次郎) 내각(외상은 시데하라 키주로)은 물론(표 3-1), 육군 중앙도 스즈키와는 다른 입장을 취했다. 참모본부 제2부는 1927년 3월 28일 시점에서 장개석 등 남방파의 온건분자를 일본이 옹호해야 하며, 중국에 대해서는 영국·미국과 협조해야 한다고 판단하였다. 이는 우가키 카즈시게(宇垣一成) 육상의 생각이기도 했다. 같은 해 4월 7일, 우가키는 와카쓰키 수상에 대해 다음과 같이 말했다.

중국이 공산화되어 가고 있는 사실은 오늘날 부정할 수 없다. 중국의 공산운동이 화북이나 만몽에 파급되는 것은 시간 문제이다. 따라서 바람직한 대책은 '열강의 협조에 의해 공산파를 포위하는 정책'을 취하는 것이라고 우가키는 말했다. 중국에 반공을 강요하기 위해서도 영국·미국과의 협조가 불가결하다는 입장이었다.

▶표 3-1. 20년대의 내각과 외상

내각	외상 (수상이 겸임하는 경우 성만)
하라 타카시(原敬) (1918.9.29~1921.11.13)	우치다 코사이(内田康哉)
다카하시 코레키요(高橋是清) (1921.11.13~1922.6.12)	우치다 코사이
가토 토모사부로(加藤友三郎) (1922.6.12~1923.9.2)	우치다 코사이
야마모토 곤베(山本権兵衛)II (1923.9.2~1924.1.7)	야마모토(山本) → 이주인 히코키치(伊集院彦吉)
기요우라 케이고(清浦奎吾) (1924.1.7~1924.6.11)	마쓰이 케이시로(松井慶四郎)
가토 타카아키(加藤高明) I (1924.6.11~1925.8.2)	시데하라 키주로(幣原喜重郎)
가토 타카아키 II (1925.8.2~1926.1.30)	시데하라 키주로
와카쓰키 레이지로(若槻礼次郎) I (1926.1.30~1927.4.20)	시데하라 키주로
다나카 기이치(田中義一) (1927.4.20~1929.7.2)	다나카(田中)
하마구치 오사치(浜口雄幸) (1929.7.2~1931.4.14)	시데하라 키주로

정세는 연소 반영을 주장하는 스즈키의 입장을 약화시켰으나 다른 한편, 중국에 대한 내정 불간섭을 주장하는 시데하라 외교도 불리해졌다. 우가키는 온건파를 옹호하여 공산파를 포위하는 데는 간섭이 불가결하다고 생각하여 수상에게 의견을 제시한 것이라 보인다. 지금까지 시데하라 외교를 지탱해 온 우가키가 영미 협조를 한층 중시한다고는 하나, 내정 불간섭 방침에서 이탈하려고 결의한 것이 중요하다. 육군 중앙의 주류를 차지하는 우가키 계열이 시데하라 외교의 지지 기반이 아니게 된 의미가 크다.

장개석은 반공인가

그렇다면 당시의 장개석에게는 영국·미국이나 일본의 기대를 등에 업고 중국 공산당이나 국민정부(당) 좌파 등을 포위할 힘이 있었던 것일까? 여기서 1920년의 신 4국 차관단 건을 돌아보고자 한다. 일본에게 있어서, 만몽의 우선권에 관한 영국·미국 열강의 승인을 받았는지가 큰 문제였다는 것은 이미 제2장에서 살펴보았다. 그러나 신 4국 차관단을 중국 쪽에서 보면 전혀 다른 이미지가 나타난다. 1920년 봄, 중국은 5·4운동 이래의 대규모 파업을 겪는데, 같은 해 4월 14일부터 시작된 학생의 전국 무기한 휴업은 강소·절강·안휘·하남·강서·하북 6성으로 확대되어 20개 주요 도시에 이르렀다.

이 휴업의 원인은 한마디로 신 차관단에 대한 강한 반대였다. 전국학생연합회는 베이징의 열강 외교단에 대해 '오늘날과 같은 위기에 신 차관단이 군벌 관료에 대해 자금을 원조하는 것은 그들에게 국민을 살육하기 위한 무기를 주는 것과 같다'고 호소하였다. 학생 외에 신문도 차관단의 조건을 받아들이는 것은 민족 자립을 위험하게 한다고 반대하였다. 나아가 중국 은행계도 반대를 표명하여 북경정부도 마침내 신 차관단과의 교섭을 거절하기에 이르렀다. 영국·미국·프랑스·일본의 은행단으로 구성된 차관단은 같은 해 10월 뉴욕에서 정식 발족했으나, 그곳에 중국 정부의 모습은 없었다(아카시 이와오, 「신 4국 차관단에 관한 일고찰」).

영국·미국·프랑스·일본 4개국은 누가 보아도 중국에 가장 영향력을 가진 자본주의 국가군이었다. 1927년 4월 단계에서는 반공을 명확히 한 장개석이었으나, 그 장개석이 소련을 방문 중인 1923년 11월 26일 코민테른 집행위원회에서 연설한 한 구절을 알아보는 것은 의미가 있을 것이다(다지마 노부오, 「손문의 '중국·독일·소련 삼국 연합' 구상과 일본」).

워싱턴회의에서 영국·미국·프랑스·일본의 4대 자본주의국은 동아시아를 착취할 의도를 명시하였다. 자본주의 열강은 중국의 군벌을 도구로 사용하여 중국에서 지위를 강고하게 하고, 유효한 착취를 하려고 한다. 국민당은 러시아, 독일 및 중국의 동맹을 제안한다. 국민당은 전 세계에서 자본주의의 영향력과 싸우기 위해 이 위대한 3국의 동맹을 제안한다.

장개석의 연설은 앞에서 설명한 신 4국 차관단에 반대하는 전국학생연합회의 논리에 가깝다. 영국·미국·프랑스·일본을 싸잡아 자본주의 각국과 군벌의 결탁이라고 비판하였다. 나아가 베르사이유 워싱턴체제의 바깥에 있었던 소련, 독일과의 동맹을 제안하였다. 장개석은 다지마가 말하는 '반 베르사이유 워싱턴체제' 세력의 일원이었다고 할 수 있을 것이다. 손문의 지시로 이루어진 장개석의 소련 방문은 1923년 8월 5일부터 11월 29일까지였는데, 장개석은 소련의 당 조직과 군사 시찰을 중심으로 했다. 손문이 국공합작을 결의하는 것은 이해 11월의 일이었다(기타무라 미노루〔北村稔〕,『제1차 국공합작 연구』).

1927년에 소련은 분명히 중국 혁명 지원 방침을 전환하였다. 그러나 장개석의 영국·미국·프랑스·일본관을 동시대적으로 알고 있던 사람이 이러한 정세를 보았을 때, 장개석의 반공 태도를 솔직히 믿을 수가 있을까? 또한 1925년부터 1927년에 중국에 불어온 반영 보이콧이나 영국 조계의 실력 회수를 눈앞에서 본 일본인이라면, 일본에 있어서 영국·미국과의 협조 노선의 경제적 상징에 다름 아닌 신 4국 차관단이 중국에서 보면 군벌을 도구로 사용하고 중국을 자본주의적으로 착취하는 기관으로 보였다는 것을 상기하는 것은 쉬울 것이다.

마쓰오카의 관찰

그런데 스즈키가 한구에 간 1927년 2월, 또 다른 일본인 일행이 화중을 방문하였다. 정우회(政友会) 총재 다나카 기이치의 명으로 야마모토 조타로(山本条太郎), 마쓰오카 요스케, 모리 쓰토무(森恪) 세 명이 2월 26일 상해 땅을 밟았다. 그들은 귀국 후 성립한 다나카 내각에서 각각 야마모토가 만철 총재, 마쓰오카가 부총재, 모리가 외무정무차관으로 중용되었다. 「중국 시국에 관한 보고서」(1927년 4월)에서 마쓰오카는 뛰어난 표현을 섞어 다음과 같이 시찰 보고를 정리하였다.

'국민당의 그늘에서 공산당은 (중략) 보로진의 지휘와 다른 소련인 고문 또는 초빙자 등의 원조, 노력으로 점차 국민당의 깊숙한 자리를 점거'하기에 이르렀다. 마쓰오카가 본 바로는 국민당이나 공산당 등 남방 혁명파가 모스크바에서 얻은 가장 중요한 보물은 자금이나 무기 원조가 아니라, '소련이 직역하는 세포조직과 그 운용'이며, 공산당의 조직력은 확고하게 성장했다고 할 수 있었다. 마쓰오카 등은 상해에서 공산당이 80만 명을 조직한 파업을 성공시키는 것을 눈앞에서 보았다. '외국의 감리를 받는 상해 공동 조계에서조차 중국 공산당이 총공회 이름 아래 자유자재로 활동'하는 것을 실제로 본 마쓰오카는 이른바 세포조직 운용을 모스크바가 최종 시험하여 그것을 완벽하게 성공시켰다고 판단하였다.

열강 협조의 좌절

소련은 분명 1927년 말 중국과 단교하였다. 그러나 '국민당의 그늘'에서 공산당의 세포조직의 힘은 증명된 바와 같이 중국 국민 가운데 뿌리를 내렸다. 영국·미국·프랑스·일본에 의한 신 4국 차관단=경제판 '소 국제연맹'의 시도는 실패로 돌아갔다. 워싱턴회의의 여러 조약은 본래 중국에 대해 관세 자주권과 치외법권 회복이라는 불평등조약 개정을 위한 과정을 내포하는 건전한 것이었다. 그런데 이러한 여러 조약의 결정에서 미국, 영국은 스스로 솔선해서 떨어져 나갔다. 또한 기억해야 할 것은 1925년 당시 영국이 보이콧의 대상이었을 때 일본 또한 중국에 대해 경쟁적으로 호의를 제공했다는 점에서 영국을 몇 번이나 앞질렀다는 점이다.

결국 미국은 1928년 7월 25일 중국과 관세 자주권을 인정한 신 관세조약을 체결했다. 이 조약은 완전한 조약의 형식으로 조인되었기 때문에 통상조약 개정으로서의 의미보다는(편무적 최혜국 대우에 의해 중국이 모든 나라와의 조약 개정을 마칠 때까지 미국의 약속을 예약한다는 의미밖에 없으므로), 남경 국민정부를 미국이 승인했다는 쪽에 더 큰 의미가 있었다. 요시자와 주중 공사는 이러한 미국의 방식을 '미국 측의 이번 일은 완전한 미국식이라서 (중략) 타인에 대한 민폐는 전혀 생각도 않는 것'이라고 비판했다.

영국은 조금 늦게 같은 해 12월 20일, 중국의 관세 자주권을 인정한 중영관세조약을 체결했다. 영국은 중국 측의 관세 증세에 따른 영국 무역의 일시적 감퇴보다도 19세기 이래 영국의 이익을 지탱해 온 해관(외국인 총세무사 아래 관세를 징수하는 기관)제도 유지 자체를 우선하였다.

이러한 미국과 영국 등의 행동은 중국 공산당이나 국민정부(당) 좌파의 영향력에서 국민정부를 지키기 위한 것이었으나, 시데하라 외교를 지탱해 온 영국·미국 열강과의 협조라는 전제조건을 무너뜨렸다. 워싱턴회의 때 미 국무성 극동부장이자, 1925년부터 1929년까지 미국의 주중 공사였던 마크마리는 1935년 각서에서 다음과 같이 설명하였다(마크마리,『평화를 어떻게 잃었는가』).

위협이 확실해져도 국제 협조의 틀은 무력했다. 위협에 대항하거나 대비하려는 국제 협조는 거의 이루어지지 않았다. 그 결과 일본은 자력으로 안전을 확보하려고 하였다. (중국은) 지나친 행동에 의해 주변 여러 나라를 안심시키는 것이 아니라 주변국의 이익과 안전을 보장하고 있던 국제 시스템을 무너뜨렸다. 그것은 중국 자신의 안전과 이익을 무너뜨리는 것이었다.

마크마리의 지적이 뛰어난 것은 워싱턴과 런던, 두 개의 해군 군축조약의 제한 아래 일본의 해군력을 두는 것이야말로 워싱턴체제의 핵심이라고 간파했다는 점이다. 일본에 해군 군축조약의 탈퇴를 결의시키기까지의 도전을 중국이 감행한 것은 중국 자신에게 있어서도, 그 안전과 이익을 붕괴시켰다는 점에서 마이너스가 되었다. 두 개의 체제 사이에서 동요하는 국민정부를 워싱턴체제 쪽으로 끌어당기기 위해 영국과 미국은 워싱턴체제의 경제적 룰을 변용시켰다. 그것은 중국에 대한 내정 불간섭 정책을 취하는 시대하라 외교의 기반을 무너뜨리는 일이 되었다. 또한 스즈키 테이이치 등 '중국통'이라 불리는 군인들이 워싱턴체제를 상대화하는 시각을 혼란스러운 중국 안에서 키웠다는 점도 놓쳐서는 안 된다.

2. 장작림 시대의 종말

동방회의

    1927년 4월에 성립한 다나카 내각은 같은 해 6월 21일부터 7월 7일에 걸쳐 동방회의를 개최하였다. 외무성 외에 육해군성에서도 중국정책에 관계하는 부국의 장이 출석하고 파견기관의 대표도 같이 모이는 기회가 되었다. 주요 출석자는 표 3-2에 정리하였다. 의제는 일반적인 중국정책, 남방에 대한 정책, 북방에 대한 정책 등 세 가지였으나, 논의는 다양하게 이루어져 정부 부내의 만몽정책의 불일치를 그대로 드러냈다. 유일하게 결정된 것이 만주에 부설해야 할 철도의 우선순위라고 해도 과언이 아니다(사토 모토에이〔佐藤元英〕, 『쇼와 초기 중국에 대한 정책의 연구』).

    더욱이 그 우선순위에 대해서도, 길회(吉會, 길림〔吉林〕−회령〔會寧〕)선의 우선순위에 대해서는 외무성과 육군성이 일치하였으나 그 외의 노선에 대해서는 의견이 나뉘어 외무는 앙제(昂齊, 앙앙계〔昂昂溪〕

—치치하얼)선을, 육군은 조색(洮索, 조남〔洮南〕—색윤〔索倫〕)선을 주장하여 대립했다. 외무는 육군의 바람대로 신설하면, 소련을 강하게 자극한다고 하여 조색선에 우려를 표명했다. 확실히 색윤은 관동군이 소련과의 전쟁에서 주요 전장으로 상정하고 있던 지점이며, 만일 조색선이 부설되면 앙앙계 서쪽에 있는 중동철로의 평행선이 된다(그림 3-2). 우선순위의 최고가 길회선으로 일치된 후 외무성이 미는 앙제선과 육군이 미는 조색선의 어느 쪽이 우선되느냐가 주목된다.

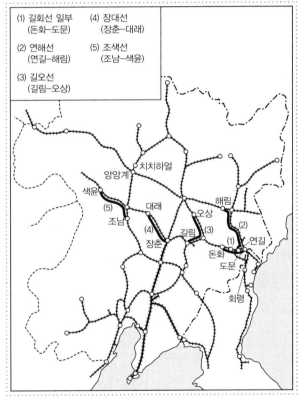

▶그림 3-2. 야마모토·장작림에 의해 인정된 5철도(『야마모토 조타로 전기』, 야마모토 조타로옹 전기 편찬회, 1942년에 의해 작성).

동방회의 특별위원회의 결정에서는 부설계획의 운용은 외무성이 맡고, 철도 부설 실행은 만철이 맡는 것으로 되어 있었다. 그러나 다나카 수상은 회의 직후인 7월 20일, 전부터 깊이 신뢰했던 야마모토 조타로(山本条太郎)를 만철 총재에, 마쓰오카를 부총재에 기용하여 장작림과 교섭하게 하였다. 교섭은 진전되어 10월 15일, 야마모토와 장작림 사이에 철도 협정이 조인되었으나, 계획 운용을 맡을 외무성이 불만일 것은 쉽게 상상할 수 있다. 다나카의 일 처리는 동방회의 결정을 거슬렀다.

다나카가 만철을 통한 지원을 고집한 요인으로는 '보경안민(保境安民)을 위해 동삼성 정권에게 군벌 병력을 삭감하고 재정을 정리'하게 할 필요가 있고, 그 때문에 '현실적으로 움직일 수 있는 것은 만철'이라는 인식이 있었던 것을 들 수 있다. 육군이나 외무성의 현지 파견 기관을 통해 동삼성 정권의 재정 지도나 군대 삭감을 꾀하는 것은 아무래도 저어했으리라.

외무성도 교섭 담당자가 동방회의 결정과 다르다는 것에 불만을 품었던 것이 아니라, 야마모토·장작림 협정 내용 자체가 문제였다. 협정에는 육군이 주장한 조색선은 포함되었지만 외무가 주장한 앙제선은 들어 있지 않았다. 외무성의 불만은 쌓여 갔을 것이다. 사실 요시자와 켄키치 주중 공사는 '만철 측 교섭 상황이 좋은지 나쁜지는 당분간 별개로 하고, 그 방법은 본 공사가 볼 때 당돌 의외'라면서 다나카 수상 겸 외상에 대한 불쾌감을 솔직히 표현했다(1927년 10월 13일 자, 『일외』 쇼와기 I , 제1부, 제1권, 197문서).

이처럼 자원 개발, 치안 유지·국방의 열쇠를 쥐게 될 철도 부설 계획은 중국에 대한 정책을 담당할 사람들을 널리 모이게 했던 동방회의 결정을 무시하는 형태로 다나카와 만철 라인에 의해 무작위로 진행되었다. 외무나 육군 등 현지 여러 기관으로서는 다나카에 대한 실망이 깊어졌다.

▶표 3-2. 동방회의의 주요 참석자

외무 본성	외무대신 다나카 기이치(田中義一) 외무정무차관 모리 쓰토무(森恪), 외무차관 데부치 가쓰지(出淵勝次), 아세아국장 기무라 에이이치(木村鋭市)
재외공관	주중 공사 요시자와 켄키치(芳沢謙吉), 봉천 총영사 요시다 시게루(吉田茂), 상해 총영사 야다 시치타로(矢田七太郎)
식민지	관동장관 고다마 히데오(児玉秀雄), 관동군 사령관 무토 노부요시(武藤信義) 조선총독부 경무국장 아사리 사부로(浅利三朗)
육군	육군 차관 하타 에이타로(畑英太郎), 참모 차관 미나미 지로(南次郎), 육군성 군무국장 아베 노부유키(阿部信行), 참모본부 제2부장 마쓰이 이와네(松井石根)
해군	해군 차관 오스미 미네오(大角峰生), 군령부 차장 노무라 키치사부로(野村吉三郎), 해군성 군무국장 사콘지 세이조(左近司政三)
대장성	이재국장 도미타 유타로(富田勇太郎)

간사장은 기무라 아세아국장, 배석자로는 철도성대신 오가와 헤이키치(小川平吉), 육군대신 시라카와 요시노리(白川義則), 내무대신 스즈키 기사부로(鈴木喜三郎), 대장대신 미쓰치 추조(三土忠造), 문부대신 미즈노 렌타로(水野錬太郎), 농림대신 야마모토 데이지로(山本悌二郎), 내각서기관장 하토야마 이치로(鳩山一郎), 외무성 정보부장 고무라 긴이치(小村欣一)

출전: 『日本外交文書』 昭和期Ⅰ, 第1部, 第1券, p.18~19를 근거로 작성.

북만주와 소련

다나카는 장작림 정권을 통한 만몽 권익 옹호의 입장에 섰는데 그 점에서 다나카와 같은 견해를 보인 것은 마쓰오카였다. 마쓰오카의 생각은 만철을 소련에 대한 포위선으로 하는 대소 국방론이었다(루, 『마쓰오카 요스케와 그 시대』). 만철 이사 시절의 마쓰오카는 1924년 9월 장작림을 상대로 조앙선 건설 계약을 맺었다. 조남과 앙앙계를 연결하는 이 철도는 일본의 대소전략상의 포석이 될 철도이며, 일본의 북만주 진출을 가능하게 하는 철도였다. 만철뿐 아니라 육군 또한 대소 국방의 관점에서 조앙선 건설을 지지하였다. 이 철도는 의심의 여지 없이 소련을 자극하는 선이기 때문에 조앙선 건설 계약 조인은 장작림에게 루비콘 강을 건너게 한 셈이라고 마쓰오카는 인식하였다. 그것은 '제1차 러일협약 이래의 러시아 세력범위를 침식하는 것'이기 때문이었다.

사실 소련도 움직이기 시작했다. 1924년 11월 26일 몽고인민공화국이 소련의 강한 영향력 아래 탄생했다. 또한 장작림을 위협하는 위치에 있던 북방의 군벌 풍옥상(馮玉祥)에 대해 1925년 봄부터 소련은 무기 공급과 공수동맹 밀약을 제안했다. 마쓰오카의 눈에는 소련의 일련의 행위가 장작림을 위협하는 것으로 보였다. 소련과의 대결을 불가피하게 하는 일대 결정을 장작림에게 강요한 이상, 일본은 장작림을 버릴 수 없고, 버리면 만몽 유지에 대한 일본의 결의가 외국의 경멸을 받게 되리라고 생각했다. 마쓰오카가 시데하라의 내정 불간섭주의를 강하게 비판하고 시데하라 외교와 결별한 것은 1924년 후반의 일이었다.

여기서 다나카가 장작림을 통한 만몽 지배를 고집한 이유를 정리해 보자. 제1차 가토 타카아키 내각 당시, 정우회는 헌정회(憲政会), 혁신구락부(革新俱楽部)와 더불어 호헌(護憲)3파 내각의 여당이었다. 정우회가 산업 입국을 부르짖고 있던 혁신구락부와 합동(1925년 5월)함으로써 우선 정우회 정강에 산업 입국의 색채가 나타났으며 정우회는 만 몽 자원 개발에 커다란 관심을 갖게 되었다. 한편, 제2차 가토 내각이 헌정회 단독 내각이 되자(같은 해 8월) 정우회는 야당화되었다. 산업 입 국으로 불경기 탈출을 호소할 때 조약상 인정되었던 남만주와 동부 내 몽고의 권익만이 아니라 북만주로 진출하는 것을 갈망하게 되었다. 북만주로 합법적으로 손을 뻗치는 데는 장작림의 동북 정권을 통한 간 접적 방책밖에는 없었다. 다나카 외교의 적극적 만주 정책이란, '현지 정권에 참여하는 북만주 진출론'이었다고 요약할 수 있다(사카이 데쓰 야,『다이쇼 데모크라시 체제의 붕괴』).

다나카 외교

다나카 내각에서는 전임 외상을 두지 않고 다나카 수상이 겸임 하였기 때문에 외무정무차관 모리 쓰토무의 생각이 정책에 짙게 반영 되었으므로 다나카 외교의 특징을 추출해내기는 어렵다. 그러나 외국 사절과의 회담, 천황에 대한 상주 기록 등으로 추론할 수는 있다.

첫째, 다나카에게는 열강이 국민정부에 호의적인 공여 경쟁을 반 복한다면 일본도 동삼성 정권에 대해 그런 경쟁에 참가해도 된다는 발 상이 있었다. 동삼성의 치외법권을 철폐하고 그 대가로서 남만주의 상조권 실행을 요구하려고 했던 것은 그 예 중 하나였다. 장작림 폭살 후 다나카는 장례 참석을 위해 하야시 곤스케(林權助) 특파대사를 파 견하는데, 다나카는 하야시에게 다음과 같이 지시했다. '일본으로서 는 거주와 영업을 얻는 것이 중요하다. 이를 자발적으로 하게 했으면

한다. 그러면 일본도 만주에 한해 치외법권을 철폐해도 좋다.' 다나카
가 열의를 가지고 추진했던 것이 상조권 문제였던 것은 1928년 8월 30
일의 쇼와 천황(昭和天皇)의 말에서도 알 수 있다. '수상의 진의는 상
조권 문제 해결에 있다'고 천황은 측근에게 전하였다(마키노 노부아키
〔牧野伸顯〕문서「중국문제와 그 밖의 비밀서류」).

둘째, 불평등조약 폐지를 요구하는 중국의 움직임에 대해서는,
중국에 권익을 갖는 '제국' 국가 사이에서 2국간 협조로 처리한다는
발상을 갖고 있었다. 주목되는 것은 1927년 10월 초 영국·미국의 주
일 대사와 회담했을 때 북만주는 남만주 못지 않게 자원이 풍부한 곳
으로서 기회균등주의 개발이 바람직하다고 말하고, '북만주에 대해서
는 소련과 이야기'할 필요가 있다고 했다는 점이다(『일외』 쇼와기 Ⅰ, 제1
부, 제1책, 180·182문서).

소련과 협의한다는 구상은 1927년 12월부터 이듬해 2월에 걸친
고토 신페이의 소련 방문으로 실현되었다. 고토의 소련 방문의 주요
목적은 일소기본조약 체결 때 미뤄둔 어업협정 개정 교섭이었으나, 공
산당 서기장 스탈린이나 외무인민위원 체체린 등 수뇌부와의 회담에
서 중국 문제가 협의되었다. 소련의 두 개의 중국 정책을 대표하는 양
자를 고토가 상대했던 것이다. 동양 평화를 위해 일본·중국·소련 3국
이 협조해야 하지만, 현재의 중국은 정치적 중심을 잃고 있으므로 당
장은 '소련과 일본 두 나라만이 서로 제휴하여 시국을 담당하고 동양
평화의 대책을 수립한 위에 공동보조를 취할 필요가 있다'고 했다고
한다(도미타 타케시〔富田武〕,「고토 신페이의 소련 방문과 어업협약 교섭」). 일본
과 소련이 중국을 통제한다는 발상이었다.

영국·프랑스도 중시하였다. 다나카는 1928년 8월 30일 천황을

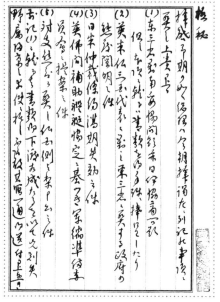

배알하였다.

중국에 대한 문제는 제국이 단독으로 해결할 수 없습니다. 특히 관세 문제에 관해서는 다른 열강(미국을 제외하는 것은 어쩔 수 없음), 특히 영국·프랑스와 협동하여 해결에 힘써야 합니다.

▶사진 3-3. 친다 스테미가 마키노 노부아키 앞으로 보낸 서한. 1928년 8월 16일 자(국립 국회도서관 헌정자료실 소장).

영국·프랑스와 더불어 가야 한다는 것을 말하고 있다. 또한 같은 달 16일의 상주에서는 주일 이탈리아 대사의 일본·이탈리아 협상 제의도 언급하고 있다(그림 3-3).

다나카에 대한 실망

중국에 대해 만몽에 권익을 가진 나라끼리(일본·소련), 중국에 '제국'으로서 대치하는 나라끼리(영국·프랑스·이탈리아와 일본)의 2국 간 협조를 모색한 다나카 외교도 그 전도는 밝지 않았다. 1927년 5월의 제1차 산동 출병에 관해서는 일본 측에 호감을 갖고 있던 영국·미국도 1928년 4월의 거류민 보호를 내세운 제2차 출병 이후로는 경계심을 감추지 않았다. 제남(濟南)사건은 5월 3일, 작은 사건을 계기로 국민

혁명군과 일본군 사이에 군사 충돌이 발생하여 일본군이 제남성을 공격·점령한 사건이었으나 중국 측의 외교 교섭원과 시민을 포함한 많은 희생자를 냈다. 같은 해 9월, 영국의 볼드윈 내각과 외무성 극동부는 영국에 대한 접근을 꾀하는 다나카 외교의 의도를 정확히 분석하면서 일본과의 제휴는 이미 불가능하다는 결론을 내렸다. 일본에 대한 국민정부의 인식 또한 악화되었다. 일본 유학 경험을 가진 황부(黃郛) 외교부장은 5월 22일 스스로 자리를 물러나고 후임에 영미파로 평가되는 왕정정(王正廷)이 취임했다.

국내에서도 문제가 발생했다. 다나카 내각은 제남사건에서 거의 2주가 지난 5월 18일, 중국의 남북 양 정부에 대해 전란이 만주에 파급될 경우 치안 유지를 위해 적절한 조치를 취하겠다고 통고하였다. 이 통고는 각의 결정을 거쳐 이루어졌으나 본 결정에서 다시금 다나카는 외무와 육군의 반감을 샀다. 각의 결정 원안은 외무성 아세아국과 육군성 군무국이 면밀히 협의하여 5월 16일에 기안한 것이었다. 원안의 가장 중요한 핵심은 두 가지였다. 첫째는 '최근 기회에 북방은 장작림, 남방은 장개석 등에 외교기관을 통해 별안 각서를 교부할 것', 두 번째는 '장작림에 대해서는 동시 혹은 교부 직후 최근 기회에 비공식적으로 은퇴를 권고하고 만일 권고에 응하지 않을 경우에는 다음 대책을 강구할 것'이었다.

요점은 두 번째 장작림 은퇴 권고에 있었으나 다나카는 이 항목을 삭제하였다. 외무성도 육군도 장작림의 하야가 바람직하다고 생각하고 있었으므로 아리타 하치로(有田八郎) 아세아국장이나 시라카와 요시노리(白川義則) 육군대신은 다나카를 설득하였다. 그러나 다나카는 철회하려고 하지 않았다. 철도 교섭이나 동삼성 정권의 재정 개혁 등을 만철이 담당하게 하면서 끝까지 장작림을 상대한다는 다나카의 결의는 굳었다. 다나카가 있는 한 장작림을 배제할 수 없다는 인식은 육군 안에 퍼져 갔으리라.

요시다 시게루(吉田茂)의 초조함

장작림을 은퇴시켜야 한다고 생각한 것은 육군만이 아니었다. 그 중 한 사람이 봉천 영사 요시다 시게루(吉田茂)였다. 왜 장작림은 이 정도로 기피 인물이 되었을까? 동방회의 후의 「만몽에서의 현안 해결에 관한 건」(1927년 7월 12일)을 보면, 외무성이 철도보다도 '동삼성의 조약 위반과 그 밖의 불법 조치' 해결을 최우선 과제로 삼고 있었다는 것을 알 수 있다. 요시다는 영국이 '12월 비망록'에서 중국 측에 인정한 워싱턴부가세에 분개하고 있었다.

1925년 10월 12개국을 모아서 개최한 북경관세특별회의(1926년 7월 무기 연기됨)는 1928년 7월 7일 국민정부가 불평등조약 폐기, 신조약 체결을 선언한 시점에서 폐회하였다. 워싱턴회의에서 결정된 중국관세조약 제2조는 중국 각지의 지방정권이 부과하고 있는 통행세인 리금(釐金)을 폐지하기 위한 특별회의를 개최하여 리금 폐지가 확인된 후에야 비로소 2.5%의 증징을 허용한다고 정하였다. 요시다에게는 리금 폐지가 이뤄지지 않은 채 영국 측 맘대로 중국 전역에서 새로운 세금을 부과하기 시작한 것을 용납하기 어려웠으리라. 요시다는 또한 북벌군과의 전투 군비를 보충하기 위해 장작림이 동삼성에서 지폐를 남발한 것을 비판하였다. 봉표(奉票)라고 불리는 그 지폐가 폭락하면 일본제 면포 수출이 불리해지기 때문이었다.

　요시다의 장작림 비판은 신랄하였다. 1927년 6월 10일, '군벌 사투 때문에 일어나는 동삼성의 치안을 교란시키지 않기 위한 우리의 결의'를 보이기 위해 이를테면 장작림에게 가장 중요한 봉천 공창(工廠)을 점령하거나 산해관·조남·길림 등 철도 주요 지점을 점령해야 한다는 의견을 올렸다.

장작림 폭살

　기본적으로 「동삼성의 조약 위반과 그 밖의 불법 조치에 관한 건」을 중시하고 있던 요시다 등 외무성 현지 실무자들은 워싱턴체제에서 이탈하는 것도 마다하지 않겠다는 영미 측의 강경한 태도와 북벌에 대해 일본군이 군사적으로 간섭한 결과 일어난 제남사건의 충격 등으로 중국 측의 비판을 정면으로 받게 되었다. 요시다가 다나카에게 올린 의견에서 장작림 이외의 동삼성 실권자 옹립을 간절히 바라게 된 데에는 이러한 배경이 있었다.

　1928년 6월 3일 오전 1시 15분, 장작림은 관외(關外)로 퇴거하기 위해 북경역을 출발하였다. 국민혁명군이 북경에 입성하기 닷새 전의 일이었다. 장작림이 탄 열차는 4일 이른 아침 경봉(북경―봉천)선과 만철선이 교차하는 지점인 황고둔(皇姑屯)에서 폭파되어 장작림은 그날 안에 사망하였다. 사건은 관동군 고급 참모 고모토 다이사쿠(河本大作) 등에 의해 준비된 것이었다. 고모토는 1921년 3월부터 23년 8월까지 북경 공사관부 무관 보좌관을, 그 후 24년 8월까지 참모본부 지나과(支那科) 지나반장을 역임한 인물이었다.

사건을 알게 된 장개석은 다음 날인 5일의 일기에 '일본인의 음모인 듯하다. 우리 동북 국방은 어떻게 하면 강고해질 수 있을까?'라고 적었다. 사건이 일어나기 약 1개월 전인 4월 27일, 참모본부 제1부장(작전) 아라키 사다오와 제2부장(정보) 마쓰이 이와네(松井石根)에게 고모토가 보낸 서한이 남아 있다. 이 편지를 통해 장작림이 남방 북벌군에 패배하기를 고모토가 강렬히 원했던 것이 판명되었다(미타니 타이이치로, 「15년전쟁하의 일본 군대」상).

> 봉천의 장작림 몰락은 동삼성 신정권 수립의 동기가 되며 나아가 만몽 문제의 근본적 해결을 기해야 할 절호의 기회를 줄 것이다. (중략) 이는 요컨대 남방파의 북벌이 좌절될 수밖에 없는 기간에 만몽 방면에서 내부 붕괴를 꾀하는 것이 매우 긴요.

고모토의 편지는 솔직했다. 현재 봉천군·길림성 등의 대부분이 관내 출동 중이라 만주를 비우고 있으며, 한편으로 국민정부를 선전하는 자가 만주에 다수 잡입해 있으므로 '그들 이름으로 문제를 일으키면 군부가 직접 손을 쓰지 않아도 사태를 처리할 수 있을 것'이라며 참모본부에서 비밀리에 폭약이나 자금 원조를 얻어내려는 것이었다. 여기서 주의해야 할 것은 고모토가 북벌군과 장작림군 전투로 인한 혼란이 동삼성에 파급될 것을 전혀 우려하지 않는다는 점이다. 고모토의 염두에는 장작림을 대신할 신정권 수립, 즉 청조 마지막 황제 부의를 옹립한 청조 부활밖에 없었던 것이리라. 일본 측이 사실상 만주에 분란이 미칠 것을 우려하지 않았던 배경에는 일본에 대한 장개석의 사전 교섭도 있었다고 생각된다. 1928년 5월 18일 황부 외교부장은 장작림이 관외 퇴출·하야하여 봉천파가 복종할 의사를 보이는 경우에는 장학량 등과 화평할 준비가 되었다는 뜻을 일본 측에 전하였다. 1928년 12월 29일, 장학량은 동삼성의 역치(易幟, 국민정부에 대한 복속 표명)를 발표하였으나 역치 후에도 동북 정권은 국민정부에 대해 정치적·군사적·재정적으로 자립하였으며 국민당 정권에 의한 국가 통합은 진전되지 못했다.

다나카의 퇴진

다나카는 만철과 장작림 정권을 통한 북만주 개발과 소련에 대한 국방을 중시하고 있었기 때문에 관동군에 의한 장작림 폭살을 자신의 구상에 대한 공공연한 반격이라고 생각하지 않을 수가 없었다. 1928년 12월 24일, 다나카는 쇼와 천황에게 사건에 일본군이 관여한 것이 의심되어 현재 조사 중이며, 만일 사실이라면 군법회의에서 엄격히 처분하겠다고 상주하였다. 그러나 다나카 내각의 각료나 육군 수뇌부의 의견은 엄벌 방침은 불가하다는 것이었다.

진상이 밝혀지면 중국 측은 당연히 반발할 것인데 1928년 2월 총선거에서 정우회는 중의원에서 우위를 지키지 못하였다(정우회 217의석, 민정당 216의석). 의회는 내각의 책임을 추급하고 군도 정부에 강하게 반발할 것이다. 조사를 맡았던 시라카와 육군대신은 1929년 3월 27일 천황에게 고모토의 범행임에는 틀림없다고 고하였으나, 5월 20일 내각에 제출한 사건 조사의 최종보고서에서는 일본인이 관여한 '사실'은 인정할 수 없다는 결론을 밀어붙였다.

다나카도 육군의 방침과 각료의 의향에 타협하여 다나카 내각은 사건 발생 시 관동군이 만철수비구역에서 경비 임무를 소홀히 한 책임만을 문제 삼아 무라오카 초타로(村岡長太郎) 관동군 사령관을 예비역 편입, 고모토를 정직 처분하는 행정 처분으로 마무리했다. 6월 27일 다나카가 군법회의에 의하지 않은 행정 처분안을 상주하자 천황은 궁중 측근과 미리 대응을 협의한 연후에 상주 내용이 '전과 다르다'라고 힐책하고, 변명하려는 다나카에게 '그럴 필요 없다'고 잘라 말했다(『마키노 노부아키(牧野信顯) 일기』).

한편, 다나카 내각 말기 1929년 1월 말에는 국민정부와 일본 정부 사이에서 신관세조약의 승인, 채무상환에 관세 증수 500만 원 할당 등 공문이 교환되어 중일 교섭은 타결되었다. 일본 측이 타결에 응한 배경으로는 각지의 상공업자나 국민정부(당) 좌파계열의 지방조직이 적극적 역할을 하고 있던 보이콧의 위력을 들 수 있다. 일본제품을 매매하는 중국인에게는 사치품·잡화 70%, 도자기·해산물·견제품 30%, 면제품 5~20% 등 '구국기금'이 부과되었다. 1928년 5월부터 12월 사이에 대중수출액의 20%에 달하는 액수가 보이콧되었다고 한다(구보 도오루(久保亨), 『전간기 중국 '자립으로의 모색'』).

국민정부는 1929년 4월 만몽철도를 동북 정권에서 중앙으로 이관하여 외자계 화물 수송에 운임 할증 방침을 세웠다. 현지 정권과 만철 교섭에 의해 철도 문제가 해결되는 시대는 끝난 것이다. 다나카가 퇴진함으로써 동삼성의 현지 정권을 통해 북만주를 개발하려는 노선은 무너졌다. 북벌군과의 전투를 위해 봉표를 남발하고 일본인 상공업자에게 타격을 입혔던 장작림 정권, 남경의 국민정부와 싸우기 위해서 동삼성에서도 2.5% 부가세를 징수하기 시작한 장작림 정권에 대한 일본 측의 분노는 뿌리 깊었다. '머리말'에서도 설명한 것처럼 일본 측에는 조약을 존중하지 않을 뿐 아니라 보이콧을 정책 수행 수단으로 사용하는 남북 중국에 대한 분노가 축적되어 있었다.

3. 국방론의 지평

이시하라(石原)와 전사(戰史) 연구

이시하라 칸지(石原莞爾)에 대한 평가는 극과 극이다. 이시하라와 이해관계가 없는 사람이 이시하라를 평가한 경우는 별로 없지만, 그 몇 안 되는 평가 가운데 하나를 소개하고자 한다. 1938(쇼와 13)년 2월 관동국 총장이었던 다케베 로쿠조(武部六藏)는 2·26 사건 재판을 비판하는 이시하라(당시 관동군 참모부장)의 모습을 일기에 적었다.

이시하라 칸지 군은 마사키 진자부로(真崎甚三郎) 대장의 무죄 판결은 말도 안 된다고 비판하였으며, 또한 이러한 판결을 하는 육군의 상층부가 여러 훈시를 하는 것은 종이 낭비라고 식당에서 이야기하고 있었다. 그의 얘기는 언제나 비아냥이고 사실을 정확히 짚으면서도 유쾌하다. 그러나 동시에 다분히 선동적이다.

빈정거리면서도 명랑하고 선동가라는 것이 이야기의 핵심이다.

그러한 인물상이 연결된다. 이시하라는 1889(메이지 22)년 야마가타 현(山形県)에서 태어났다. 제1차 세계대전 후인 1923년(일설에는 22년)부터 2년여에 걸쳐 독일 유학을 명받았다. 거기서 베를린 대학 교수였던 델부르크의 역사 이론 등을 배워 독일의 패인을 비판적으로 연구하였다. 당시 독일

▶사진 3-4. 비행기로 금주에 도착한 이시하라 칸지(중앙)(1932년 1월, ⓒ 마이니치).

에서는 적 주력 전부를 단기 결전으로 포위 섬멸하지 못한 독일 참모본부의 철저하지 못한 전쟁 지도에서 패인을 찾는 것이 일반적이었으나, 델부르크는 일찍부터 섬멸전략의 도그마에 비판적이었으며 이시하라에게도 영향을 미쳤다.

전쟁에는 결전과 지구전의 두 가지가 있는데, 결전에서는 통수의 독립을 중시하고 섬멸전략을 채택해야 하나, 지구전에서는 정전(政戰) 양략(兩略)을 우선적으로 일치시켜 소모전도 고려해야 한다고 이시하라는 점차 생각을 정리해 갔다. 세계대전의 본질은 지구전이었으므로 독일 참모본부는 국민 동원이나 경제 봉쇄에 대한 대응을 포함하여 정치와 연계해 가면서 정전 양략의 일치를 꾀해야 하며, 패인은 섬멸작전이 철저하지 못해서가 아니라 전쟁 본질에 대한 몰이해에서 찾을 수 있다. 이렇게 결론지은 이시하라에게 상대가 소모전략을 취한다면 어떻게 할 것인가? 즉 경제 봉쇄에 패배하지 않는 태세를 어떻게 구축할 것인가가 문제 될 터였다(피티, 『'미일 대결'과 이시하라 칸지』).

오렌지 플랜

제1차 세계대전이 계기가 된 러시아의 붕괴와 그 후의 혼란은 하늘이 내린 좋은 기회라고 이시하라는 생각했다. 극동에 관심을 갖는 나라는 미국만 남게 되니 미국에 패배하지 않기 위한 지구전략을 세우면 된다. 미국은 1924년 일찍부터 작성되어 있던 오렌지 플랜을 공식적인 대일침공작전계획으로 삼았다. 오렌지 플랜은 그때마다 세부계획을 바꾸지만 일본 침략의 최종 단계인 제3단계의 내용은 항상 일정하였다. 단적으로 말하면, 바다의 병력으로 육지의 병력을 격파하고 바다와 하늘의 봉쇄로 대륙에서 버티는 일본을 패배시키는 플랜이었다(밀러, 『오렌지 플랜』).

가상적국끼리의 작전계획은 결국 호응하게 되는 것이 도리지만 중국 대륙에 의거하여 지구전을 치른다는 이시하라의 구상은 오렌지 플랜의 제3단계에 대응하여 일본의 「제국국방방침」(1923년 2월 28일 개정)의 내용과도 당연히 일치하였다. 국방방침의 제3항은 세계의 대세에 관한 정세 판단인데 중국 시장을 둘러싼 경제 문제에서 미국과 일본이 대립하게 된다고 내다보았다. 물론 가상적국이란 국가의 전략을 수행하는 데 충분한 국방력을 건설·유지·운영하기 위해 필요한 계획을 정비하기 위해 상정되는 나라를 말하며, 당장 그 나라와 전쟁을 시작할 정도의 긴장관계를 전제로 하지 않는다.

문제의 발단은 주로 경제 문제에 있으며, 세계대전의 상처가 아무는 것과 함께 열강 경제전의 초점이 되는 것은 동아시아 대륙일 것이다. 단지 동아시아 대륙은 지역이 넓고 자원이 풍부하여 다른 나라의 개발을 기다리는 것이 많을 뿐 아니라 수억 인구를 가진 세계의 큰 시장이 될 것이다. 여기서 일본 제국과 다른 나라 사이에 이해관계가 발생하며 세력 다툼에서 마침내 무기를 겨누게 될 우려가 없지 않다. 그러나 일본 제국과 충돌할 기회가 가장 많은 것은 미국이다.

이처럼 1923년의 국방방침에는 미국의 이름이 가장 먼저 언급되었다. 이시하라도 육군대학 강의록(1928년 3월 31일 자)에서 전쟁 발발의 서전을 다음과 같이 예상하였다. 즉 일본이 '기득권익을 실행'에 옮겨, '만몽의 보안 개발을 단행'하려고 하여 '열강, 특히 미국·러시아·영국이 반대'할 경우이다. 이시하라는 나폴레옹의 영국에 대한 작전을 언

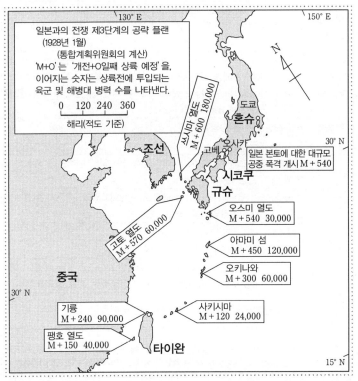

▶그림 3-5. 오렌지 플랜 제3단계(에드워드 밀러, 사와다 히로시 역, 『오렌지 플랜』, 신초샤, 1994년, 161쪽)

급하며 '육지로 바다를 제압하라'는 고사에서 배워야 한다고 말하였다. 앞에서 본 것처럼 미국의 오렌지 플랜 마지막 단계가 이른바 '바다로 육지를 제압하라'는 것이었다면 이시하라는 나폴레옹의 전사를 전제로 미국의 작전 구상에 호응하려는 것이었다고 할 수 있다.

▶표 3-3. 제국국방방침(일본 제국의 국방방침. 국방에 필요한 병력, 제국군의 용병 강령) 중 미국에 대한 인식 변천

I. 1907년 4월 4일의 국방방침	
가상적국	제1은 러시아, 미국·독일·프랑스가 이 뒤를 이음 육군의 정면은 러시아 육군, 해군의 정면은 미국 혹은 독일, 이어서 러시아
국방방침 제4항	'미국은 우리 우방이고 이를 유지해야지만 지리, 경제, 인종 및 종교 등의 관계로 보면, 언젠가 격심한 충돌을 야기하지 않는다고 보장하기 어렵다.'
제국군의 용병 강령	'미국에 대한 작전은 개전 벽두에 우선 적의 동양에서의 해전 병력을 소탕함으로써 서태평양을 제어하고 나아가 제국의 교통로를 확보하며 나아가 적 함대의 작전을 곤란하게 한다. 적 본국 함대가 진출하면 이를 우리 근해에서 요격 격멸한다.'
II. 1918년 6월 29일 개정 국방방침	
가상적국	러시아, 미국, 중국
개정 배경	중국에 대한 21개조 요구에서 비롯된 중국의 일본 배척운동, 미국의 극동에 대한 관심 증대
특징	미국에 대한 육군의 작전이 처음으로 구체화되었다. 육군의 작전 목적은 필리핀의 마닐라와 스비크만을 확보하여 해군 근거지로 삼는 것
III. 1923년 2월 28일 개정 국방방침	
가상적국	육해군 공통으로 미국, 러시아·중국이 그 다음
개정 배경	러시아 제국의 붕괴, 영일동맹 폐기, 워싱턴 해군군축조약 체결, 주력함이 미국의 6할이 되는 사태를 당해 용병 강령을 수정할 필요가 발생
국방방침 제4항	중국을 둘러싼 이해 대립에서 미일 대립을 예측

(참조) 黑野耐, 『제국 국방방침의 연구』, 總和社, 2000년. 小林道彦, 「'제국국방방침' 재고」, 『史學雜誌』 98편 4호, 1989년. 斎藤聖二, 「국방방침 제1차 개정의 배경」, 『史學雜誌』 95편 6호, 1986년. 방위청 방위연수소 전사실 편, 『전사총서 대본영 육군부』(1), 조운신문사, 1967년. 島貫武治, 「국방방침, 소요병력, 용병강령의 변천」, (상)(하), 『軍事史學』 8권 4호, 1973년. 동 9권 1호, 1973년.

국방방침 가운데 일본이 미국에 대해 어떻게 언급해 왔는가, 그 변천 과정을 살펴보자(표 3-3 참조). 국방방침 차원에서는 해군을 중심으로 하는 대미작전에 대응하여 육군에서는 필리핀을 점령하여 그곳을 거점으로 공세 방어로 옮기는 것으로 구상되었다. 그러나 육군이 당시 염두에 둔 것은 필리핀작전이 아니라 '중국해'에서의 미국 극동함대의 존재였으리라. 이를테면 1919년 8월 13일, 신 4국 차관단 규약이 협의된 외교조사회 석상에서 다나카 기이치 육군대신은 '하루아침에 전쟁이 일어날 경우 우리나라는 중국을 제외하면 달리 물자 공급을 받을 곳이 없다'고 말하며 그럴 경우 미국 함대의 '중국해'에서의 제해권 문제에 관해 일동의 주의를 촉구하였다(『취우장〔翠雨莊〕일기』).

중국에서 '자활'하는 길

이시하라 등 중견 막료층의 견해는 목요회(木曜會) 기록을 통해 알 수 있다. 목요회는 스즈키 테이이치(鈴木貞一, 참모본부 작전과원)와 미야마 가메사부로(深山亀三郎, 참모본부 요새과원)가 군 장비 개선 연구를 위해 만든 연구회였다. 1927년 11월부터 국책이나 국방방침에서 필요한, 다음에 치르게 될 전쟁에 관한 연구를 시작했다고 한다.

또한 1923년부터 27년에 걸쳐 육군사관학교 15기부터 18기를 중심으로 맹약적 군내 결사인 이엽회(二葉會)가 결성되어 있었다(츠쓰이 키요타다〔筒井清忠〕, 『쇼와기 일본의 구조』). 이엽회는 16기의 나가타 테쓰잔(永田鉄山), 오바타 토시시로(小畑敏四郎), 오카무라 야스지(岡村寧次) 등이 중심이 되어 조슈(長州) 파벌 전횡 인사 쇄신, 만주 문제 해결을 위하여 결성하였다. 목요회와 이엽회 회원이 중복되자 1929년 5월 두 모임은 일석회(一夕會)로 일원화되었다. 육사 15기부터 25기, 주로 육군대학 졸업자로 구성된 엘리트 조직 일석회는 육군 인사 쇄신, 만주 문제 해결, 하야시 센주로(林銑十郎)·아라키 사다오(荒木貞夫)·마사키 진자부로 3장군을 옹립하여 국책을 추진할 것의 세 가지를 목적으로 내세웠다(사사키 타카시〔佐々木隆〕,「육군 '혁신파'의 전개」).

육군대학 교관이었던 이시하라는 제3회 목요회 회합(1928년 1월 19일)에서「우리 국방방침」이라는 제목의 보고를 하였다. 출석자로는 나가타(당시 육군성 정비국 동원과장), 스즈키(참모본부 작전과원) 외에 도조 히데키(東条英機, 육군성 군무국 군사과원), 네모토 히로시(根本博, 육군성 군무국 과원, 지나반), 쓰치하시 유이치(土橋勇逸, 육군성 군무국 군사과원, 연맹·외교관계) 등을 확인할 수 있다. 이시하라 보고의 요점은 '일본 내지에서도 돈을 한 푼도 지출하지 않겠다는 방침 아래 전쟁을 하지 않으면 안 된다. 소련에 대한 작전을 위해서는 몇몇 사단으로 충분하다. 전 중국을 근거로 이를 유감없이 이용하면 20년, 30년이라도 전쟁을 계속할 수 있다' 는 것이었다.

이시하라의 발상 중 당시 사람들을 매료시킨 것이 있다면 바로 이 부분이었으리라. 유럽식 국가총동원형 총력전 준비는 일본의 경우 가능하지도 않을 뿐 아니라 할 필요도 없다, 러시아는 혁명 후의 권력투쟁 중이며 아직 약체로서 북만주에서 물러나 있으니 두려워할 필요도 없다는 두 가지에 이시하라 논리의 핵심이 있었다. 1928년 3월의 육군대학 강의록 결론 부분에서도 일본이 해야 할 전쟁은 나폴레옹의 영국전처럼 '전쟁에 의해 전쟁을 양성해야 할 것' 이며, '점령지의 징세 물자 병기에 의해 출정군은 자활하도록 해야 한다. 중국 군벌을 소탕하고 비적을 일소하여 치안을 유지하면 우리 정예이자 청결한 군대는 당장 민중의 신뢰를 얻어 기대 이상의 목적을 달성할 수 있을 것이다.' 라고 결론지었다(『이시하라 칸지 자료 전쟁사론』).

관동군 참모로서

1928년 10월의 이동으로 이시하라는 관동군 참모(작전 주임)가 되었다. 도쿄에서 육군대학 강의와 목요회에서의 '연구'를 현지에서 실행할 기회가 찾아온 것이었다. 사료에 의하면 1929년 7월, 15일간의 예정으로 이뤄진 북만주 참모 여행 기간 중 이시하라는 관동군 막료와 북만주 주재 무관에 대해 만몽 영유계획의 전모를 설명하였다(「관동군 만몽 영유 계획」). 또한 1930년 3월 단계에서 만철조사과원에게도 '만몽 문제 해결의 유일한 방법은 만몽을 우리가 갖는 것이다'라는 방침을 분명히 하고 만몽의 진가, 만몽 점령이 우리의 정의라는 점, 미국에 대한 지구전을 두려워하지 않아도 된다는 점 등을 알아둘 필요가 있다고 설명하였다(「강화(講話) 요령」). 이시하라를 명랑한 선동가라고 평했던 내무 관료 다케베의 이야기를 떠올리게 된다.

이시하라에게는 북벌 성공 후의 남북통일의 압박감이나 중국 측의 무력적 저항 혹은 내셔널리즘의 고양 등에 대한 우려는 없었던 것처럼 보인다. 그의 염두에는 어디까지나 일본에 압력을 가할 존재로서 '소련의 육상 병력과 미국의 해상 병력'만이 상정되어 있었다(「일본 황국의 동아연맹 국방의 담임」). 중국의 군사력에 대해서는 1929년 7월 4일, 북만주 참모 여행 이틀째 강연 중, 전쟁의 본질이 소모(지구)전이 되는 요인의 하나로서 '군대의 가치가 낮은 것'을 언급했을 때, '중국의 현재 상태'를 들었을 때 정도였다(「전쟁사 대관」). 그 의미는 통상 전쟁의 목적은 적 야전군 주력을 격멸하는 데 있으나 그 나라의 정치 문화에서 군대의 지위가 낮을 경우나 전투에서의 패배가 그 나라에게 격심한 고통으로 느껴지지 않을 경우, 적의 군사력을 섬멸시켜도 전쟁은 끝나지 않게 된다는 내용이리라. 따라서 이시하라 구상 가운데 중국이 염두에 없는 것처럼 보이는 것은 반드시 그 병력을 경시해서가 아니라 중국에서 만몽을 탈취하는 전쟁을 하면 그것은 소모전이 될 것이 틀림없다고 판단했기 때문이리라. 그러한 전쟁관 없이 일본의 군대가 중국에서 '자활'해야 한다는 주장은 성립할 수 없다고 생각되었다. 중국은 전제였던 것이다.

소련과 미국

소련의 육군력과 미국의 해군력, 이 두 가지를 견제할 방책이 강구되었다. 우선 소련의 육상 병력을 어떻게 견제하는가? 1928년, 29년 소련의 극동 군비는 아직 증강되지 않았다. 러일전쟁에서 러시아가 대군을 전장에서 먹여 살릴 수 있었던 것은 남만주의 옥토를 전장으로 삼고 있었기 때문이었다고 이시하라는 생각하였다. 따라서 일본과 소련 사이의 자연적 국방 경계로서 흥안령과 흑룡강 선까지, 즉 북만주 끝까지 일본과 소련의 대치선을 밀어올리면 소련은 보급에 어려움을 겪게 될 터였다(「만몽과 일본의 국방」).

그렇다면 앞에서 '육지로 바다를 제압하라'라고 상징적으로 말한 미국에 대한 구체적인 전략은 어떠한 것이었을까? 북만주 참모 여행의 사흘째인 1929년 7월 5일, 이시하라는 이동하는 열차 안에서 「국운회전의 근본책인 만몽 문제 해결안」(이하, 「만몽 문제 해결안」으로 약칭)을 참모들에게 설명하였다. 이시하라가 미국을 논할 때의 특징은 무력전의 가능성으로서가 아니라 '중국에 대한 외교는 곧 대미 외교이다'라는 한 구절로도 예상되는 것처럼 우선은 외교 방책, 미국에게 경제봉쇄를 당하지 않도록 하는 방책으로서 자각되었다는 점에 있었다. 대미 외교는 어디까지나 신중히 이뤄져야 한다는 것이었다.

경제봉쇄에서 살아남기 위해서는

더욱이 「만몽 문제 해결안」 가운데는 '동아시아가 봉쇄당하는 것으로서 그 경제 상황'의 조사와 준비가 필요하다고 말하였다. 만몽과 화북에 자원을 의존하는 일본이 경제봉쇄를 당할 경우를 상정하여 경제계획을 입안해야 한다는 것이었다. 만철조사위원에 대하여 1930년 3월 시점에서 모략이 일어날 것을 예고하듯이 강연을 굳이 한 의도도 만철조사과의 협조가 불가결했기 때문이었으리라.

봉쇄에서 살아남기 위한 조사활동은 만주사변이 일어난 후 실제로 시작되었다. 이시하라, 가타쿠라 타다시(관동군 참모), 미야자키 마사요시(宮崎正義, 만철조사과원), 마쓰기 타모쓰(松木俠, 전 조사과 법정계 주임, 당시 관동군 참모부 법률고문) 등은 1932년 1월 26일 만철 안에 경제조사회를 조직하였다. 경제조사회는 관동군 통치부(1932년 2월부터 특무부로 개칭)와 밀접한 연락을 취하면서 만주국의 경제 개발계획의 입안을 맡았다.

1932년 2월 8일 개최된 경제조사회 석상에서 소고 신지(十河信二) 위원장은 '이른바 조사를 하려는 것이 아니라 당장 실행할 수 있는 경제계획을 입안하는 것을 임무로 한다'고 설명하였다. 이어서 발언한 미야자키는 계획 입안의 근본 방침을 만몽과의 관계에서 일본 국민 경제정책의 확립과 일본 국방경제의 자급자족정책 확립에 둔다고 말하였다.

이처럼 이시하라라는 존재가 당시 사회에서 가졌던 의의는 세계 공황을 맞아 군사비를 필요로 하지 않는 전쟁이 있을 수 있다고 단언하며 지구전은 두렵지 않다고 국민을 설득하는 선동성에 있었다고 할 수 있다. 국방비 부담 경감에서 오는 경제효과 때문에 군축에 찬성해 온 사람들은 '일본 내지에서 돈을 한 푼도 지출하지 않고'도 전쟁이 가능하다는 선동을 통해 조용히 이시하라에게 빠져들게 되지 않았을까?

제4장 국제연맹 탈퇴까지

5·15사건 직후의 수상 관저 현관의 현장 검
중(1932년 5월, ⓒ 마이니치).

1. 직접 교섭인가, 국제연맹 제소인가

19일

1931(쇼와 6)년 9월 18일 오후 10시 20분, 관동군은 류조호(柳條湖)의 만철선을 폭파한 후 북대영(北大營)과 봉천성을 공격하여 하루 만에 남만주의 요충지인 심양·영구·장춘 등 18개 도시를 점령하였다. 이때 중국, 일본, 소련은 어떻게 대응하였을까?

만주사변 다음 날 장학량은 고유균(顧維鈞)을 불렀다. 고유균은 1919년 파리강화회의의 중국 전권단의 일원으로서 북경정부시대를 대표하는 노련한 외교관이었다. 고유균은 ① 국민정부에 연락을 취하여 국제연맹에 본 건을 제소하도록 의뢰할 것, ② 관동군 사령관(혼조 시게루〔本庄繁〕)과 속히 회담할 것이라는 두 가지를 제안하였다. 장학량은 곧 ①을 시행하였으나, ②는 택하지 않았다. 고유균은 이후 만주사변에 대처하기 위하여 국민정부 안에 설치된 특종외교위원회의 구성원이 되었다.

고유균 자신은 국제연맹에 환상을 품고 있지 않았다. 국제연맹은 아마도 유효한 조치를 취하지 않을 것이다. ①과 함께 ②를 제안한 것은 그러한 이유에서였다. 그러나 국제연맹은 국제여론을 환기시켜 일본에 대해 간접적인 압력을 가할 수 있다고 고유균은 생각하였다. 9월 23일, 장학량은 동북변방군 사령장관 공서(公署)와 요녕성 정부를 금주(錦州)로 이전시키고 26일 휘하의 동북군에 대해 '이번에 무저항주의를 취한 것은 사변을 국제 공판에 맡기기 위해서'라고 설명하였다. 만주사변 발발 전인 8월 16일, 장개석은 장학량에게 일본군이 앞으로 어떤 도발을 하더라도 저항하지 말고 충돌을 피하는 데 힘써야 한다고 주장하였다. 무저항주의, 국제연맹 제소 방침은 이렇게 선택되었다(유신돈[兪辛焞], 『만주사변기의 중일외교사 연구』).

사건 소식은 9월 19일 남경에 도달하였다. 장개석은 급거 남창(南昌)에서 남경으로 돌아왔다. 21일, 남경정부는 대계도(戴季陶)를 위원장, 송자문(宋子文)을 부위원장, 고유균을 비서장으로 하는 특종 외교위원회를 설치하여 국제연맹 및 부전조약 조인 각국에 통고하였다. 중국 측은 '공리(公理)에 호소한다'는 방침을 취했는데 이는 장개석의 평소 외교 전략임과 동시에 민의의 지지를 확보하여 반정부파에게 공세의 구실을 주지 않는 이점이 있었다. 국민정부가 동삼성 정권에 대해 행사할 수 있는 권력은 극단적으로 말하면 외교권뿐이라고 할 수 있는데, 국제연맹 제소는 그런 의미에서도 중앙정부가 채용해야 할 합리적인 선택이었다고 할 수 있다.

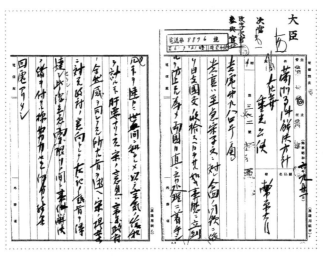

▶사진 4-1. 시데하라 외상이 시게미쓰 마모루에게 보낸 전보, 1931년 9월 21일 자
(아시아역사자료센터 소장).

직접교섭론

장개석이 귀환하기 전인 9월 19일 오전, 행정원 부원장 송자문과
주중 공사 시게미쓰 마모루(重光葵) 사이에 중일 직접 교섭 방침이 합
의된 점에 주목해보자. 시게미쓰는 시데하라 외상에게 허가를 청하였
고 이에 동의하는 시데하라의 훈령은 21일 오후 11시 8분에 전해졌다
(사진 4-1). 그런데 22일 오후 시게미쓰에게서 일본에 도착한 전보는 중
국 측의 입장 철회를 전하는 것이었다.

이 사건은 작은 에피소드처럼 보이지만, 일본 측의 초동 대응을
생각할 때 실은 매우 중요한 의미가 있다. 9월 19일부터 22일 오전 사
이 시데하라 외상이 마음속에 중일 직접교섭을 선택한 것은 와카쓰키
레이지로 내각의 현지기관이나 참모본부를 억제해 가면서도 출병 비
용에 관해서는 준비되지 않은 각의 결정을 행한 이유를 잘 설명하기

때문이었다.

대세는 결정되었다. 왕정정 외교부장(11월 28일부터 정식으로 외교부장), 시조기(施肇基) 국제연맹 대표(주영 공사)도 직접 교섭에 반대였다. 21일, 시조기 공사는 국제연맹 사무총장 도라문트에 대해 '국제연맹 규약 제21조에 따라 사무총장은 즉시 이사회를 열어 속히 명확하고 유효한 방법을 강구'하도록 요구하였다(표 4-1). 국제연맹이사회는 영국·프랑스·독일·이탈리아·일본 5개국의 상임이사국과 9개국으로 이뤄진 비상임이사국 대표, 전체 14명으로 조직되어 있었다(당시는 중국, 스페인, 과테말라, 아일랜드, 노르웨이, 파나마, 페루, 폴란드, 유고슬라비아).

▶표 4-1. 국제연맹규약 제11조(전쟁의 위협)

전쟁 또는 전쟁의 위협은 연맹국 어느 쪽에 직접 영향을 미치는가 여부에 상관 없이 모두 국제연맹 전체의 이해관계 사항이라는 것을 여기서 성명하는 바이다. 즉 국제연맹은 국제 평화를 옹호하기 위해 적당하며 유효하다고 인정된 조치를 취해야 한다. 이런 종류의 사변이 발생했을 때 사무총장은 어느 쪽이든 연맹국의 청구에 의거하여 곧 국제연맹이사회 회의를 소집해야 한다(후략).

다시 직접교섭론으로

국제연맹이사회는 9월 30일, 일본군이 만철 부속지로 철수할 것을 권고하는 결의를 우선 채택하고 2주간 휴회하였다. 10월 9일 시데하라는 중일 직접 교섭에 의해 대강 협정을 성립시킨 후에 관동군을 본래 있던 주둔지로 철수시킬 것을 각의 결정하여 타니 마사유키(谷正之) 외무성 아세아국장이 12일에 장작빈(蔣作賓) 주일 공사에게 전달하였다. 이에 대해 중국 측은 특종외교위원회에서 시데하라의 제안을 거부하기로 결정하였다. 국제연맹이 일본군의 철수에 실패할 경우

▶사진 4-2. 리튼(우)과 고유균(좌)(1932년 4월, ⓒ 마이니치).

는 미국에게 의뢰하여 9개국조약에 의한 일본 경제 제재를 제의하기로 하였다.

특종외교위원회는 어떤 의미에서 시데하라 외교를 낙관적으로 보았던 것 같다. 위원회는 시데하라 외에 사이온지 깅모치(西園寺公望)나 마키노 노부아키(牧野伸顕) 등의 궁중그룹, 해군의 조약파, 금융자본가, 화중·화남, 구미와 거래가 있는 무역업자 등 일본 국내의 온건파·화평파의 존재를 중시하였다. 실제로 10월 21일의 위원회에서 도쿄에서는 군부와 그에 반대하는 세력의 대립이 격화되어 미나미 지로 육군대신 이외는 모두 화평파라는 장작빈 주일 공사의 보고가 낭독되었다. 중국 측이 강하게 나가면 일본 온건파의 의견이 정책에 반영되게 될 것이라는 전망이었다.

이 위원회에서 장학량을 대표하는 형태로 위원회에 출석하고 있던 고유균만이 시데하라의 주장에 응해야 한다고 주장했던 것은 주목할 만하다. 9월 30일의 국제연맹이사회 결의를 일본이 준수하도록 하는 것은 불가능하며 이사회는 결의를 해당국에 강제할 권한이 없으므로 국제연맹의 감독과 협력 아래 중국과 일본이 직접 교섭을 하는 것이 최선이라고 고유균은 주장하였다. 그의 판단은 시데하라 외교의 특질을 생각할 때 적확한 것이었다. 그러나 회의의 대세가 되지는 못했다.

시데하라 외교의 특질

시데하라는 만주 문제를 당사자국끼리의 직접 교섭으로 해결하려고 하였다. 시데하라가 베르사이유 워싱턴체제나 국제협조의 충실한 신봉자였던 것은 틀림없다. 그러나 동시에 시데하라는 만주 문제 등의 현안은 당사자국끼리 해결할 수밖에 없고 국제 문제로서 처리해서는 안 된다고 판단하였다. 이러한 시데하라의 입장은 1929년의 중소분쟁에 대한 대응에서 분명히 드러났다.

많은 일본의 지식인들 또한 만주 문제를 중일 2국 간의 국제법상의 문제, 특히 국제법을 지키지 않는 중국의 문제로서 다른 나라가 개입해야 하는 국제 문제는 아니라고 생각하고 있었다는 점에 주의하기 바란다. 지식인의 견해가 시데하라와 같다고 말하려는 것은 아니다. 국제법상의 해석에 차이를 두면 중일 간에 흑백이 결정될 것이라고 보는 것이 지식인이라면, 시데하라는 국제법상으로는 흑백이 결정될 수 없기 때문에 2국간에 실제적 교섭이 필요하다고 인식하고 있었다. 국제 문제가 아니라 양국 간에 해결하려는 것만이 일치하고 있었다(후지오카 켄타로〔藤岡健太郎〕, 「만주 문제의 '발견'과 일본의 지식인」).

이처럼 고찰해 보면, 만주사변 발발 직후에는 시데하라와 고유균의 직접 교섭노선, 장학량과 장개석의 국제연맹 제소 노선, 이 두 가지 노선이 있었음을 알 수 있다. 무력이 발동된 후의 중일 직접 교섭은 결국 중국 측을 한층 더 압박했을 것이라는 비판도 있겠으나 교섭 당사자가 시데하라와 고유균이었을 가능성을 생각하면, 이 선택이 실현되지 못한 것이 애석하다. 사실 중국 측은 1933년 후반에 국제연맹 제소 노선을 택한 것을 스스로 비판적으로 돌아보았다.

영국과 미국의 입장

영국 외무성 문서가 가리키는 바에 따르면, 영국 외무성 극동부 또한 '중국은 만주의 일본 권익에 대하여 일본 녀석들과 교섭하지 않으면 안 된다. 그렇지 않으면 어떠한 결과가 되든 그에 대한 책임을 지지 않으면 안 된다'고 생각하고 있었다. 사이먼 외상은 11월 24일의 각의에서 각료를 설득했을 때 다음과 같은 메모를 남겼다.

정책-대일 융화
중국에 대해-다른 사람만을 상대하지 마라, 자신의 본분을 다하라. 16조(경제 제재 조항)로 갈아타지 마라.
일본에 대해-우리는 제재를 원하지 않는다.

국제연맹에 가입하지 않은 미국도 실은 국제연맹이사회에 관여하는 데 신중하였다. 국무성 극동부장 혼베크는 이사회가 10월 24일, 관동군의 철수 기한을 11월 26일까지로 정한 것을 문제라고 생각하였다. 혼베크는 철병 요구에 응하지 않았던 일본 측의 판단이 '옳다'고 논평하였다. 일본 측은 1915년의 「남만주 및 동부 내몽고에 관한 조약」상의 권리에 기초하여 '간섭'한 것으로서, '다른 나라의 개입은 매우 신중을 요하는 문제'라고 생각하였다(손, 『만주사변은 무엇이었는가』상). 이러한 고찰에 따르면 2국 협의로 가자는 시데하라의 선택이나 시데하라 제안에 응해야 한다는 고유균의 주장은 당시의 국제환경에서 생각하면 모두 타당한 것이었다고 볼 수 있다.

불확대와 경비 지변

　제2차 와카쓰키 내각은 19일 각의에서 전쟁 불확대를 결정하였으며 내각의 방침은 가나야 한조(金谷範三) 참모총장과 미나미 육군대신의 정지 훈령으로서 관동군과 조선군에게 전달되었다. 20일과 21일 연일 각의가 열렸으나 조선군 1여단을 만주에 출동시킬 필요가 있다는 미나미 육군대신의 설명은 각료들의 지지를 얻지 못했다. 이러한 상황에서 하야시 센주로 조선군 사령관은 21일, 신의주에 머물러 있던 여단을 독단으로 만주에 파견한다는 명령을 내렸으며, 관동군 또한 만철 연선에서 떨어진 길림 지역 파병을 독단적으로 결정한 후 중앙에 통보하는 것을 고의로 지연시켰다.

　21일 오후 5시, 가나야 참모총장은 조선군 사령관의 단독 전횡에 의해 혼성 여단이 국경을 넘은 사실을 상주하였다. 그 시점에서는 아직 관동군 증원이 각의에서 결정되지 않았으므로 총장은 자신의 책임으로 증원 재가를 유악상주(帷幄上奏, 통수사항에 관하여 통수가관의 장 등이 대원수인 천황에게 직접 상주하는 일)할 결심을 하였다. 이를 나라 타케지(奈良武次) 시종무관장과 스즈키 칸타로 시종장이 말렸다. '성상은 수상의 승인 없이 윤허할 수 없으므로 이처럼 무법적 조치를 피해야' 한다는 것이었다. 각의 결정 없는 파병 증원 요구는 총장의 유악상주라 해도 천황은 승인하지 않을 것이라며 중간 전달을 거절한 것이었다. 여기서 각의가 파병 증원 요구를 계속 거절하면 총장과 육군대신에게는 진퇴를 묻게 되었을 터였다.

　그러나 22일 개최된 각의에서 와카쓰키 내각은 양의적인 결정을 내렸다. 관동군에 대한 조선군 파병 증가는 여전히 인정하지 않으나 결국 군대가 파견되었기 때문에 정부로서는 경비를 지변한다는 것이었다. 경비 지변을 비교적 쉽게 결정해버린 와카쓰키와 시데하라의 뇌리에 송자문의 의향을 전하는 시게미쓰 전보문이 있었으리라.

타자 의존

병력 증원에는 찬성하지 않지만 경비는 지변한다는 와카쓰키 내각의 결정은 내각의 다난한 장래를 암시하는 것이었다. 9월 21일 영국이 금본위제를 이탈했다는 뉴스는 금본위제 유지를 중시하는 이노우에 준노스케(井上準之助) 대장성 대신을 궁지로 몰았다. 또한 10월 17일 미연에 발각된 하시모토 킨고로(橋本欣五郎)에 의한 군부내각 수립 쿠데타계획(10월 사건) 또한 내각이 택할 수 있는 선택의 폭을 좁혔다. 이러한 상황 아래 와카쓰키는 원로인 사이온지나 마키노 등의 궁중그룹, 중신을 모아 회의를 개최하여 국제연맹이사회의 관동군 철수 요구를 타개하려고 하였다.

그러나 그것은 사이온지와 마키노 사이에 발생한 ① 중신회의 개최에 관한 가부(사이온지는 반대, 마키노는 찬성), ② 만주사변의 확대를 저지하기 위한 거국일치를 지지하는가, 헌정상도(憲政常道)를 유지하기 위한 정우회 단독 내각을 지지하는가 등을 둘러싼 의견 차이(사이온지는 정우회 단독 내각, 마키노는 거국일치 내각 지지) 등으로 인해 성사되지 못하였다(반노 준지[坂野潤治], 『근대 일본의 외교와 정치』). 와카쓰키에 대한 내대신 비서관장인 기도 코이치(木戸幸一)의 시선도 차가웠다. 기도는 일기에 와카쓰키에 대해 '타자에 의존하는 건 좋지 않다'(9월 19일

자)고 평하며 각료의 결속 부족을 우려하였다.

시게미쓰(重光)와 사토(佐藤)

9월 30일 국제연맹이사회의 철수 요구를 받은 내각은 우선 중일 직접 교섭에 따라 대강 협정을 결정하고 그 후 관동군을 철수시킨다는 방침을 택했다(10월 9일). 국제연맹의 개입을 극력 배제하려는 시데하라 외상의 주장에 의한 것이었으나, 이 시기에 주중 공사이자 1933년부터 36년에 걸쳐 외무차관을 지낸 시게미쓰의 영향력도 무시할 수 없다. 10월 6일의 시점에서 시게미쓰는 '열강회의 개최 움직임을 배제하고 제3자가 개입할 여지가 없도록 하는 데 힘써야 한다'고 말하였다. 시게미쓰는 왕조명의 광주 국민정부와 장개석의 남경 국민정부의 분열을 중시하였다. 중국 측이 분열되어 있다면 일본이 강경하게 일관된 자세로 밀어붙이는 것이 의미가 있으며, 제3자의 개입을 배제하는 것이 유리하다고 생각하고 있었다.

이와는 전혀 다른 의견을 올린 외교관도 있었다. 국제연맹에서 분투해온 벨기에 대사 사토 나오타케(佐藤尙武)이다. 시게미쓰와 같은 날인 10월 6일 자 의견에서 미국을 옵저버로 참석시키려는 국제연맹이사회의 방침에 반대한 시데하라의 경직된 자세를 비판하였다. '국제연맹을 전혀 개입시키지 않으려는 종래의 방침을 계속하시면 일본은 유럽 문제에서 국제연맹의 옹호자이나 자신에게 직접 관계가 있는 문제에 대해서는 국제연맹의 배척자가 되며, 이는 결코 세계의 여론을 우리에게 유리하게 만들 수 없습니다'(『일본외교문서』 만주사변, 제1

권, 제3책, p.345).

관동군과 육군 수뇌부

미나미 육군대신이 이끄는 육군 수뇌부는 남만주를 영역으로 하는 신정권 수립 선에서 사태를 수습하려 하였다. 관동군 참모부의 가타쿠라 타다시가 작성한 사료에 따르면, 9월 29일 시점에서 미나미가 관동군 사령관 혼조 시게루 앞으로 보낸 서신에는 '정권운동에 군이 관여하는 것은 육군을 자멸로 이끈다' 는 심각한 한 구절이 있었다(「만주사변 기밀정략일지 1」). 그러나 제3장 제3절에서 본 것처럼 소련이 만전을 기하지 않은 시기에 북만주까지 국방선을 밀어붙이는 것을 최대 이점이라고 보는 이시하라가 육군 중앙의 신정권 수립론에 납득할 리가 없었다. 10월 2일 시점에서 이시하라는 「만몽 문제 해결안」을 책정하였으며, 관동군 참모 회의에서는 '만몽을 독립국으로 하고 이를 우리보호 아래 두는' 방안이 결정되었다. 이시하라는 '북만주에 주병을 인정하지 않으면 어떠한 가치도 없다' 고도 말하였다. 독립국의 범위가 북만주를 포함한 동북 4성인 것을 부정하려고 하지 않았다.

10월 24일의 국제연맹이사회에서는 일본군 철수 기한을 11월 16일까지로 한 결의안이 제출되었으나 일본의 반대로 성립되지 못했다 (이사회 결의는 전원 일치가 필요). 이러한 상황에 접한 관동군은 11월 7일, '군의 관여' 운운하지 않게끔 '민족자결' 론에 의한 동북 4성을 영역으로 하는 독립국가화를 선택해갔다(「만몽 자유국 설립안 대상」). 관동군 참모부 법률고문 마쓰기 타모쓰(전 만철조사과원)가 기초한 대강은 일본의 의도를 매우 솔직하게 말하고 있다. '독립 정권과 조약을 체결할 수 없는 이상, 이를 뜻대로 하는 것은 절대 불가능하다.' 독립 정권으로는 안 되는 이유는 조약을 체결할 수 없기 때문이라는 것이다. 그렇다면 관동군의 군사적 전략은 중동철로의 북쪽까지 구실을 붙여 진출하는 것, 금주에 동북군의 근거지를 옮긴 장학량군이 만주에 귀환하지 않도록 폭격을 가하는 것, 이 두 가지로 집약될 터였다.

정당한 인식을 가진 인간에게는 미나미 육군대신이 말한 것처럼 육군은 자멸의 길을 가고 있는 것처럼 보였을 것이다. 요시노 사쿠조(吉野作造)는 '장학량 정권을 배척하고 새로운 낙토의 건설을 바란다/관동군 사령관의 성명'이라는 신문 기사를 읽고 일기에 '일본의 군인은 마치 의화단과 같다'고 한탄하였다(1931년 10월 5일).

미나미는 시데하라 외교와 친화적이었던 우가키(宇垣) 계열이라고 불리던 육군 주류파에 속하는 군인이었으나 그 힘 있는 육군대신 자리로도 육군성 중추부에 근무하는 엘리트 장교층, 이른바 중견 막료층을 억제할 수는 없었다. 그것은 1931년 6월 미나미 육군대신이 극비로 조직한 만몽 문제 해결을 위한 위원회 구성원으로도 분명히 알 수 있다(표 4-2 참조). 본 위원회는 6월 안에 군사행동 행사를 포함하는 「만몽 문제 해결 방책 대강」을 결정하는데, 일본의 장래를 좌우하는 결정이 육군성의 과장급 장교에 의해 이뤄지게 된 것 자체가 주목된다. 육군 상층부와 중견층의 힘 겨루기는 사변 전부터 변용되기 시작하였다(요시다 유타카〔吉田裕〕, 「만주사변하의 군부」).

▶표 4-2. 극비 위원회 구성원

다테카와 요시쓰구(建川美次)	참모본부 제2부장
야마와키 마사타카(山脇正隆)	동 전 편제과장
와타리 히사오(渡久雄)	동 구미과장
시게토 치아키(重藤千秋)	동 지나과장
나가타 테쓰잔(永田鉄山)	육군성 군사과장
오카무라 야스지(岡村寧次)	동 보임과장
도조 히데키(東条英機)	참모본부 편제과장
이마무라 히토시(今村均)	동 작전과장

생명선과 생활고

1920년의 신 4국 차관단 교섭에서 일본 측이 만몽권익에 관한 열거적 제외를 영미 열강에게 요구할 때의 설명은 '우리 국방 및 국민적 생존' 상의 필요라는 것이었다(제2장). 이 시점에서 국민적 생존이라는 말은 만몽을 제외하기 위한 수사에 지나지 않았다. 그러나 1929년 10월 24일 뉴욕 주식시장의 대폭락에서 시작된 세계 공황이 일본에 파급되자 현실은 이러한 수사를 밀어냈다. 1931년 7월 21일, 정우회 본부에서 열린 마쓰오카 요스케(당시는 중의원 의원)의 강연은 생존의 위기와 생활고를 국민이 실감하도록 했다는 점에서 특필할 만하다(『정우〔政友〕』 373호).

마쓰오카는 말한다. 오늘의 외교는 '국제적 사무' 처리로 급이 떨어졌으나 본래의 외교는 '국민의 생활, 즉 경제문제를 기조로 우리 국민의 살아가려는 이유의 대 방침을 세워 이를 수행하는' 것에 있다, 라고. 국민은 외교가 '당장 자신들의 생활문제에 중대하고 긴밀한 관계

를 갖는 것'이라는 것을 알아야 한다며, 다음
과 같이 선동하였다. '사실 북양어업에서 우
리나라가 퇴각하거나 불안에 빠지는 경우,
어망을 손질하는 현지 지방에서는 당장 주문
이 줄지 않는가? (중략) 미국에서 생사 가격
이 떨어지거나 일본 생사 수요가 줄면 당장
우리 농촌과 생사업계에 비참한 상태를 일으
켜 온 것이 아닌가?

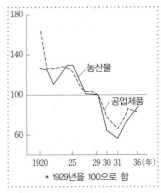

▶그림 4-3. 농산물 가격의 하락(나카무
라 다카히데, 『쇼와 경제사』, 岩波現代文
庫, 2007. p.53에서 작성).

농림성의 농가 경제조사에 의하면, 연
평균 농가 소득은 1929년 1,326엔이었으나,
1931년에는 650엔으로 반 이상 떨어졌다. 그해 농업조합 조직률(7.9%)
과 동맹파업 건수(864건)는 전전 최고를 기록하였다. 그때까지는 수출
업자나 방적업 관계자를 빼고 만몽 문제에 관심을 갖는 국민은 드물었
다. 눈앞의 생활고가 만몽은 생명선이라는 주장에 설득력을 부여했다
고 할 수 있다(그림 4-3 참조).

만주사변에서 첫 번째 사망자는 농촌 출신의 병사였다. 만주에
주차한 제2사단(센다이〔仙台〕)은 다수가 미야기(宮城)·후쿠시마(福
島)·니가타(新潟)의 농민 병사로 이루어졌다. 후지이 다다토시(藤井
忠俊)에 따르면, 첫 전투의 사망자는 센다이보병 제4연대의 병사로서
29명이었다. 헌병대 조사는 그 29명 중 12명을 '빈민'으로 분류하였
다. 직업의 내역은 농업 16명, 무직 3명, 노동자 2명, 상업, 어업, 교육,
석공, 목수, 야채상, 통 장사, 신발 장사 각 1명 등이다. 병역은 의무지
만 중등학교 이상 재학 학생에게는 징집 유예가 있었던 까닭에 빈곤층
의 징집률, 소집률이 높아지게 되었다(후지이 다다토시, 『국방부인회』).

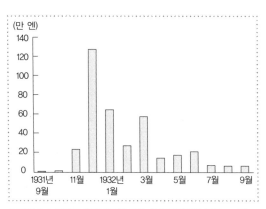

▶그림 4-4. 기부금 월별 추이(吉田裕, 「만주사변하의 군부」, p.51).

1931년 12월에는 120만을 넘는 기부금이 육군에 몰렸으나 국제
연맹에서 논쟁이 진정되는 1932년 1월에는 기부금 액수가 반으로 줄
었다. 국민의 전쟁열은 순식간에 불타오르고 순식간에 진정되었다(그
림 4-4).

신문과 무산당의 침묵

1933년에 죽은 요시노 사쿠조에게 만주사변에 따른 사회 변모는
예상 이상으로 크게 느껴졌다. 요시노는 만주사변이 '청일전쟁이나
러일전쟁 등과는 그 성질이 전혀 다르게' 보였으므로, '국론의 일치를
말하는 속론'에 동조해서는 안 된다고 생각하였다. 만주사변에 대의
는 없어 보이는데도 '대신문의 논단'이나 '무산당 측의 언론 행동'에
는 '국민의 양심을 대변하는' 자유롭고 거침없는 비판이 일체 보이지
않는다. 그것은 왜일까?

만주가 국경의 특수지역인 것은 국방적 의의에서 국제사회도 인

정하고 있다고 요시노는 말한다. 그런데 '만주는 경제적으로 보아 일본을 위한 특수지역이라고' 해서 군사행동을 일으킨 것이라면, 그것은 '제국주의적 진출'이라고 하지 않을 수 없다. 토지도 좁고 자원의 혜택도 받지 못한 나라가 '토지 및 자원의 국제적 균분'을 주장하는 것은 논리로서는 맞다. 그러나 토지나 자원의 과부족의 조정은 '강력한 국제조직의 통제'에 의해 이뤄져야 한다. '목이 말라도 훔친 샘물은 마시지 말라'라고 어린 시절부터 배워온 요시노에게 신문과 무산당의 침묵은 유감스러웠으며 의외라고 생각되었다(「민족과 계급과 전쟁」, 『중앙공론』, 1932년 1월호). 이시도 청년이 들은 '만몽의 옥토를 차지한다'는 군부의 주장과 '훔친 샘물은 마시지 말라'라는 요시노의 주장은 선명하게 대조된다.

요시노가 한탄하듯이 신문의 변화는 만주사변이나 국제연맹에 대한 외교의 속보가 요구되는 가운데 도쿄나 오사카의 대신문과 통신사 세력이 지방을 석권하기 시작한 것과 무관하지 않다. 메이지시대 민당의 전설 이래 지역에서는 크게 나누어 정우회 계열과 민정당 계열로 신문이 이분되어 중앙의 대신문의 지방판을 압도하고 있었다. 전쟁이 일어나면 속보력과 사진 보도가 신문의 커다란 무기가 된다. 다수의 비행기와 사진 전송기를 가진 『오사카 아사히(大阪朝日)』와 『오사카 마이니치(大阪毎日)』의 오사카계 두 신문이, 지방지 본래의 다양성을 잠식하고 있었다. 이를테면 나고야(名古屋)에서는 1927년 시점에서 민정당 계열의 『나고야신문(名古屋新聞)』(약 9만 부)과 정우회 계열의 『신아이치(新愛知)』(약 17만 부)가 겨루고 있었으나, 만주사변 후는 오사카계 두 신문의 세력이 커져 있었다(스에타케 요시야〔季武嘉也〕, 「어느 신문의 쇼와 전전사」).

무산정당도 어려운 처지에 있었다. 사실 무산정당에게 반전운동과 병사의 대우 개선운동은 불가분하게 진행되어온 것이었다. 1925년에 결성된 농민노동당은 '징병에서 발생하는 가족의 경제적 궁핍에 대한 국가 보장'을 정책으로 부르짖으며 농민노동당 분열 후에도 우파의 사회민주당, 중간파의 일본노동당, 좌파의 노동농민당 모두 병사의 대우문제를 외치고 있었다.

1932년 1월의 선거 슬로건에서 전국노동대중당은 '복무 병사 가족의 국가 보장'을 부르짖었다. 2월부터 3월에 발생한 다마가와(玉川) 전차 쟁의는 회사가 출정 노동자 3명을 해고한 것이 발단이었다. 1931년에 제정된 입영자 직업보장법은 제대 후의 복직을 정한 것으로서, 회사에 의한 해고 그 자체는 법률 위반이 아니었다. 육군성은 쟁의에 대해 '법률 조문을 방패 삼아 입영군인을 대우하고 노사의 조화와 화해를 깨는 것을 우리는 매우 유감스럽게 생각한다'는 성명을 발표하였으며, 쟁의는 기업 측이 해고를 취소하고 일당 지불을 인정함으로써 타결되었다. 전국노동대중당은 육군의 개입을 평가하여, 입영 소작인의 경작지를 둘러싼 지주와의 쟁의에서도 육군의 개입을 기대하게 되었다(야마모토 가즈시게[山本和重], 「무산운동에서 출정 노동자 가족 생활보장문제」).

'복무 병사 가족의 국가 보장'을 선거 슬로건으로 부르짖은 전국노동대중당은, '제국주의 전쟁 반대'도 슬로건으로 내걸고 후보자를 도시지역에 집중시켜 13명을 입후보시켰다. 그러나 당선된 것은 스기야마 모토지로(杉山元治郎)와 '제국주의 전쟁 반대'라는 당 방침에 동조하지 않고 선거전을 치렀던 마쓰타니 요지로(松谷与二郎) 두 명뿐이었다. 이 당의 위원장이었던 아소 히사시(麻生久)는 '일반 사회의 전시

적 기운'을 느끼며 패배감을 맛보았다. 아소 또한 군부를 '이 세력은 자본가적 색채를 농후하게 띠고 있지만 그것이 단순한 상식적 반자본가 감정에 지나지 않은지, 과학적으로 반자본주의 사상 위에 서 있는지는 명확하지 않다'(「일본은 어찌 되는가?」, 『경제왕래』, 1932년 4월호)고 하면서도 세계공황 아래서의 군부의 정치 진출에 의해 현시대가 메이지유신 직전에 비견할 만한 시대가 되었다는 인식을 갖게 되었다(야마무로 겐토쿠[山室建徳], 「사회대중당 소론」).

이누카이의 외교

내무대신 아다치 켄조(安達謙蔵)는, 정우회와 민정당의 연계에 의해 '정당의 신용을 유지해 가면서 대외적 국난을 타개하기' 위한 정민(政民) 연계를 모색하고 있었다(반노 준지, 『근대 일본의 외교와 정치』). 아다치는 긴축재정을 부정하는 정우회와 연계하기 위해 이노우에 재정의 전환을 꾀하였다. 여기서 조만간 일본은 금본위를 이탈하여 금 수출을 정지시킬 것이라고 예상한 안팎의 은행관계와 상사에 의한 달러 매입·엔 매도가 시작되었다. 이노우에는 금본위제를 유지하기 위하여 요코하마정금은행에 달러 매입을 매도로 대응하게 하는 한편, 일본은행의 공정보합(公定步合)을 인상하여 금융을 핍박함으로써 달러 매입 자금을 끊으려고 하였다(나카무라 다카히데[中村隆英], 『쇼와사 I』). 팔린 엔은 당시의 가치로 7억 엔을 넘었다고 한다. 이는 달러를 사는 은행쪽과 그것을 저지하려는 이노우에의 싸움이었으므로 이노우에도 도중에 그만둘 수는 없었다. 일본은행의 금 준비고는 반으로 줄고 금리

인상은 불경기를 더욱 심각화시켰다. 이노우에는 1932년 2월 9일, 농촌 청년 오누마 쇼(小沼正)에 의해 사살되었다(혈맹단 사건).

아다치의 설득이 성공하지 못한 채 와카쓰키 내각은 1931년 12월 11일 총사직하고 13일 이누카이 쓰요시(犬養毅) 정우회 내각이 탄생하였다. 외무대신으로 국제연맹에서 일본 측 대표였던 요시자와 켄키치(芳沢謙吉)를 예정하고(당시 이누카이가 겸임), 대장대신에는 다카하시 코레키요(高橋是清), 내각 서기관장에 모리 쓰토무(森恪)가 취임하였다. 이누카이 내각은 금 수출 재금지·금 태환 금지·관리통화제를 단행하였다. 이누카이 자신은 육군대신으로 우가키 계열이라 불리는 미나미의 유임이나 아베 노부유키(阿部信行)를 생각하고 있었다. 그러나 내각의 지지 기반인 정우회 주류파(스즈키 기사부로〔鈴木喜三郎〕)나 모리 내각 서기관장은 아라키 사다오(荒木貞夫)를 선택하였으며, 육군 3장관회의 또한 아라키를 밀고 있었다. 우가키 계열로 관동군의 북만주 진출을 잘 억제한 가나야 참모총장은 관인노미야 고토히토(閑院宮載仁) 친왕으로 교체되었다.

이누카이는 신해혁명 이전부터 중국과의 인맥을 넓게 구사한 직접 교섭에 기대를 걸고 있었다. 1932년 2월 15일 육군의 원로격이었던 우에하라 유사쿠(上原勇作)에게 보낸 이누카이의 서한은 다음과 같았다. '현재의 추세로 독립국가 건설을 밀어붙이면 반드시 9개국조약과 정면충돌을 일으킬 것이므로 형식은 정권의 분립에 그치게 하되 사실상 우리 목적을 달성하도록 오로지 고심' '남북 여러 파의 요인과 친교가 있으므로 보통 관리의 교섭보다 더 나은 관계'라면서 이누카이는 미나미 육군대신 시대의 육군 중앙이 품고 있던 노선인 독립정권론으로 타협할 것을 생각하고 있었다(『이누카이 목당전〔犬養木堂伝〕 중』).

이누카이의 교섭은 매우 진전되었던 모양으로 1931년 12월 31일, 천황을 배알했을 때는 중국에는 치외법권을 인정할 마음으로 교섭하고 있다는 것, 이듬해 1월 4일 마키노 내대신에 대해서는 손과(孫科) 정권이 전권위원을 임명하여 교섭을 시작하고 싶다고 타진해 왔다는 사실을 전하였다. 중국 측에서도 이누카이의 사자와 협의를 진행하였다. 1931년 12월 15일 광동파의 호한민(胡漢民) 등이 장개석의 독재를 비판하고 여기에 상해의 왕조명도 합류하자 장개석이 국민정부 주석과 행정원장을 사임하여 손과 정권이 탄생하였다. 광동파는 광주 국민정부를 해산하고 남경으로 합류하였다. 광동파를 세력 기반으로 하는 신정권에게 대일 직접 교섭은 장개석과의 차이를 보여줄 좋은 기회였다.

중국 측의 교섭안은 만주사변의 책임을 장학량에게 돌리고 특별 동북정무위원회를 만들어 장학량을 배제하는 것과 더불어 양국의 평등한 경제 제휴를 실현한다는 것이 골자였으나, 주목해야 할 것은 동북 전역에서 일본 측에 잡거의 자유, 상조권을 인정했다는 점이다. 일본 측의 치외법권 철폐와 중국 측의 상조권 승인이 호응하고 있었다. 관동군에 의해 장학량이 배제된 것은 손과 정권에게도 국민당이 처음으로 실질적으로 동북과 화북에 경제적 진출을 이룰 기회를 얻은 것을 의미하였다(황자진,「장개석과 만주사변」). 그러나 서기관장인 모리는 '프록코트를 입고 마적을 대하는 것과 같은 국제 정의 외교를 일본이 일방적으로 해본들 아무 효과도 없다'고 내뱉을 정도의 인물로서 관동군의 방침에 동조하였다. 1932년 1월 일본에 의한 금주 폭격이 시작되면서 중일 협의는 좌절되었다.

1932년 2월 20일에 이뤄진 제18회 총선거는 정우회의 미증유의 대승리로 끝났다. 해산 전 정우회는 171의석, 민정당은 246의석을 가지고 있었으나 정우회는 301의석을 획득하였다(민정당은 146의석). 이때 정우회가 정면에서 부르짖은 것이 외교 문제라는 점에 주의하기 바란다. 선거 슬로건은 호경기가 좋은가, 불경기가 좋은가? 일하고 싶은가, 실업자가 되고 싶은가? 생활의 안정을 바라는가, 불안정을 바라는가? 산업의 진흥인가, 산업의 파멸인가? 감세를 택할 것인가, 증세를 택할 것인가? 자주적 외교인가, 굴종적 외교인가? 라는 것으로서 만몽 문제는 마지막에 거론되었다. 이것이 이누카이의 선거였다.

이에 대한 모리의 레코드 연설. '우리 이누카이 내각은 주저 없이 군을 진격시켜 금주를 공략하고, 만주정책의 암적 존재인 장학량군을 관내로 철수시켰습니다. 그 결과 만주 문제는 처음으로 해결의 서광이 비치게 되었습니다. 국제관계로 신경과민이 되는 오늘날, 외교를 도외시하는 산업정책, 경제정책, 혹은 외교를 안중에 두지 않는 교육정책, 사회정책은 일체 의의가 없습니다.' 이누카이의 선거방침에 공공연히 반기를 든다고도 해석할 수 있었다.

1932년 3월 1일 만주국은 건국을 선언하였다. 관동군은 리튼조사위원회의 만주 도착을 2월 하순에서 3월 상순이라 보고 그전에 새로운 국가를 수립시키려 하였다. 3월 9일, 부의(溥儀)를 집정으로 하여 만주국은 발족하였다. 그러나 내각은 만주국을 국제공법상 승인하지 않겠다고 결정하였다.

소련

    만주사변이 발발했을 때 소련 외교인민위원부는 소련 관헌에 대해 만주에서 중국 측과 접촉할 경우 엄정중립을 지키라고 명하였다. 1931년 12월 21일 외교인민위원 리토비노프는 외무대신 취임을 위해 국제연맹에서 귀국길에 오르는 요시자와에게 불가침조약 체결을 제안하였다. 소련은 관동군이 중동철로에서 중소국경 부근까지 군대를 수송하는 것을 허가하고 마점산(馬占山) 군을 추격하기 위해 치치하얼에서 관동군의 중동철도 횡단을 허가하는 등 일본에 대해 전례 없는 양보를 하였다(슬라빈스키, 『중국혁명과 소련』).

    모든 징조는 소련의 준비 부족을 고하고 있었다. 극동에서의 위기가 콜호스 농업의 위기와 공업화 시동의 어려운 시기에 발생하였기 때문에 소련에게는 시간이 필요하였다. 사실 1932년부터 1933년에 걸쳐 소련이 극도로 혼란스러웠다는 것은 최근 공개된 사료에서도 분명해졌다. 콜호스 농민 중 수백만의 대량 아사자가 발생하여 국내 여권제가 시행되는 비상사태에 있었다(시모토마이 노부오[下斗米伸夫], 「스탈린 체제와 소련의 대일정책」).

    소련은 1932년 3월 만주국이 임명하는 중동철로 독변(督弁)과 이사를 승인하고 철로관계 부서에 만주 국기를 사용하는 것을 허가하였다. 스탈린은 국민정부를 다음과 같이 모욕하였다. '남경정부로부터의 불가침협정에 관한 제안은 전부 사기다. 아마도 남경정부라는 것은 예외 없이 허접한 사기꾼들을 모아놓은 것과 같다'(몰로토프 앞으로 보낸 1932년 6월 19일 자 서한). 소련은 국내 위기에 대한 대응, 극동으로부터의 대외 위기에 대한 급속한 군사화를 필요로 하여 완전히 내부를

다지는 태도로 일관하였다. 변화가 나타나는 것은 1934년이 되어서
였다.

2. 주네브에서

9월 30일 의결에 이르기까지

앞 절에서 만주사변 발발 후 일본의 직접 교섭 노선과 중국의 국제연맹 제소 노선과의 힘겨루기를 살펴보았다. 준비가 부족한 소련은 일본과의 타협을 선택하였다. 본 절에서는 국제연맹의 대응을 중심으로 살펴보기로 하자.

1931년 9월 22일, 만주 문제가 국제연맹이사회 의제로서 논의되었을 때 영국·프랑스·독일 등의 상임이사국은 각각 여러 가지 문제를 끌어안고 있었다. 영국은 실업 인구가 많은 것이 골칫거리였다. 1930년 말 250만 명이었던 것이 1931년 중반에는 270만 명에 달하고, 1933년까지 증가하였다. 프랑스의 주요 관심은 베르사이유체제에 의한 여러 제한 철폐를 요구하는 독일에 대한 의혹과 군축 문제였다. 독일의 경우는 1931년 봄에서 여름에 걸쳐 재정위기에 빠져 8월 후버 모라트리움(제1차 세계대전 후의 독일의 배상과 채무를 1932년 12월까지 지불을 유예한다)을 위한 국제전문가회의가 열렸다. 회의에서는 독일 재정 상황의 앞날을 둘러싼 어두운 전망으로 영국과 프랑스 사이에 파리강화회의의 독일에 대한 배상문제의 불유쾌한 대립에 대한 기억이 되살아났으며, 영국·프랑스와 미국 사이에는 동맹국의 전쟁 채무를 할인하려 하지 않는 미국의 태도를 둘러싸고 깊은 감정 대립이 싹트기 시작했다.

국제연맹이사회의 일본 측 진용은 요시자와 주프랑스 대사, 사토 주벨기에 대사 외에 국제연맹 사무차장인 스기무라 요타로(杉村陽太郎)였다. 영국은 이사회에 미국도 참여시키는 것이 어떤가 하고 제안하였다. 그렇다면 미국은 당장 국제연맹에 참여할 수 있었을까? 스팀슨 국무장관은 1930년의 런던군축회의에서 본 전권으로서의 와카쓰키의 냉정한 대응이나 주미대사 시대 이래의 시데하라의 수완에 신뢰를 갖고 있었다(9월 23일의 스팀슨 일기 The Far Eastern Crisis).

나에게 있어서 중요한 것은 일본인에게 우리가 주시하고 있는 것을 알리고 그렇게 함으로써 바른쪽에 서려는 시데하라의 노력을 도와 국가주의적인 선동가의 손에 휘둘리지 않게 하는 것이다.

따라서 9월 24일 일본 대표가 만주에 대해 영토적 야심을 갖지 않는다는 일본 정부의 성명을 낭독하고 국제연맹이 아닌 중일 직접 교섭에 맡기고 싶다고 주장하자, 스팀슨은 중일 양국에 대해 '양국의 분쟁을 우호적 수단에 의해 조절하는 것을 침해하는 듯한 행동을 삼갈 것을 양국 정부에 희망'한다는 통첩을 보내 와카쓰키 내각을 지지하는 자세를 보였다. 이 시기 미국은 시데하라의 방침을 방해하지 않는다는 태도를 보였으며 이는 11월 말까지 이어졌다. 영국 대표 세실 또한, '일본군의 철수가 시작된 이상 이미 국제연맹이사회의 임무는 끝났다. 그 다음은 당사자국 사이에서 문제 해결을 보아야 할 것이다' 라고 하면서 논의를 끝냈다. 국제연맹이사회는 9월 30일 일본군의 조속한 만철 부속지 안으로의 철수를 권고하는 결의를 채택한 후 다음 이사회를 10월 14일로 정하고 폐회하였다.

이때 중국 대표는 일본군의 철수와 원상회복을 확실히 하기 위해 중립위원을 만주에 파견해주기 바란다고 발언했으나 일본의 반대로 채택되지 않았다. 위원 파견에 반대하게 한 것은 시데하라였다. 조사위원 파견을 거절하는 시데하라의 태도를 미국은 지지하였다. 스팀슨은 국제연맹 사무총장 도라몬트에게 조사위원 파견과 같은 자극적인 행위는 피해야 한다고 전하고, '일본인처럼 특히 신경질적이고 애국적인 국민의 경우, 외국의 간섭에 대응하여 일어나는 배타적인 언동은 매우 위험하다'고 일기에 적었다.

이러는 사이에 10월 8일, 관동군이 금주를 경고 없이 폭격하자, 스팀슨은 조금 경화되어 미국 대표를 이사회에 옵저버로 출석시킬 것, 국제연맹과 더불어 미국도 제재에 참여해야 한다고 각의에서 주장했으나 후버 대통령은 경제 제재를 하고 싶어하지 않는 영국의 방침을 알자 스팀슨을 막았다.

조사위원 파견에 이르기까지

10월 24일 이사회는 11월 16일까지 일본군을 원래 주둔지로 철수시키는 결의를 제출하였으나, 일본의 반대로 무산되었다. 더욱이 2국 간 교섭을 추구하는 와카쓰키 내각은 10월 26일, 제2차 설명을 발표하여, 「중일 평상관계 확립의 기초적 대강」의 5항목을 제시하였다. ① 상호적 침략정책 및 행동 부인, ② 중국 영토 보전을 존중, ③ 서로 통상의 자유를 방해하거나 국제적 증오의 감정을 선동하는 조직적 운동을 철저히 단속, ④ 만주 각지에서 일본인의 평화적 업무 전반을 유효하게 보호, ⑤ 만주에서 일본의 조약상의 권익을 존중.

이 안을 본 북경대학 교수 호적(胡適, 장개석이나 왕조명의 신뢰가 두터운 중국 최고의 지식인)은 송자문에게 서한을 보내, 본 안으로 교섭을 시작할 것을 진언하였다. 고유균도 10월 28일, '중일 쌍방의 면목을 손상시키지 않고 나아가 중국에 유리한 길을 찾아 양국의 난관을 타개해야 한다'고 장개석에게 다시 진언하였다. 그러나 국민정부 수뇌는 이 의견을 받아들이지 않고 어디까지나 국제연맹에서의 해결을 추구하였다.

그 후 만주의 독립국가화를 결의한 관동군 중견 막료가, '신국가'에 참가해야 할 정객들이 주저하지 않게 하기 위해 북으로는 북만주, 남으로는 금주까지 군사적으로 제압할 작전을 실행하려고 했다. 와카쓰키 내각은 이를 막으려 했지만 성공하지 못하고 1931년 11월 21일, 일본 측은 이때까지 반대해온 현지 조사위원회 파견을 받아들이지 않을 수 없었다. 이로써 12월 10일 이사회는 조사위원회 파견을 결정하였다(고바야시 게이지〔小林啓治〕, 『국제질서의 형성과 근대 일본』).

상해사변

관동군은 1931년 12월 28일 금주로 진격하기 시작하여, 1932년 1

월 3일 무혈입성하였다. 이미 1931년 봉천·길림·치치하얼, 동삼성의 성 정부 소재지가 모두 함락되었기 때문에 동북군의 군사적 거점은 금주만 남아 있었다. 국민정부는 금주 방위의 중요성을 이해하고 있었지만 1931년 12월 15일 장개석이 하야함에 따라 유효하게 대응할 수 없었다.

금주 함락에 가장 빨리 반응한 것은 미국이었다. 1월 7일, 후에 스팀슨 독트린으로 유명해진 일본에 대한 통첩은, '미국은 워싱턴 9개국조약을 침해하고 부전조약에 위반되는 모든 행위·협정을 승인하지 않는다'고 선언하였다. 그러나 미국의 뒤를 따를 것이라고 여겨졌던 영국은 스팀슨의 기대를 저버리고 일본에 대해 미국과 같은 통첩을 보낼 예정은 없다고 말했다. 독일도 영국과 마찬가지 태도를 취했다.

일본에 대한 교섭에 실패한 행정원장 손과가 퇴진하고 1932년 1월 28일, 국민당 중앙정치회의는 왕조명을 행정원장에, 장개석을 군사위원회 위원장으로 선출하였다. 왕조명이 정치와 외교를, 장개석이 군사를 관장하는 체제가 등장하였다(장개석의 행정원장 복직은 1935년 12월 1일). 장개석·왕조명 정권은 시작하자마자 같은 날 상해에서 발발한 일본 해군 육전대와 제19로군의 충돌사건(제1차 상해사변)에 직면하였다. 만주사변을 계기로 상해에서는 일화(日貨) 배척운동이 다시 격화되고 있었다. 거류민의 생존을 위협할 정도로 일본을 배척하는 시위운동이 일어나고 있었던 것은 확실하지만 상해 거류민 인구의 55%를 점하는 중소 상공업자층의 반중국 열기 또한 매우 강했다고 할 수 있다. 거류민의 행동은 당시의 상해 총영사인 무라이 쿠라마쓰(村井倉松)가 『상해사변지(上海事變誌)』에서 '당시 우리나라의 신용을 떨어뜨린 것은 한 가지가 아니다'라고 썼을 정도로 강경한 것이었다(다카쓰나 히로후미〔高綱博文〕, 「상해사변과 일본인 거류민」).

상해에서는 일본인 경제계의 각 분야 대표(상해 일본상공회의소, 재화방적〔在華紡績〕 동업회, 상해공업동지회, 미쓰이물산, 미쓰비시상사 등)에 외무(일본총영사관)와 군(육해군 주재무관) 대표를 포함시켜 1928년 6월 시점에 이미 '금요회'가 결성되어 있었다. 상해사변이 일어난 1932년 1월 28일에 발행된『금요회 팸플릿』78호는 자위권 발동이 만몽 문제만을 해결하는데 그치지 않고 상해에서의 일본 배척운동 근절에까지 이르지 않으면 안 된다고 강하게 호소하는 것이었다. '국민당이 신봉하는 대외 지도 원리는 단지 '혁명외교에서의 타도 제국주의' 뿐이다. (중략) 중국 자신의 자각적 각성과 변화를 기대할 수 없는 이상, 유일한 최고 방책은 모든 것을 파괴한 후에 다시 시작하는 것뿐이다' (무라이 사치에〔村井幸惠〕, 「상해사변과 일본인 상공업자」).

상해사변은 일본의 군사 간섭을 열망하는 거류민의 배타적 열기와 이에 호응하려는 만용에서 생겨났다고도 할 수 있다. 육군 포병감(砲兵監)이었던 하타 슌로쿠(畑俊六)는 해군 차관 사콘지 세이조(左近司政三)가 1월 26일에 말한 내용을 다음과 같이 일기에 적었다(2월 3일 자). '육군이 만주에서 활약한다면, 이번에는 남에서 해군의 차례다. 기대가 크다는 점을 말하고, 무리하게 일을 꾸며도 육전대는 어제의 육전대가 아니고 2천 명, 야포, 장갑자동차가 있어 괜찮을 거라고 말하였다.'

제19로군은 광주국민정부 계열, 즉 광동파가 가지고 있던 유일한 직계부대였기 때문에 손과 정권시대에 광동파의 요구에 의해 남경과 상해에 주둔한 바 있다. 장개석·왕정위 정권으로서는 통제하기 어려운 부대였으나 장개석은 제19로군을 통제하여 일본 조계에 인접한 방위 임무를 휘하의 헌병 제6사단으로 바꾸고 스스로 직할정예부대인 제5군 가운데 제87, 88사단을 극비에 상해로 파견하여 제19로군의 이름을 그대로 사용하였다.

1933년 1월 28일 현재 피아의 병력은 일본 측은 해군특별육전대의 고유 병력과 사세보(佐世保)와 구레(吳) 두 진수부(鎭守府)의 증파 병력을 합쳐 합계 1,833명이며, 중국 측은 항일의식이 강한 제19로군 3만 3,500명이었다. 일본이 열세였으나, 중국군을 조계의 경계 20km 밖으로 후퇴시킨다는 작전 목표를 달성할 수 있었던 것은 육군의 2개 사단이 새로 증파된 3월 1일이었다. 일본 측이 상대한 것은 명실상부한 장개석의 중앙 직할군이었으므로 격전을 치르게 된 것은 당연했으리라. 사상자는 중국 측이 1만 4,326명, 일본 측이 3,091명이라고 기록되어 있다(우스이 가쓰미〔臼井勝美〕, 『만주사변』).

상해사변이 발발하자 중국은 국제연맹에 대해, 만주사변을 포함한 중일 분쟁 전체를 규약 제1조가 아닌 규약 제10조(영토 보전과 정치적 독립), 제15조(국제연맹이사회의 분쟁 심사)로 새롭게 제소하였다. 제15조로 제소할 경우, 이사회의 과반수 표결에 의해 권고를 담은 보고서를 작성할 수 있으며(제4항), 분쟁 당사국 한쪽의 요구가 있으면 국제연맹 총회에 의제로 삼을 수 있다(제9항). 전회 일치를 원칙으로 하는 이사회 수속과는 근본적으로 다른 프로그램이 이 시점에서 시작된 것은 일본으로서는 불행이었다(표 4-3).

▶표 4-3. 국제연맹규약(국제연맹이사회의 분쟁 조사)

제15조 제1항	연맹국 사이에 국교 단절에 이를 우려가 있는 분쟁이 발생하여, 제13조에 의한 중재 재판 또는 사법적 해결에 부치지 않을 수 없을 때는 연맹국은 해당 사건을 국제연맹이사회에 부탁할 것을 약속한다(후략).
동조 제3항	국제연맹이사회는 분쟁 해결에 힘써야 하며, 그 노력이 효과를 내면 적당하다고 인정되는 곳에 의해 해당 분쟁에 관한 사실 및 설명, 해결 조건을 기재한 조서를 공표해야 한다.
동조 제4항	분쟁 해결에 이르지 못할 때 국제연맹이사회는 전회 일치 또는 과반수 표결에 의거하여 해당 분쟁 사실을 설명하고 공정하고 적당하다고 인정되는 권고를 실은 보고서를 작성하여 이를 공표해야 한다.
동조 제9항	국제연맹이사회는 본 건에 의한 일체의 경우, 분쟁을 국제연맹총회로 옮길 수 있으며 분쟁 당사국 한쪽의 청구가 있을 때는 역시 이를 국제연맹총회에 옮길 수 있다. 단, 위의 청구는 분쟁을 국제연맹이사회에 부탁한 후 14일 이내에 해야 한다.

　　영국과 프랑스의 이권이 집중되는 국제도시 상해에서 일어난 전투에 대한 국제연맹의 대응은 매우 신속하였다. 2월 19일의 이사회에서는 규약 제15조 제9항의 규정에 따라 3월 3일 국제연맹 임시총회를 개최하게 되었다. 임시총회가 열리는 것은 1926년 독일의 국제연맹 가맹 심사 이래 7년 만이었다. 대표를 보낸 나라의 수는 51개국.

　　막 총회가 열리려던 3월 3일 중국과 일본 양국은 정전하였다. 3월 11일 총회에서 19인위원회(표 4-4) 설치가 결정되었다. 총회 의장, 분쟁 당사국을 제외한 12명의 이사국 대표, 비밀투표로 선출된 6명의 위원 등 모두 19명으로 구성되는 위원회를 설치하여, ① 상해사변에 대한 정전을 확정한다, ② 1931년 9월 30일, 12월 10일의 이사회에서 채택된 결의가 실행되는지 주시한다, ③ 총회에 대한 진술서의 제출 등 3가지 임무를 맡게 되었다.

영국, 프랑스, 이탈리아, 독일, 벨기에, 스페인, 파나마, 아일랜드, 과테말라, 노르웨이, 폴란드, 페루, 유고슬라비아, 스위스, 체코슬로바키아, 콜롬비아, 포르투갈, 헝가리, 스웨덴

기억해 두어야 할 것은 상해사변이 발발하기 전인 12월 10일에 파견이 결정된 리튼조사위원회에 대해서도, 그 보고서의 실행에 대해서도 19인위원회가 맡게 되었다는 점이다. 상해사변이 만주사변과 연결되는 의미는 매우 크다고 하지 않을 수 없다. 상해사변은 현지에서 영국·미국·프랑스·이탈리아 대표의 알선에 의해 1932년 5월 5일 정전협정이 성립하면서 진정되었다. 일본군이 철수한 것은 7월 17일이었다.

조사위원회의 진용

조사위원회, 흔히 리튼조사단이라고 하는 조직의 구성원은 영국·미국·프랑스·독일·이탈리아 5개국에서 선정되었다. 조사단이 6개월의 조사기간 후에 이사회에 제출해야 하는 보고서는 최종적으로 총회와 19인위원회의 손에 맡겨지게 되었다. 제15조에 따른 제소일 경우 제16조의 제재도 고려하게 된다는 점이 일본에게는 고민스러웠다.

구성원들의 경력은 다음과 같다. 영국의 리튼 백작은 아버지가 인도 총독을 지냈으며, 자신도 벵골주 지사를 역임하였다. 위원장으로서 걸맞다는 평가를 들었다. 미국의 맥코이 소장은 미국의 쿠바 점

▶표 4-5. 국제연맹규약 제16조(제재)

제16조 제1항	제12조, 제13조 또는 제15조에 의한 약속을 무시하고 전쟁에 호소한 연맹국은 당연히 다른 모든 연맹국에 대해 전쟁 행위를 한 것으로 간주된다. 다른 모든 연맹국은 이에 대해 당장 일체의 통상 또는 금융상의 관계를 단절하고 자국민과 위약국 국민과의 일체의 교통을 금지하며, 연맹국인가 아닌가에 관계없이 다른 모든 나라의 국민과 위약국 국민 사이의 일체의 금융상 교통상 또는 개인적 교통을 막을 것을 약속한다.
동조 제4항	국제연맹의 약속에 위반된 연맹국에 대해서는 국제연맹이사회로 대표되는 다른 일체의 연맹 대표자의 국제연맹이사회에서의 일치하는 표결로 국제연맹에서 제명할 것을 성명할 수 있다.

령 통치에 관여하여 1928년 니카라과이 사태, 볼리비아·파라과이 사이의 분쟁해결위원회 회장을 지냈다. 프랑스의 클로델 중장은 지나주둔군 참모장, 프랑스령 인도차이나 군사령관 등을 역임한 인물로서 당시 프랑스 식민지 방위위원회 주석이었다. 독일의 슈네 박사는 독일령 동부 아프리카 총독을 지낸 인물로서 식민정책가였다. 이탈리아의 아르도로반디 백작은 주독 대사를 역임한 노련한 외교관이었다. 아르도로반디를 제외하면 식민지의 군사·행정 경험이 있는 사람이거나 국제분쟁 전문가가 선택되었다고 할 수 있다(우스이 가쓰미, 『만주국과 국제연맹』).

그 밖에 참여위원으로서 일본 측에서 터키대사인 요시다 이사부로(吉田伊三郎), 중국 측에서 전 외교부장인 고유균이 참여하였다. 전문가 그룹에는 클라크대학 교수로서 국무성의 극동문제 고문이었던 브레이크스리 교수 외에, 1931년 가을 일본의 만주 권익에 관한 3부작 『만주에서의 일본의 특수 지위』, 『관동주 조차지의 국제법상의 지위』, 『남만주철도 부속지에서의 일본의 관할권』을 출판한 뉴욕 세계시사문제연구소의 영 박사가 참가하여, 보고서와 부속서 집필에 참여하였다.

리튼에 부여된 영국 외무성의 방침은 실로 영국 일류의 현실주의적 태도를 잘 표현하였다. 외무 차관보 웨즐리는 2월 6일의 각서에서, 문제를 법률적인 관점에서 해결하는 것이 아니라 현실을 존중하지 않으면 영속적인 해결이 되지 않는다고 말하였다. 국민정부의 실질적 지배가 미치지 않았던 만주에서 일본처럼 활동적인 나라의 경제적 발전을 방해하는 것이 옳은 일인지 의문이라는 내용도 적혀 있었다.

맥코이에게 부여된 미국무성의 지시는 예상되는 것처럼 법률주의적인 것은 아니었으나, 리튼보고서의 결론 부분에 가장 영향을 미치는 항목이 포함되어 있었다. 그것은 ① 만주의 행정을 재건하기 위한 중일 직접 교섭으로 이끈다, ② 중일 양국의 권익을 규정하는 포괄적인 새 조약 교섭을 중국과 일본에 알선한다, ③ 외국인 간부에 의해 훈련·감독된 경찰기구, 외국인 고문이 만주의 세입을 감독할 수 있는 재정기구 등을 구축하는 것이 바람직하다 등 세 가지였다.

보고서 내용

리튼조사단 일행은 1932년 2월 29일에 요코하마(橫浜)에 도착했다. 여정은 표 4-6과 같다. 영어와 프랑스어를 정문으로 하며, 영어판으로 148페이지, 일본어로 18만 자인 리튼보고서는 장문이었다. 이사회에 대한 보고서 제출은 10월 1일. 2일에 주네브, 북평, 도쿄에서 전문이 발표되었다. 리튼은 19일에 개최된 영국 외교 문제 조사회에서 약간의 빈정거림을 담아 '아는 사람들과 얘기를 나누다 보면 대체로

'나는 아직 당신의 보고서를 읽지 않았다. 그러나 그에 관한 기사는 많이 읽었다' 라고들 한다' 고 말하였다.

▶표 4-6. 리튼조사위원회의 여정

2월 29일	요코하마 도착, 도쿄로
3월 11일	고베 출발
3월 14일	상해 도착
3월 26일~4월 1일	남경
4월 4일~5일	한구
4월 7일~9일	포구에서 북평으로(1928년 국민정부는 북경을 북평으로 개칭)
4월 9일~19일	북평
4월 20일	주황도에서 대련으로
4월 21일~5월 2일	심양(봉천)
5월 2일	심양에서 장춘(신경)으로
5월 9일	장춘에서 하얼빈으로
5월 27일	심양에서 대련으로
6월 5일	금주에서 북평으로
6월 28일	북평에서 도쿄로
7월 16일	도쿄 출발
7월 20일~9월 4일	북평

그 내용을 외무성의 번역을 통해 살펴보기로 하자. 구성은, 제1장 「중국의 최근 발전의 개요」, 제2장 「만주」, 제3장 「만주에 관한 중국 및 일본국 사이의 여러 문제」, 제4장 「1931년 9월 18일 및 그 후 만주에서 발생한 사건의 서술」, 제5장 「상해」, 제6장 「'만주국'」, 제7장 「일본의 경제적 이익 및 중국의 '보이콧'」, 제8장 「만주에서의 경제적 이익」, 제9장 「해결의 원칙 및 조건」, 제10장 「고찰 및 이사회에 대한 제언」의 10장으로 이루어져 있다.

리튼은 앞서의 강연에서 위원회가 판단이나 의견을 표명한 부분은 세 곳이라고 수수께끼를 내었다. 그것은 어디일까? 제4장에 위원회로서의 첫 번째 판단이 쓰여 있다. '그날 밤의 서술상 일본군의 군사행동은 합법적인 자위적 조치라고는 인정하기 어렵다.' 두 번째 판단은 제6장 부분에서 볼 수 있다. '이 이른바 국가는 독립에 대한 주민의 자연스러운 요구에서 탄생한 것, 즉 순수한 민족자결의 예가 될 수 없다.'라는 부분이다. 세 번째는 제7장과 제8장에 있다. '중국은 이 지역에서 일본의 경제적 이익을 만족시킬 것, 또한 일본은 이 지역에서 주민의 변화되지 않는 중국적 특성을 용인하는 것이 모두 필요하다' 라는 부분이다.

이를 바탕으로 보고서는 제9장에서 해결을 향해 준수해야 하는 원리에 대하여 설명하였다. 그것은 우선 분쟁의 복잡함을 '본 분쟁은 한 나라가 국제연맹규약이 제공하는 조정 기회를 미리 다 쓰지 못하고 다른 한 나라에 선전을 포고하는 사건이 아니다. 또한 한 나라의 국경이 인접국 군대의 침략을 받은 것 같은 간단한 사건이 아니다' 라고 위치 지었다. 장학량 정권이나 만주국은 모두 존속을 허용할 수 없다고, 일반적 원칙으로서 아래의 10가지를 들었다. ① 중일 쌍방 이익과의 양립, ② 소련 이익에 대한 고려, ③ 현존하는 다변적 조약과의 합치, ④ 만주에서의 일본 이익의 승인, ⑤ 중일 사이의 새로운 조약관계의 설정, ⑥ 장래의 분쟁을 해결할 수 있는 유효한 조치, ⑦ 만주의 자치, ⑧ 내부적 질서 및 외부적 침략에 대한 안전보장, ⑨ 중일 간의 경제적 접근 촉진, ⑩ 중국 개조에 관한 국제 협력.

제10장에서 원칙을 실행에 옮기는 방식에 대한 의견이 설명되어 있었다. 이사회가 중국과 일본을 초청하여 동삼성에 대한 행정조직을 생각하기 위한 자문위원회를 조직한다. 이 자문위원회는 양국 정부와

양국이 각각 선발한 현지 대표로 구성되었다. 자문위원회를 열기 전에 고려해야 할 점으로서, ① 중국의 영토적 행정적 보전, 만주에 대한 광범위한 자치의 부여, ② 내부적 질서를 유지하기 위한 '특별헌병대', ③ 만주에서의 정치적 추이에 참가한 모든 사람의 대사면 등이 열거되어 있다. 보고서는 언뜻 보면 탁상공론처럼도 보이지만 적어도 국민정부가 받아들일 수 있는 한도의 타협안을 타진하여 내놓은 해결책이었다. 리튼 등은 6월 18일, 장학량의 비행기로 북평에 온 행정원장 왕조명, 재정부장 송자문과 회담하였다. 리튼은 만주를 비무장화하여 그곳에 광범위한 행정권을 갖게 하는 자치정부를 수립하는 안을 중국 측에 타진하였으며, 왕조명은 리튼의 제안에 찬성하고 있었다(NHK 취재반, 『만주사변, 세계의 고아로』).

반향

리튼은 조사과정에서 가족 앞으로 많은 편지를 썼다. 노련한 외교관이자 파리강화회의 때 산동 문제를 둘러싼 일본과 중국·미국의 대립을 타협점으로 이끈 전 외상 발포아는, 리튼의 누이와 결혼했다. 리튼은 누이 앞으로 보내는 편지 형식을 취하면서 그 편지가 영국 정부, 미국 정부에 전해질 것을 기대하고 만주국의 실상을 적나라하게 적었다. '일본은 군사력으로 만주를 제압할 수 있었을지 모르지만 시장을 지배할 수는 없습니다. 일본은 중국의 혼란 상태에 불만을 토로하고 있으나 그 대부분은 일본 자신이 만든 것입니다. (중략) 만주국이라는 것은 명백한 기만이었습니다' (5월 23일 자. 전게 『만주사변, 세계의 고아로』수록).

　리튼 자신은 물론 중국을 동정하였으나 보고서가 그러한 맥락에서 쓰여진 것은 아니었다. 보고서를 읽은 영국 외무성 극동부 고문 프라트는 보고서의 가장 중요한 점을 '한 나라의 국경이 인접국 군대의 침략을 받은 것 같은 간단한 사건이 아니다'라는 제9장의 한 구절에 두고 일본의 방식을 변호하는 것은 어려워도 '그 안에 있는 내용을 보면, 정의의 저울은 일본 쪽으로 기울어져 있다'며, 제재나 일본의 추방 등은 문제 밖이라고 보았다.

　미국 대표 맥코이는 1932년 8월 시점에서 일본 측은 보고서에 만족할 것이라고 말하였다(주중 미국 대사가 스팀슨 국무장관에게 보낸 보고). 맥코이로서는 일본 측의 무역업자나 거류민을 고민하게 하는 일본 배척 보이콧 해결 방책이 일본을 만족시킬 것이라고 판단하였으리라. 사실 전문가 구성원 중 한 명은 원로 사이온지(西園寺)의 비서 하라타 쿠마오(原田熊雄)에게 다음과 같이 말하였다(『사이온지공과 정국』제2권, 1932년 9월 30일 자).

　　요컨대 일본의 모든 권익을 충분히 인정하고 특히 21개조를 인정하게 한다. 단 일본이 중국의 종주권을 인정하지 않은 점, 즉 만주국의 독립을 승인한 것은 매우 유감이라는 것이 적혀 있으나, 내용은 전반적으로 일본에 대해 매우 호의적이다.

　분명히 보고서는 제1장에서 '일본은 본 장에 설명된 무법상태에 의해 다른 어떤 나라보다도 한층 더 괴롭다'고 적었으며, 제2장에서 '만주의 중요 물자의 관리권을 취득함에 따라 당국(장학량 정권)은 외국의 콩류 매입업자, 특히 일본인이 할 수 없이 고가로 매입하도록 함으로써 그 수입을 증대시키려 하였다'라고 하여 장학량의 악정을 인정하였다. 제7장에서는 보이콧이 합법적인 선에서 이뤄지고 있다는 중국 측 참여자의 주장도 있지만 '본 위원회가 가진 증거는 이를 뒷받침하지 않는다'고 명확하게 적었다.

나아가 제9장과 제10장에 제시된 해결 원칙 중, ① 일본인에게 충분한 비율을 고려한 외국인 고문 배치, ② 중일철도의 합변, ③ 일본에 대한 보이콧을 영구히 정지, ④ 일본인 거주권·상조권의 전 만주 지역 확대 등은 일본 측에 유리하였다. 우선 경찰이나 재정기구에 관한 국제관리안이 미국 국무성의 맥코이의 지시에 포함되어 있다고 하나 국제관리에서는 일본 측의 권익을 사실상 온존시키기 위한 배려가 이뤄진 것은 분명하다.

리튼보고서를 수리하기 위한 이사회가 1932년 11월 21일에 열려 일본 전권 마쓰오카와 중국 전권 고유균이 연설하였다. 그리고 보고서는 중일 양국의 의견서와 함께 11월 28일 이사회에서 총회로 넘기기로 하였다. 국제연맹 특별총회는 12월 6일부터 주네브에서 시작되었다. 일본 측의 수석 전권은 마쓰오카, 중국 측은 안혜경(顔惠慶)이었다. 19인위원회의 임무는 규약 제15조 제3항의 화해 수속, 동 제4항의 권고 수속에 관하여 총회 아래에서 작업을 하게 되었다.

요시노 사쿠조는 일기에서 '소문 이상으로 일본에 불리하므로 신문 논조도 험악하다. 그러나 공평하게 볼 때 그 이상 일본 편을 들면 치우쳤다는 비난을 피하기 어렵다. 유럽적 정의의 상식으로서 흠잡을 데 없다'고 보고서를 평가하였다(1932년 10월 3일).

특수권익론에 대한 최종 판단

영국 외무성의 프라트가 주목한 제9장의 1절은 일본의 행동을 규약 제10조 위반이라고 하는 중국의 주장을 배척하기 위한 것이라고 할 수 있다. 보고서 어디에도 일본의 행동을 국제연맹규약, 부전조약, 9개국조약 위반이라고 한 부분은 없었다. 그러나 1931년 9월 18일의 행동을 자위권 발동이라 하여 만주국 독립을 민족자결로 설명한 일본 측의 주장은 배척되었다.

관동군의 모략이라는 것을 몰랐던 국민은 자위권과 민족자결이 인정받지 못한 것을 분개했으리라. 그런데 사변의 당사자인 관동군이나 위정자로서는 자위권과 민족자결의 설명이 미국의 간섭을 받지 않기 위한 방편이라는 자각이 처음부터 있었다. 일본 측 당사자에게 보다 충격적이었던 것은, 제3장 「중국 및 일본 사이의 만주에 관한 여러 문제」 가운데 서술된 일본의 만몽특수권익에 대한 평가가 아니었을까?

그곳에는 다음과 같이 기술되어 있었다. 일본 정부는 러일전쟁 이래 항상 영국·미국·프랑스·러시아로부터 만주에서의 일본의 '특수 지위' '특수세력 및 이익' 또는 '탁월한 이익'의 승인을 얻으려고 노력해왔다. 그러나 노력은 부분적 성공에 그치고 요구가 명확한 문장으로 승인된 경우에도 이러한 자구를 포함한 국제협정 또는 양해의 대부분은 시간이 경과함에 따라 정식으로 폐기 또는 그 밖의 방법에 의해 소멸되었다. 러일협약, 이시이 런싱협정 등은 그 예이다. 워싱턴 회의에서 9개국조약 또한 세력범위의 발상을 부정한 것이었다. 시대는 변화해도 만몽에 우선권을 가진다는 일본의 태도만이 변화하지 않왔다.

　이렇게 설명한 후 보고서는 특수권익이라고 여겨져 온 것들을 살펴보았다. 여기서는 일본을 가장 분개시켰다고 상상되는 두 가지 문제, 즉 병행선 금지 문제와 철도 수비대 문제를 살펴보고자 한다. 일본측은 '청나라 정부는 남만주철도의 이익을 보호한다는 목적으로 해당 철도를 아직 회수하기 전에는 해당 철도 부근과 이와 병행하는 간선 또는 해당 철도의 이익을 침해하는 지선을 부설하지 않을 것을 승낙한다'는 조문으로 이뤄진 비밀협정을 1905년 12월 22일의 만주에 관한 청일조약에서 체결했다고 주장해왔다. 제1장의 다테카와 연설 등을 상기해주기 바란다.

　보고서는 그러나 이어서 반론을 시작했다. ''병행철도'에 관한 1905년 11월에서 12월의 북경회의에서 중국 전권의 약속은 어떠한 정식 조약에도 포함되어 있지 않으며, 문제의 약속은 1905년 12월 4일 북경회의 제11일째의 회의록'에 있을 뿐이라고 적혀 있다. 이는 정확한 것으로서, 『일본외교문서』에서도 확인할 수 있다. 북경회의에는 일본 측 전권 고무라 주타로 외에 우치다 코사이 주중공사도 참석하였다. 이에 대한 중국 측 전권은 경친왕(慶親王), 원세개 등이었다.

　중국 측은 조약문의 형식을 일관되게 거절하여 일본 측은 의사록의 글로 기재할 수밖에 없었다. 같은 시대 위정자들은 이러한 사정을 서로 자각하고 있었기 때문에 병행선의 정의, 간선·지선의 정의 등에 사실상 유연하게 대처하였다. 그런데 육군이 전개한 국방사상 보급 강연회에서 역사의 기억을 바꾸어 조약을 준수하지 않는 중국 측을 비난하는 상투구로서 이 병행선 문제를 이용한 감이 있다(가토 요코, 『전쟁의 일본 근현대사』).

철도 수비병은 조약에 없다

두 번째는 남만주철도 연선에 수비병을 주둔시킬 권리를 둘러싼 문제였다. 포츠머스조약 추가 약관 제1조 제3항에 따라 러시아와 일본 양국은 '1km마다 15명을 초과하지 않는' 철도수비대를 둘 권리를 서로 승인하였다. 러시아에서 동청철도 남쪽 지선을 양도받은 일본으로서는 수비병을 둘 권리 또한 러시아에서 일본에 계승된 권리라고 보았을 것이다.

그러나 여기에도 복잡한 배경과 경위가 있었다. 본래 1896년과 98년의 동청철도 계약 제5조에서는 철도 안전상의 보호에 대한 의무와 권리는 청나라에 있었다. 1902년 4월 8일에 러시아와 청나라 사이에 조인된 만주환부협정에서도 러시아는 철도 연선에 수비병을 둘 권리를 인정받지 못했다. 단, 북청사변 후의 혼란 속에서 청나라가 러시아에 의해 조인을 강요당했다고 할 수 있는 만주환부조약에서는 러시아는 철도 부속지에서 중국 경찰의 관할권 주장을 거부할 권리를 인정받게 되었다. 즉 러시아가 철도 부속지에서 가진 권리는 중국의 경찰권을 거부할 권리로서, 수비대를 둘 수 있는 권리는 아니었다.

이러한 사실은 러일전쟁 전 고무라 외상 자신이 잘 알고 있었다. 고무라는 개전 전 러시아 측을 비난할 때 이러한 지견을 유효하게 사용하였다. 고무라는 1903년 5월 5일, 한구에 거주하는 야다 시치타로(矢田七太郎) 영사관 사무 대리에게 보낸 편지에서, '철도호위병에 대해서는 청러 양국 간에 어떤 조약이 있는 것이 아니다'라며 이 점을 러시아 측에 항의하는 데 사용하도록 하였다.

1905년 12월의 만주에 관한 청일조약에서 중국은 마지막까지 철도수비병에 대한 러일 합의를 승인하지 않았다. 그러나 일본은 중국에게 청일조약에 부대되는 부속협정 제2조의 다음과 같은 규정을 인정하게 하는 데 성공하였다. 내용은, 중국은 러일 양군과 철도 수비병의 조기 철수를 바란다. 일본도 같은 바람이므로 ① 러시아가 철도수비병의 철수를 승낙한 경우 혹은, ② 만주 지방이 안전하게 되어 '외국인의 생명 재산을 청나라 스스로 안전하게 보호할 수 있을 때는 일본 또한 러시아와 동시에 철도 수비병을 철수시켜야 한다'고 한 문장이다.

중국과의 관계에서 일본은 군사를 주둔시킬 권리의 근거를 이 제2조에 두었다. 러시아는 1917년에 수비병을 철수시키고 혁명 후인 1924년의 중소협정에서는 이 권리를 포기하였다. 그런데도 일본은 수비병을 철수시키지 않았다. 이 점에 대해 일본은 만주의 치안이 안정되지 않으므로 군대를 철수할 수 없다고 반론하였다. 중국 측은 일관되게 일본의 철도수비대의 만주 주둔은 '법률상으로도 사실상으로도 정당'하지 않다고 주장하였다.

이상 중국과 일본 사이의 과거의 조약관계에 밝지 않은 사람이나 법률론에 흥미가 없는 사람에게는 지겨운 내용이 리튼보고서 제3장에 계속 전개되었다.

기만과 진실

이상의 논점은 일본의 핵심을 찌른 것이었으리라. 병행선을 금지한 '조약'을 위반하고 만철의 정당한 이익에 '포위망'을 형성함으로써 방해한 장학량의 악정이라는 이미지를, 매스 미디어나 강연회를 통해 국민은 몇 번이나 들었다. 국민은 병행선 금지가 조약문이 아니며, 또한 '부근에 이와 병행하는 간선', '이익을 침해하는 지선' 등의 정의에 대해서도 논의의 여지가 있다는 것을 보고서를 통해 처음으로 알게 되었다.

사실상 동시대의 외무성이나 육군 당사자는 병행선 금지 운운하는 기미를 이전부터 알아채고 있었다. 병행선 금지에 대해 일본 측이 정식으로 문서에서 어떻게 언급하고 있었는가를 확인해 보면, 이를테면 1908년 9월 25일의 각의 결정에서는 '청일회의록의 정문 및 정신'이라고 부르고 1909년 7월 13일의 각의 결정에서도 '북경회의록 안에 있는 명문'이라고 불렀음을 확인할 수 있다. 동시대에는 리튼보고서가 지적하는 대로 북경회의록 가운데의 언급에 지나지 않는다는 현실적인 인식이 내각 차원에서는 확실하게 있었음을 알 수 있다.

1927년 시점에서 주중 공사 요시자와 켄키치 등은 러일전쟁 후의 사정을 이해하고 있던 외교관이었다. 요시자와는 병행선 금지 등은 '만주 전후 담판의 언질'에 지나지 않는다는 것을 잘 이해하고 있었다. 또한 요시자와는 일본 측의 방침이 지금까지 일관되지 않았던 점도 자각하고 있었다. 육군과 만철 등은 소련과의 전쟁에 유리한 철도라면 만철의 병행선이라도 해도 중국 측에 부설하게 해왔다. 조제선(洮齊線, 조남-치치하얼) 등은 그 대표적인 예였다.

또한 관동군 일부를 구성하는 철도 수비병이 본래 조약상의 근거가 미약하다는 점은 전문가 중 한 명인 영의 저서『남만주철도 부속지에서의 일본의 관할권』이 이미 분명히 밝히고 있었다. 리튼보고서 제3장의 역사적 논쟁 부분의 초안을 쓴 것은 바로 이 영이라고 추정된다.

외무성의 법률고문으로서 리튼보고서에 대한 일본 정부 의견서 중 일본의 특수권익에 대한 부분을 집필한 베이티(옥스포드대학과 케임브리지 대학에서 국제법학을 공부했다)도 그렇게 보고 있었다.

영의 저작은 1933년 1월에 만철자료과에 의해 번역되었으나 이 책 제10장에서 영은, 일본이 만철 부속지에 행정권을 행사한 이래 철도 연선에 주둔하는 철도수비대만큼 많은 문제를 일으킨 제도도 없으며 이처럼 중국 관민의 적개심을 불러일으킨 원인도 없었다고 썼다. 영의 저작 제10장의 기술은 리튼보고서의 논의 맥락과 일치한다.

국제법 전문가였던 영은, 중국 정부의 법률고문을 맡아 워싱턴회의에서 중국정부 수행원이 된 존스 홉킨스대학의 위로비 교수의 제자였다(시노하라 하쓰에, 『전쟁의 법에서 평화의 법으로』). 리튼보고서는 영국적인 현실주의로 쓰여진 부분도 많고 일본의 경제적 이익도 충분히 배려했다. 그러나 일본 측이 역사적으로 논의를 축적해온 만몽에서의 일본의 특수 지위에 대하여 새로운 국제법학을 수용한 영과 같은 국제법학자에 의해 법률적 해석이 이뤄졌기 때문에 일본 측은 강하게 반발하게 되었다. 위로비와 영의 학통을 고려하면, 국제법학도 현실 정치와 무관한 세계가 아니라는 점을 깨닫게 된다. 오히려 이 시대만큼 국제법학과 현실이 결합된 때는 없지 않았을까?

3. 초토외교의 이면

라디오 연설

1933년 4월 마쓰오카 전권은 귀국하였다. 5월 1일에 라디오에서 흘러나온 귀국 보고는 매우 흥미로웠는데 마쓰오카는 자신은 실패했다, 어떻게든 국제연맹에 남고 싶었다고 진심을 토로했다. 마쓰오카가 든 실패의 원인은 여섯 가지. ① 영국 상품 보이콧이라는 중국의 '협박'이 먹혔던 점, ② 화협위원회(和協委員會)에 미국과 소련을 초청하려는 국제연맹의 의향에 일본 정부가 반대한 점, ③ 19인위원회가 기초한 보고서를 둘러싼 영국의 타협 신청이 일본 정부에 의해 거절당한 점, ④ 긴박해지는 유럽의 국제정치 정세 아래 국제연맹을 생명선으로 하는 '약소국'이 어떠한 무력행사에도 위협을 느낀 점, ⑤ 유럽 문제와 비교하면 2차적인 의미밖에 없는 극동 문제를 위해 위와 같은 '약소국'의 의향을 영국이 무시할 수 없었던 점, ⑥ 열하 문제가 영국의 북평·천진지방 권익에 불안을 가져다준 점.

언뜻 보면 마쓰오카의 말은 19인위원회 등을 구성했던 약소국에 자신의 실패에 대한 책임을 전가하는 것처럼 보이지만, 여기서는 우선 ②와 ③에 주목하고자 한다. 화협위원회에 미국과 소련을 추가하여 진행하려고 했던 국제연맹이나 영국의 타협안에 일본 정부가 반대한 사실을 마쓰오카는 폭로하고 있다. 그렇다면 마쓰오카 자신은 타협안에 찬성하려고 생각했던 것일까?

마쓰오카가 정부에 타협을 권했던 것은 사실이었다. 외교 전보가 그것을 말해준다. 1932년 12월 10일, 영국 외상 사이먼은 주영 대사 마쓰다이라 쓰네오(松平恒雄)에게 화협위원회안을 제시하였다. 19인위원회에 중일 양국을 넣고 국제연맹 비가맹국인 미국과 소련도 포함시키는 위원회를 조직한다는 타협안이었다. 그러나 사이토 마코토(斎藤実) 내각의 외상에 취임한 우치다 코사이는 본 안을 거절하였다. 강

▶사진 4-5. 국제연맹에서 돌아온 마쓰오카 요스케(1933년 4월, ⓒ 마이니치).

경노선을 관철시키는 우치다에게 마쓰오카 등 현지 실무자들은 곤혹감을 느꼈다. 마쓰오카는 12월 14일의 제12호 전보에서 '우리나라도 다시 생각해볼 여지가 있다고 생각되므로' '미국과 소련을 초청하는 문제 등을 따지지 말고 흔쾌히 승낙하여 돌진하는 편'이 좋으니 타협안을 받아들이라고 권고하였다 (『일외』 만주사변, 제3권).

육군 측 수행원이었던 다테카와 요시쓰구 등도 미국을 포함한 타협안도 괜찮다고 생각하고 있었다. 다테카와는

육군대신에게 보낸 12월 15일 자 비밀전보에 '이번에 크게 양보해서 그들의 가입에 동의하시면 어떨까 생각합니다'라고 썼다(『국제연맹〔군축 제외〕 및 그 밖의 국제관계서류철』 방위연구소장). 우치다가 미국 참가에 강경하게 반대한 것은, 미국이 참가하면 중국이 중일 직접 교섭에 응하지 않을까 우려했기 때문이었다. 우치다의 머리에는 중국 정부 내 친서구파의 압박만이 있었다.

영국은 새로운 타협안을 일본 측에 제안했다. 1933년 1월 26일, 사이먼 외상은 마쓰오카와 면담하면서 제15조 제3항에 따른 화협위원회(미국과 소련 불참)에서 중일 양국이 직접 교섭을 시도하는 것은 어떨지 물었다. 마쓰오카는 찬성하였으나 1월 30일 우치다는 이를 거부하였다. 훈령을 받은 마쓰오카가 우치다에게 보낸 전보의 한 구절은 절절하였다(『마쓰오카 요스케, 그 사람과 생애』).

말씀드릴 것도 없이 사물은 8부 정도로 채우는 게 좋습니다. 국제연맹이 완전히 손을 떼는 것을 바랄 수 없다는 것은 우리 정부도 처음부터 알았을 터입니다. 일본인의 문제점은 결백함에 있는데, 일본 정신의 철저함과 만주 문제의 해결처럼 큰 문제가 한 가지 곡절이나 19인위원회 의장의 말 정도에 심하게 구애받을 것 같으면 수행하기도 어렵습니다. (중략) 상황에 휘둘려 결국 어쩔 수 없이 탈퇴하게 되는 것만은 택하지 않기를 국가의 전도를 생각하여 이번에 솔직하게 어리석은 의견을 올립니다.

마쓰오카는 일본을 위해 탈퇴는 안 된다며 우치다를 열심히 설득하였다.

국내 상황

1932년 5월로 시간을 돌려보자. 일본 측은 중국을 비판할 때 통치가 전역에 미치지 못하고 공산군도 발호한다는 표현을 자주 썼다. 그런데 리튼조사위원회는 불과 얼마 전 3월에 회견한 바 있는 몸집은 작지만 눈빛이 살아있었던 이누카이 수상이 해군 청년사관에게 암살되었다는 5·15사건 소식을 만주에서 듣게 되었다. 군부를 억제하지 못하는 일본을 안정된 정부라고 할 수 있는가 하는 반문에 할 말이 없는 사회 불안 가운데 일본은 놓여 있었다. 해군사관 미카미 타쿠(三上卓)가 쓴 「일본 국민에게 고함」이라는 격문의 한 구절은 다음과 같다. 사건을 일으킨 것은 군인 외에 다치바나 코자부로(橘孝三郎)가 이끄는 애향숙(愛鄕塾)과 관련된 농촌 청년이었다.

> 일본의 국민이여!
> 현재의 조국 일본을 직시하라!
> 정치, 외교, 경제, 교육, 사상, 군사! 어디에 황국 일본의 모습이 있는가.
> (중략) 민중이여!
> 이 건설을 계속 염원하면서 우선은 파괴다!

군법회의에서는 처음에는 주모자 고가 세이시(古賀淸志)나 미카미의 사형을 구형하였다. 그러나 재판 과정에서 농촌의 곤궁한 형편이 밝혀지면서 사회의 동정이 집중되어 고가·미카미에 대한 판결은 금고 15년으로 감형되었다. 피고의 한 사람인 육군 사관 후보생 시노하라 이치노스케(篠原市之助)가 재판에서 '농업을 바탕으로 하는 우리나라 농촌의 궁핍은 실로 국가 존망의 위기입니다. (중략) 머지않아 농민의 난이 일어납니다. 농민의 난이 일어나면 자식은 부모에게 총을 겨누는 골육상잔에 이르며, 병농은 분리되어 군대를 파괴하고 국체를 파괴합니다'라고 한 진술은 절실하게 울려 퍼졌을 것이다.

천황은 다음 후계 수반 천거를 맡은 원로 사이온지에게 자신의 희망을 전하였다. 그것은, ① 인격이 훌륭한 사람, ② 정치의 폐단을 개선하고 육해군의 군기를 바로잡을 수 있는 인격자일 것, ③ 협력 내각·단독 내각을 묻지 않고, ④ 파쇼에 가까운 사람은 절대 불가, ⑤ 헌법 옹호 등 다섯 가지였다. 사이온지가 전 조선 총독이자 해군대장 사이토 마코토를 추천하여 5월 26일 사이토 내각이 성립되었다. 1924년 이래 관습적으로 성립한 정당내각제는 여기서 종지부를 찍게 되었다. 그러나 거국일치내각에서 정당 세력이 당장 후퇴한 것은 아니었다. 정우회의 다카하시 코레키요(대장대신)와 야마모토 타쓰오(山本達雄〔내무대신〕) 외에 정우회에서 두 사람, 민정당에서 한 명이 입각하였다.

강경한 태도의 이면

이 시기에 의회는 대외적으로 강경한 자세를 보이고 있었다. 1932년 6월 14일, 제62의회 중의원 본회의에서 정우·민정이 공동으로 제안한 만주국 승인 결의는 전회 일치로 가결되었다. 만철 총재 시대부터 관동군에 협력적이었던 우치다 외상은 일찍부터 만주국 독립·만주국 승인을 주장하였다. 우치다의 이른바 초토 연설('나라를 초토화 시키더라도' 만주국을 승인하겠다)은 8월 25일 의회에서 행해진 것으로서, 9월 15일 일본 정부는 일만의정서(日滿議定書)를 조인하고 만주국을 승인하였다. 우치다는 일본의 행동은 자위이므로 부전조약을 위반하지 않았다, 또한 만주국의 성립은 중국 내부 분리운동의 결과이므로 9개국조약에 위반되지 않는다고 말하였다. 군의 논리와 같은 얘기를 외상이 한 것이다.

리튼보고서를 공표하기 직전 만주국을 단독 승인한 도발적이라고도 할 수 있는 일본의 행위에 대해서는 국제연맹 일본 대표부 외에 조선 총독 우가키 카즈시게 등도 비판하였다. 그러나 일본군을 주둔시켜 교통기관을 계속 장악하기 위해서는 만주국을 정식으로 승인하여 조약을 체결하지 않으면 안 된다는 주장이 차츰 설득력을 높여갔으리라. 「만몽 자유국 설립안 대강」(1931년 11월)에서 독립 정권만으로는 안 되는 이유로서 조약을 체결할 수 없기 때문이라고 한 것을 기억하길 바란다.

일만의정서는, ① 만주국은 지금까지 일본과 중국 사이에 체결된 「중일 간의 조약, 협정, 그 밖의 교섭 및 공적 사적 계약」에 의해 일본국과 일본인이 가진 일체의 권리와 이익을 확인하고 존중한다, ② 일만 양국의 공동 방위를 위해 일본국군은 만주국 안에 주둔한다는 두 가지 내용으로 이뤄져 있었다. 의정서는 지금까지 골칫거리였던 병행선 금지 조항 시비에 종지부를 찍었으며 1915년의 「남만주 및 동부 내몽고에 관한 조약」 제2조에서 인정한 상조권을 처음으로 가능하게 하였다.

의원들의 머리가 만주국 승인, 국제연맹 탈퇴로 굳어져 있었나 하면 그렇지도 않았다. 당시의 문맥으로는 승인과 탈퇴가 연동되지 않았다는 것을 우선 이해해둘 필요가 있을 것이다. 외교관 출신의 중의원 의원 아시다 히토시(芦田均)는 정우회 기관지에 「리튼보고서와 만주 문제」(『정우〔政友〕』1932년 11월호)를 발표했는데, 만주국 승인을 당연하다고 전제한 후 다음과 같은 냉정한 판단을 설명하였다.

국제연맹총회가 일본의 주장을 무시하는 듯한 조사위원회의 보고서를 채택하였다 해도, '국제연맹규약 해석에 따르면 국제연맹의 권고를 승인하지 않는 것이 당장 규약 위반이 되지는 않는다. 따라서 국제연맹이 우리가 승낙할 수 없는 안을 권고로서 강요하는 경우에는 우리나라는 과감히 그 권고에 응하지 않겠다는 태도를 유지하면 된다.' 제재 가능성이 없는 이상 일본은 탈퇴할 필요 같은 것은 없다고 아시다는 주장하였다. 정당 기관지를 세심하게 읽으면 정당에는 국제연맹 탈퇴 의사가 사실상 없었음을 알 수 있다(이노우에 토시카즈〔井上寿一〕, 『위기 속의 협조 외교』).

국민들 사이에는 만주국 승인과 국제연맹 탈퇴를 연결지어 탈퇴 불사 풍조가 확산되고 있었다. 도쿄제국대학 교수로서 당시 궁내성과 외무성의 법률고문이었던 국제법학자 다치 사쿠타로(立作太郞)는 탈퇴론을 진정시키기 위한 논의를 전개하였다. 탈퇴를 서두르는 속론은 만주사변과 상해사변(제1차)이 연결된다는 점에서 국제연맹규약 제15조로 제소된 이상 제16조의 제재 가능성이 생기고 그 적용을 피하기 위해서는 탈퇴해야 한다고 논하는 사람도 많았다. 다치는 이에 대해, 그러나 분쟁 당사자인 중일 대표자를 제외하고 국제연맹이사회 혹은 총회 대표 전부의 동의를 얻은 보고서에 따른 권고를 받았다 해도 그것은 원래 조정 수속에 속하는 것이기 때문에 권고 자체는 법률상의 구속력이 없고 지키지 않아도 법률상의 의무 위반이 되는 것은 아니다. 따라서 일본은 단순히 이를 수락하지 않는다는 입장을 취하면 된다고 말하였다. 아시다의 논리와 같았다.

또한 제16조 제재도 제15조의 귀결이 아니라는 점에 대한 주의를 환기시켰다. 제16조가 문제 되는 것은, '분쟁 당사국을 제외한 가맹국이 전원 일치로 결정한 권고에 상대국이 굴복할 때 우리 쪽이 전쟁을 일으킬 경우에 비로소 사용하게 되는 것'이다(다치 사쿠타로, 『국제연맹규약론』).

분명히 다치가 말한 것처럼 제16조는 제15조에 따른 약속을 무시하고 전쟁을 일으킨 경우, 즉 제15조에 의한 권고가 나간 후에 '새로운 전쟁'을 시작한 경우에 제재가 적용된다고 해석할 수 있다. 이 논점은 1933년의 열하 작전에 대해 큰 문제가 된다는 점을 기억해두기 바란다.

우치다 외교의 진의

만주에 대한 우치다의 정책은 분명히 강경해 보였다. 그러나 그것이 우치다의 중국정책 전체가 강경했다는 것을 의미하지는 않는다. 우치다는 중국 내부의 권력 대립을 주시하고 있었다. 1932년 4월 24일 전 행정원장이자 입법원장인 손과는 '항일 구국 강령'을 발하여 미국, 소련과의 연대를 부르짖었다. 또한 5월 왕조명이 행정원장을 맡은 행정원은 국민당 중앙정치회의에 대해 소련과의 즉각적인 국교 회복을 요구하였다. 손과나 왕정위 등은 장개석의 소련 정책과 모순되는 결정을 했다. 그러나 6월 6일의 국민당 중앙위원회의는 당장은 소련과 불가침조약만을 체결하여 중국에 대한 소련의 선전을 저지한다는 안을 결정하여 행정원 안을 거부했다. 나아가 장개석은 6월 중순 정군

(政軍) 수뇌부를 비밀리에 여산(廬山)에 소집한 회의에서 소련과의 관계에 대해서는 현상 유지에 중점을 두고, '공산당을 타도한 후 일본에 대항한다'는 방침을 결정하여 귀임하는 장작빈 주일 공사를 불러 '일본에 대해서는 제휴주의를 택한다'는 방침을 일본 측에 전하게 하였다. 6월 장개석은 제4차 공산당 소탕작전을 재개하였다.

8월 24일 장개석은 장작빈에 대해 '만일 일본 당국에게 방침을 다소 변경하여 중일 간의 친선을 새롭게 도모할 전기가 있다면 중국은 당장 교섭을 시작하기로 한다. (중략) 나는 책임지고 이 일을 맡는다'는 극비 전보를 보냈다(록석준[鹿錫俊], 『중국 국민정부의 일본에 대한 정책』). 우치다는 이러한 장개석의 의향을 알고 초토 연설을 하였던 것이다. 우치다는 소련에 유화적인 손과 등의 세력을 배척하고 장개석·왕정위 합작 정권이 만주국을 사실상 인정하는 선에서 중일 직접 교섭을 유도할 것을 기대하고 있었다. 또한 중국 측이 '내심 국제연맹에 기댈 수밖에 없다는 것을 알지만 국제연맹을 붙들고 국민 앞에 내놓을'(1932년 12월 19일) 필요가 없도록 중국 측을 중일 직접 교섭으로 유도해야 한다고 국제연맹 일본 대표에게 지시하였다(사카이 데쓰야, 『다이쇼 데모크라시체제의 붕괴』). 국민정부 안의 미국, 소련 연대파에 대한 압박을 우치다는 노렸던 것이다.

1932년 9월 15일의 일본의 만주국 승인은 중국 국내에서 소련연대파의 주장을 다시 설득력 있게 하였다. 중국은 소련이 만주국 승인으로 내닫는 것을 두려워하여 불리한 조건을 받아들여 12월 12일 중소 국교 회복을 단행하였다. 그러나 장개석·왕정위 정권의 반공 반소의 입장과 '일본의 화는 갑작스럽지만 작고, 소련의 화는 천천히 오지만 크다'는 견해에 변화는 없었다.

총회에서의 파문

국제연맹 특별총회는 1932년 12월 6일에 열렸다. 안혜경 중국 대표는 총회에서 일본을 국제연맹규약, 부전조약, 9개국조약의 위반자라고 선언해야 하며, 일본군의 철수와 만주국 정부의 해체를 바란다고 말하였다. 그러나 제16조에 의한 경제 제재를 요구하지는 않았다.

체코의 베네시 외상은 일본의 행동이 부전조약 위반이고 국제연맹규약 대부분을 부정한 것이며, 또한 만주국의 성립에 대해서는 규약 제10조 위반이라며 '기정사실은 세계 평화를 위해 가장 위험한 것'이라고 호소하였다. 아일랜드 대표나 스위스 대표도 마찬가지로 중국 측에 섰다. 스페인 대표는 규약 제10조, 제12조에도 불구하고 일본의 행동을 예외로 인정한다면 '일체의 사건들은 예외적 사건이 될 것'이라고 말하며 법과 질서 유지가 중요하다고 하였다.

일본 전권 마쓰오카는 국제연맹에 제시해야 할 해결안은 유효하게 실행할 수 있는 것으로서 극동의 평화를 안전하게 유지할 수 있는 것이 아니면 안 된다고 말하였다. 그 후에도 각국 대표의 연설이 계속되었으나, 12월 7일의 영국 외상 사이먼의 연설은 논란을 불렀다. 사이먼은 리튼보고서 제9장에서 '한 나라의 국경이 인접국 군대의 침략을 받은 것 같은 간단한 사건이 아니다'라는 부분을 언급하며, 중국 측은 자국에 배타적 감정은 없다고 하지만 보고서에도 있는 것처럼 배타주의가 엄연히 존재한다며 실제적인 해결이 필요하다고 말하였다.

영국이 중국 측을 가장 분개하게 한 것은 아마도 '나는 직접 교섭에 대해 들었다. 만약 그것이 좋은 결과를 가져오는 것이라면 전력을 다해 지지하고 싶다'라는 부분일 것이다. 중국은 일본과의 직접 교섭에 나서라고 사이먼은 말한 것이다. 이튿날인 8일 캐나다 대표 또한 중국은 국제연맹 가맹국이 되는 필요조건인 강력한 중앙정부를 가지고 있는가 하는 개인적 의문을 제기한 후, '이번 사건 때문에 국제연맹의 권위가 실추된다는 논의'는 너무나 과장되므로 받아들여서는 안 된다고 말하였다. 영국과 캐나다의 발언을 들은 약소국들은 영연방이 결탁하여 국제연맹의 이상을 배신하는 것이 아닌가 하고 충격을 받았다(손, 『만주사변은 무엇이었는가』 하).

사이먼이나 일본 대표부가 만주사변의 특수성을 호소한 것은 적어도 주관적으로는 중국의 통치 능력을 폄하하는 데 중점을 둔 것이 아니라, 만주사변에 대한 국제연맹의 처리가 장래의 자국 안전보장에 직결된다고 생각하는 약소국의 불안을 극동에서 일어난 특수한 사건이라는 논리로 불식시키려는 것으로 볼 수 있다(사카이 데쓰야, 「'동아협동체론'에서 '근대화론'으로」).

12월 8일 오후 총회에서의 중국 대표의 마지막 연설은 곽태기(郭泰祺)가 맡았다. 곽태기는 일본에서의 군벌의 성장, 중국 측의 저항력, 일본의 재정 상태보다도 중국 측이 강하다는(환율 하락이라는 의미에서) 것, 일본은 보이콧을 중대한 국제범죄처럼 여기지만 중국 측은 보이콧을 '부당한 공격에 대한' 보복 수단이라고 생각하고 있다고 말하였다. 곽태기가 말한 보복이란 '머리말'에서 말한 것처럼 국제 불법행위의 중지나 교정을 요구하는 피해국이 행하는 강력 행위를 말하는 것으로서, 상대국이나 그 국민의 권리를 침해해도 위법성이 없다. 그때 비교적 많이 사용되는 방법은 상대국 국민이나 화물의 억류, 영토의 일부 점령 등이었다. 즉 곽태기는 보이콧이 위법이 아니라고 주장한 것이었다.

총회 마지막에는 마쓰오카가 연단에 섰다. 그는 태평양에 면한 강대국 미국과 소련이 국제연맹에 가맹되어 있지 않은 것이 극동 정세이며 또한 국제연맹이 반드시 완전한 체제로서 극동에 임할 수 없는 현실을 볼 때 '일본이 국제연맹규약 그 자체로 심판을 받는 것은 절대로 불가하다고 여러분 앞에서 밝히는 것은 매우 상식적이고 다 아는 이야기가 아닌가?' 하고 반문하였다. 마쓰오카는 미국과 소련이 국제연맹에 가입하지 않은 데서 오는 극동의 불안정을 일본이 담보해 왔으므로 규약을 일본에 엄격하게 적용하여 심판하는 것은 부당하다고 호소하였다.

이를테면 리튼보고서의 해결안이었던 국제헌병대 구상을 생각해볼 경우 이 군대가 편성되기까지 '만주를 어떻게 둘 것인가? 또한 보고서가 말하는 해결안은 중국에 '강력한 중앙정부'가 존재하는 것을 전제로 하고 있는 것은 아닌가?

마쓰오카는 이미 중국과 일본 사이에 펼쳐진 법률론에 따라 일본을 정당화하려는 것이 아니라 국제연맹이 말하는 이상안이 엄격하게 적용될 경우 극동지역에 발생할 혼란을 청중들에게 환기시키려고 노력하였다. 마쓰오카가 연설한 12월 8일 밤, 주네브의 호텔 메트로폴에서는 『리튼경 일행의 만주 시찰』이라는 영화가 상영되었다. 이 영화가 만철이 제작한 '선전' 영화라는 것은 말할 필요도 없으나 600여 명의 관객이 들었다고 한다. 은막 위에서는 분명히 '국가'가 존재한 것이리라.

총회는 12월 9일 19인위원회에게 리튼보고서와 총회의 토의를 통해 가능한 한 빨리 해결안을 제출하도록 요구하는 결의를 채택하고 종료하였다. 15일 위원회는 총회에 제출할 결의안 초안을 작성하였다.

천황의 불신

　이후 타협을 위한 일본 대표의 노력은 마쓰오카의 라디오 연설 부분에서 이미 설명하였다. 국제연맹 일본 대표가 미국과 소련을 포함한 화협위원회안에 타협할 것을 건의한 이래 우치다는 1개월여에 걸쳐 계속 반대해왔다. 우치다로서는 중국에 영향력을 행사할 수 있는 미국이 나서면 국민정부 안에 모처럼 생긴 직접 교섭 기운이 날아가 버릴 것을 염려한 것이었으리라. 우치다가 보낸 1933년 1월 17일자 전보는 '미국과 소련 초청은 (중략) 중국 측의 타자 의존주의를 자극한다는 점에서 미국과 소련 초청이 가장 어리석은 정책'이 되는 이유라고 결론지었다. 육군 대표 다테카와조차 찬성한 타협안을 우치다가 매장시킨 순간이었다.

　우치다는 탈퇴하지 않고 마무리할 자신이 있었던 듯하다. 천황에 대해, '국제연맹 쪽은 매우 낙관적으로 마침내 한고비를 넘었으니 탈퇴 등은 없을 것입니다'라고 상주했다고 한다(『마키노 노부아키 일기』 1933년 1월 19일). 1월 17일의 전보에서 우치다는 대표부 앞으로 '힘을 다해서 결의안 및 의장 선언 모두 눈에 띄게 개선하여' '지금 밀어붙여야 할 때라고 생각'한다며, '아직 탈퇴 또는 철수 등을 문제 삼을 시기는 아니라고 생각한다'고 적어 보냈다.

　그러나 진실은 마키노의 냉담한 평가를 담은 일기의 다음 내용에 있었으리라. '성상께서는 외람되게도 전혀 납득하신 것 같지 않았다.'

천황은 우치다의 낙관적 상주를 전혀 신용하지 않았다. 국제연맹 사무국에 의한 타협안이나 사이먼에 의한 마지막 타협안도 일본이 받아들일 수 있는 것은 아니어서 1933년 2월 6일 제15조 제4항에 의한 권고안을 심의하게 되었다. 19인위원회의 채택을 거친 제15조 제4항에 근거한 권고가 2월 16일 발표되었는데 주네브의 일본 대표부에게는 15일 밤에 내시되었다.

권고안은 리튼보고서를 바탕으로 한 화협안보다 엄격해졌다. 중국의 보이콧에 대해 1931년 9월 18일 이후의 보이콧은 '보복 행위'로 인정하고, 중국 측은 일체 책임이 없다고 보았다. 일본 측은 중재 재판에 의해 해결을 도모해야 한다고도 설명하였다. 권고안은 리튼보고서 제9장의 10가지 조건을 열거한 후 ① 일본 군대가 주둔지 부속지 이외의 장소에서 철수할 것을 권고, ② '만주의 현 제도(the existing regime in Manchuria)의 유지 및 승인'은 배제되며, '만주국은 법률상으로도 사실상으로도 계속해서 위의 제도를 승인해서는 안 된다'고 말하였다. ②는 만주국의 존재는 지금도 앞으로도 인정하지 않는다고 명확히 밝힌 것이다.

리튼보고서는 제9장에서 장학량 정권의 만주 복귀를 배제한 후 '장래의 만족할 만한 제도는 어떤 과격한 변경 없이 현 제도를 진전시킨 것이어야 한다'는 완곡한 표현에 의해 만주국과 장래 정권과의 연속성도 시사하였으나 권고는 이와는 분명히 달라졌다.

두 개의 탈퇴론

정당도 우치다 외상도 국제연맹 탈퇴를 사실상 생각하지 않았다는 것은 앞에서 이미 설명하였다. 마쓰오카 또한 국제연맹과의 타협을 추구해왔다. 오히려 탈퇴론은 의외의 부문에서 나타났다. 전문 외교관 사이에서는 오히려 탈퇴론이 비교적 일찍부터 대두되었다. 약소국의 의향에 구속되기 쉬운 국제연맹을 떠나 사태가 진정되는 것을 기다리면서 국제문제의 해결은 강대국의 협의로 진행하는 것이 좋다는 의견이었다. 이를테면 주프랑스 대사 나가오카 슌이치(長岡春一)는 '탈퇴할 경우 만주 문제는 사실상 연맹의 손을 떠나고 온건한 의향을 가진 강대국 측은 과격분자의 간섭을 벗어나 이 문제에서 자유로운 입장에 놓이게 될 것이다'(1932년 4월 4일)고 건의하였다. 분명히 역사적 사실은 각국이 곧 만주를 잊었다는 것을 가르쳐준다. 전쟁 채무 지불을 둘러싼 미국과 프랑스의 대립, 베르사이유체제에 대한 독일의 이의 제기로 군축을 둘러싼 영국과 프랑스의 대립 등 문제는 산적해 있었다.

탈퇴론의 두 번째는 국제법학자 다치 사쿠타로가 논한 제16조의 제재문제에 관련되었다. 다치는 안이한 국제연맹 탈퇴론을 억누르기 위해 제15조의 화해나 권고를 무시하고 새로운 전쟁에 호소하는 경우에만 제16조 적용이 시작된다고 논하였다. 문제는 '새로운 전쟁'의 내용에 있었다. 관동군이 만주국을 완성하기 위해 전부터 그들의 인식으로는 만주국의 영역에 속한다고 보고 있던 열하성(熱河省)에서 전투를 시작한다면 어떻게 될 것인가? 19인위원회에 의한 권고가 채택된 후 전투를 시작하는 경우 어떻게 될 것인가? 중국은 물론 영미 열강 또한 열하성에서의 전투를 '새로운 전쟁'으로 볼 것이다. 그렇게 되면 제재나 제명을 우려해야 될 것이다. 이렇게 생각한 사이토 내각 내부에서 탈퇴론이 급속히 확대되어 갔다.

열하 작전과의 관련

1933년 1월 13일 각의에서 사토 내각은 열하 지역에 한정하는 선에서 작전을 승인하였다. 이 당시 국제연맹은 제15조 제3항의 화협안 작성 단계에 있었다. 관동군의 인식으로는 만주국 영역 안에 열하성이 있으므로 만주국으로부터 '영역 안에서 군사행동상 필요한 자유를 보장' 받고 있던 일본군이 행동을 일으키는 것은 아무 문제도 없다고 생각하고 있었으리라.

참모본부가 1932년 3월에 작성한 「열하성 병요지지(兵要地誌)」에 의하면 열하를 획득하는 이점은 ① 서쪽과 북쪽으로 인접하는 중국과 소련으로부터 만주국을 격리시키는 완충지대가 될 수 있다는 점, ② 평진(平津)지방(북평과 천진)을 영유하는 데 있어서 동쪽으로부터의 작전이 가능하게 된다는 점, 두 가지에 있었다. 석탄 입수나 아편 수입의 확보, 장학량군 격멸은 오히려 부차적인 것이었으리라. 육군 당국은 1933년 1월 11일 '열하성이 만주국의 일부라는 것은 엄연한 사실이다. 따라서 열하성 안에서 치안을 불안하게 하는 것은 만주국의 불령분자(不逞分子)'라는 논리로 설명하였다. 새로운 대외 전쟁이 아니라 만주국 내부에서의 경찰적인 진압이라는 것이었다. 우치다 외상 또한 1월 21일 '이른바 열하문제는 순수한 만주국 내부의 문제'라는 견해를 제국의회에서 설명하였다(우치다 나오타카〔內田尚孝〕,『만주사변의 연구』).

이미 정해진 계획의 일부라는 감각은 참모총장과 천황 사이에도 공유되어 있었다. 각의 결정을 거쳐 16일 입궐한 간인노미야 참모총장에 대해 천황은 '지금까지는 만주 문제를 잘 해왔으나 열하 방면의 문제도 있으므로 충분히 신중하게 처리하여 공든 탑을 무너뜨리지 않도록 하라'고 말하였다(『기도 코이치 일기〔木戶幸一日記〕』). 이를 알게 된 내대신 마키노는 국제연맹규약과의 관계상 열하문제가 가진 위험성을 알아차렸을 것이다. 19일 '황족 참모총장에 대한 말씀은 통수 범위에 속하며 그 영향은 경우에 따라 내각의 문제도 될 수 있으므로 수상도 알고 있어야 할 일이라는 생각'(『마키노 노부아키 일기』)을 천황에게 상주하여 허가를 얻었다. 마키노의 배려에 따라 참모총장 상주에 대해 천황이 허가한 건이 수상에게도 전해졌다.

제명에 대한 공포

사태는 2월 8일에 일어났다. 현지 시각으로 6일, 국제연맹의 수속이 제3항의 화협안에서 제4항의 권고안으로 이행되었음이 내각에 전해졌을 것이다. 이날 사이토 수상은 열하 공격은 국제연맹과의 관계상 실행하기 어려우므로 내각으로서 동의할 수 없으며, 오후에 각의를 열어 논의할 예정이라고 천황에게 전하였다. 1월 13일 각의 결정을 철회하고 싶다는 것이었다. 화협안으로 타결될 가능성이 있는 한 열하 작전은 위험하지 않았다. 그러나 권고안은 제재나 제명으로 연결된다.

사이토의 상주에 놀란 천황은 시종무관장 나라 타케지에 대해 '지난번 참모총장에게 열하 공략은 할 수 없는 일이라고 양해했는데 이를 취소하고 싶다. 간인노미야에게 전하라'고 명하였다. 국제연맹에 남으려는 사이토의 방침을 천황은 지지하고자 하였을 것이다. 천황은 이때 처음으로 1월 16일 자신이 참모총장에게 전한 말이 상황을 구속하게 되었다는 것을 깨달았다.

2월 11일 천황은 새로운 걱정에 빠지게 되었다. 사이토가 이날, '열하 작전을 감행하면 국제연맹규약 제12조에 의해 일본은 제명될 우려가 있으므로 중지시키려 하지만 군부는 이미 재가를 얻었다고 강력히 주장하므로 중지시킬 수가 없습니다'(『시종무관장 나라 타케지 일기 회고록』)라는 고충을 천황에게 전하였기 때문이었다. 나라는 천황의 모습을 '성심이 크게 불편하시다'라고 묘사하였다. 천황은 '통수 최고 명령으로 이를 중지시킬 수 없겠는가?' 하고 약간 흥분하여 나라에게 명했다고 한다.

나라는 수상의 발언은 일단 이해할 수 없는 부분이 많다고 하였다. 제명 위기가 정말 있다고 해도 사이토 수상이 말하는 대로 천황이 이미 참모총장에게 내린 재가를 번복하는 것은 잘못이라고 논하였다. '국책상 해를 끼치는 일이라면 각의에서 열하 작전을 중지시켜야 한다. 국책을 결정하는 것은 내각의 일로서 각외에서 이것저것 지시할 수는 없으며 열하 작전 중지도 내각에서 해야 한다.' 결정이 잘못되었다고 내각이 천황에게 의존하려는 것은 잘못이며 각의 결정을 수정하면 된다고 나라는 답하였다.

수상과 천황이 그 정도로 낭패하게 된 것은 '열하는 만주의 일부'라는 논의의 맹점을 깨달았기 때문이었다. 앞에서 다치 사쿠타로가 규약 제16조에 따른 제명이 문제가 되는 것은 '분쟁 당사국을 제외하고 가맹국 전원이 일치하여 결정한 권고에 상대국이 복종할 때 우리 쪽에서 전쟁을 일으키는 경우 비로소 문제가 된다'고 논한 부분을 떠올리기 바란다. 제명은 국제연맹규약을 위반한 연맹국에 대하여 이뤄진다. 규약 제12조에는 '이사회의 보고 후 2개월을 경과할 때까지 어떠한 경우에도 전쟁에 호소하지 않을 것을 약속한다'는 조문이 있었다. 열하 침공이 만주사변과 연속되지 않는 새로운 전쟁이라고 국제연맹이 본다면, 규약 제12조 위반이 되어버릴 것이다.

▶표 4-7. 국제연맹규약 제10조(영토보전과 정치적 독립), 제12조(국교 단절에 이를 우려가 있는 분쟁)

제10조 연맹국은 연맹 각국의 영토 보전 및 현재의 정치적 독립을 존중하거나 외부의 침략에 대해 이를 옹호할 것을 약속한다. 이러한 침략의 경우 또는 다른 위협 혹은 위험할 경우에는 연맹 이사회는 본 조의 의무를 이행해야 할 수단을 구신해야 한다.
제12조 연맹국은 연맹국 간에 국교 단절에 이를 우려가 있는 분쟁이 발생할 때는 해당 사건을 중재재판 혹은 사법적 해결 또는 국제연맹이사회의 심사에 부쳐야 하며, 중재 재판관의 판결 혹은 사법재판 판결 후 또는 국제연맹이사회의 보고 후 3개월이 경과할 때까지는 어떠한 경우에도 전쟁에 호소하지 않을 것을 약속한다.

탈퇴로

열하 작전은 철회할 수 없다. 제16조가 적용될 수도 있다. 내각은 그렇다면 신속하게 탈퇴해야 한다는 방침을 택하였다. 2월 20일 각의는 국제연맹총회가 권고를 채택할 경우 탈퇴한다고 결정하였다. 22일 일본군은 열하 침략을 시작하였다. 24일의 국제연맹총회는 권고안

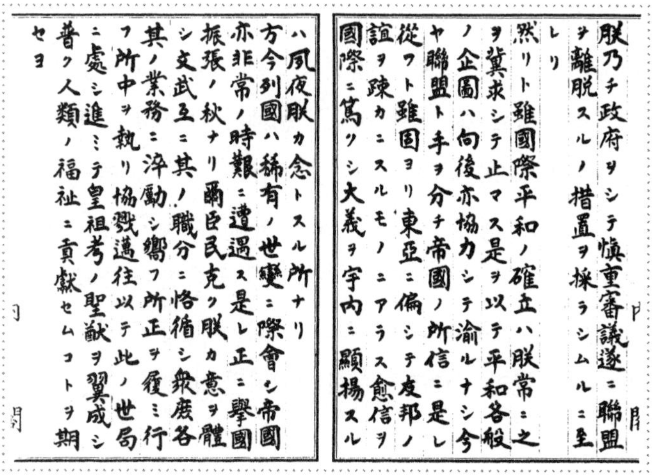

朕乃チ政府ヲシテ愼重審議遂ニ聯盟
ヲ離脱スルノ措置ヲ採ラシムルニ至
レリ
然リト雖國際平和ノ確立ハ朕常ニ之
ヲ冀求シテ止マス是ヲ以テ平和各般
ノ企圖ハ向後亦協力シテ渝ルナシ今
ヤ聯盟ト手ヲ分チ帝國ノ所信ニ是レ
從フト雖固ヨリ東亞ニ偏シテ友邦ノ
誼ヲ疎カニスルモノニアラス愈信ヲ
國際ニ篤クシ大義ヲ宇内ニ顯揚スル
ハ夙夜朕カ念トスル所ナリ
方今列國ハ稀有ノ世變ニ際會シ帝國
亦非常ノ時艱ニ遭遇ス是レ正ニ擧國
振張ノ秋ナリ爾臣民克ク朕カ意ヲ體
シ文武互ニ其ノ職分ニ恪循シ衆庶各
其ノ業務ニ淬勵シ嚮フ所正ヲ履ミ行
フ所中ヲ執リ協戮邁往以テ此ノ世局
ニ處シ進ミテ皇祖考ノ聖猷ヲ翼成シ
普ク人類ノ福祉ニ貢獻セムコトヲ期
セヨ

▶ 사진 4-6. 국제연맹 탈퇴 조서의 일부(아시아역사자료센터 소장).

을 채택한다고 결정하였다. 투표 총수 44, 찬성 42, 반대 1(일본), 기권 1(샴). 제15조 제10항 규정에 따라 기권은 결석으로 치기 때문에 만장일치로 권고가 채택되었다. 일본군은 제6, 제8의 2개 사단을 중심으로 3월 4일 열하성의 성도 승덕(承德)을 함락시켰다(야스이 산기치〔安井三吉〕,『류조호사건에서 로구교사건으로』).

국민은 어떻게 받아들였을까? 나가노 현(長野県)의 양잠지대로 알려진 시모이나(下伊那) 지방의 도민대회는 탈퇴를 결의하였다. 이 지역에서는 지역 유수의 명망가였던 모리모토 슈헤이(森本州平)를 중심으로 1924년부터 국민정신작흥운동이 활발했다. 1933년 2월 11일의 대회 선언에서는 '만주국의 독립과 우리의 정당한 자위권을 부인하고 나아가 항일, 일본제품 배척운동을 정당시하는 것은 동양의 평화를 어지럽히고 국제연맹의 정신을 스스로 저버리는 것' 이라고 말하였다.

중국 측에서 본 열하

열하 작전의 일본 측 의도는 이미 설명하였다. 그렇다면 중국에서 보면 어떨까? 1932년 5월 15일 장개석은 장학량에게 열하성 주석 탕옥린(湯玉麟)의 처분을 명하였다. 탕옥린이 관동군이 주최한 북벌행정위원회에 참가하여 만주국 건국 선언에 서명했기 때문이었다. 장개석은 산해관(하북성)과 열하성이 동북군의 근거지였기 때문에 장학량에게 탕옥린을 처벌하게 하고 이번 건을 계기로 열하성을 국민정부 통치 아래 편입시켜 만주국에 대한 게릴라전의 기지로 이용하려고 생각하고 있었다.

그러나 장학량은 탕옥린을 직접 처벌하지 않고 장학량의 직계군인 제7여단과 제16여단을 열하에 파견하는 것으로 처리하려고 하였다. 그러나 이러한 조처로는 관동군의 열하 침공을 초래한다고 생각한 장개석은 1932년 7월 장학량에 대해 3개 여단을 열하에 진출시키고, 장개석 자신도 직계부대를 파견하여 탕옥린을 차하얼성으로 좌천시키는 안을 제시하였으나 장학량은 이 안에 동의하지 않았다. 장개석의 7월 20일 일기에는 장학량의 죄는 '매국노'에 해당한다고 분노하는 글이 적혀 있었다.

장개석의 종용에 장학량이 응하지 않은 것도 무리는 아니었다. 같은 무렵 7월 21일 관동군 사령관 혼조 시게루는 간인노미야 참모총장에게 보낸 글에서 '열하 경략과 장학량 정권의 타도는 방패의 양면으로서 양자를 관련시켜 실행해야 하므로 무리는 금물'이라고 적었다. 장성을 넘어 장학량의 동북군이 열하에 들어서면 관동군에 의해 동북군은 격멸될 것이다. 이 시기는 리튼조사위원회가 북평에서 보고서를 집필하던 최종 단계였다. 그 후로도 장학량은 주저하였으나 12월 열하성에 5개 여단을 보내고 장개석의 북상을 요구하였다.

그러나 장개석은 공산군 소탕을 이유로 북상을 숙고하였다. 장학량에 대한 장개석의 냉담한 태도는 이 정도의 장학량의 직계부대가 있으면 일본은 공격해오지 않을 것으로 관측하고 있었기 때문이었다. 장개석은 일기에 일본이 '국내에서 5개 사단을 동원하지 않는 한 열하성 공격전은 무리다'(1933년 1월 7일 자)라고 적었다. 그러나 현실은 장개석의 예측을 뒤엎고 2월 23일 관동군 2개 사단에 의한 열하 침공작전이 시작되었다. 2주도 되기 전에 열하성이 함락되자 장개석은 장학량의 사임을 요구하였으며 3월 9일 장학량은 사임하였다(황자진,「장개석과 만주사변」).

제5장 중일전쟁으로

상해의 병원에 도착한 일본 적십자사 구호 간호사(1937년 9월, ⓒ 마이니치).

1. 외교전

당고(塘沽) 정전협정

1933(쇼와 8)년 2월 23일, 일본군이 열하를 본격적으로 공격하기 시작하자, 중국군은 일부를 제외하고 퇴각하였다. 북경대학 교수로서 왕조명이나 장개석에게 두터운 신뢰를 얻고 있던 호적은 중국군의 퇴각을 비판하였다(「전국진경이후〔全國震驚以後〕」, 『독립신문』, 1933년 3월 12일). 그는 '중국이 왜 이토록 잘못되었는가를 깊이 반성하지 않으면 안 된다. (중략) 스스로 국가를 정돈하지 않고 빈말로 모든 강적을 타도하려고 하거나 (중략) 모든 선진국의 문화와 무장을 경멸하거나 자국의 근대화를 위해 노력하지 않고 이 냉혹한 현대사회에서 자유 평등의 지위를 얻으려는 망상에 빠져 있었다. 이는 모두 망국의 징후였다. 우리가 열하의 참패에서 얻은 가장 큰 교훈은 우리나라가 놓인 지위를 깊이 인식하고 약한 나라로서의 참된 부흥의 길을 착실하게 걷지 않으면 안 된다는 것이다' 라고 말하였다.

▶사진 5-1. 제4회 태평양회의에 출석한 호적(왼쪽 끝)(1931년 10월, ⓒ 마이니치).

호적은 급진화한 국민 여론을 비판하는 한편, 국민정부(당) 내의 대일 강경노선을 비판하고, 장개석·왕조명의 견실한 노선에 기대를 걸었다. 같은 해 4월 23일, 왕조명은 호적에게 보낸 서한에서 다음과 같이 적었다. 국제사회에서 일본은 도의적으로는 고립되었지만 군사나 경제적으로는 '무도(無道)'이면서도 발호(跋扈)할 수 있는 실력을 가지고 있다. 반대로 중국은 도의적으로는 동정을 얻었다 해도 군사나 경제적으로는 열강의 원조를 아무것도 얻지 못했기 때문에 실제로는 마찬가지로 고립되어 있다. 군사적·경제적으로 고립된 중국과 도의적으로 고립된 일본의 대항은 길게 지속될 수 있는 것은 아니다. 왕조명은 이렇게 분석하고 일본과 정전하는 길을 선택하게 되었다.

5월 31일, 관동군 참모부장 오카무라 야스지(岡村寧次)와 중국군 대표 북평분회 총참모 웅빈(熊斌) 사이에 당고(塘沽) 정전협정이 체결되었다. 중국 측은 관동군을 동북 지방의 '지방 당국' 군이라고 보고 자신들도 북평정무정리위원회(이하 정리회로 약칭. 위원장 황부)와 군사위원회 북평분회(위원장 대리 하응흠(何応欽))를 설치하였다. 만주 지역의 '지방 당국' 군인 북평분회와의 정전이라는 타협 형식을 짜낸 것이다.

그런데 중국 측의 접수 범위에 장성선(長城線)은 포함되지 않았고, 일본 측은 경비상의 문제를 이유로 전구(戰區, 만주국과 중국을 사이에 둔 장성 부근의 비무장지대) 안의 자국군 주둔을 반강제로 인정시켰다. 정리회의 대표가 된 황부는 절강 사람으로서 동경육군육지측량부 수기소(東京陸軍陸地測量部修技所)를 졸업한 지일파이기도 했다. 1913년 제2혁명이 실패로 돌아가자 일본에 망명하였으며 1927년 이래 상해 특별시장, 외교부장 등을 역임하였다(미쓰다 쓰요시〔光田剛〕, 「화북 '지방' 외교에 관한 고찰」).

일본에 대해 강경파로 보였던 나문간(羅文幹) 외교부장은 8월, 송자문 재정부장 겸 행정원 부원장은 10월에 각각 경질되었으며, 왕조명 행정원장이 외교부장을 겸임하고 왕조명 아래서 일본 유학 경험이 있는 당유임(唐有壬)이 외교부 차장으로 취임하였다. 그런데 당고정전협정은 반드시 국민정부의 일본에 대한 전면적 타협을 의미하지 않았다. 장개석은 정전협정 다음 날인 6월 1일, 열하 작전의 교훈을 총괄하여 화북의 이후의 국방계획을 입안하는 군부회의를 개최하라고 지시하였으며 국민정부 지도부 또한 인내(10년 이내의 설욕을 목표로 국가 건설을 확실히 진행한다), 도회(韜晦, 일본에 대한 유화로 외교를 엄호하고, 외교를 통해 군사를 엄호한다), 지구(持久), 비자극을 앞으로의 방침으로 삼았다(록석준, 『중국 국민정부의 대일 정책』).

세계의 침묵

일본의 국제연맹 탈퇴와 중국의 열하 패배에 의해 세계의 관심은 국제연맹에서 멀어졌다. 1932년 11월 민주당의 루스벨트가 대통령에

당선되자 미국은 국제연맹과 거리를 두는 고립주의적 색채를 강화하여 공황 극복을 위한 보호주의적 산업무역정책을 전개해갔다. 미국의 공황은 심각하여 1933년의 국민총생산은 1929년의 3분의 1, 4명 중 1명이 실업자라고 일컬어졌다. 여론도 변화하였다. 1933년 2월 23일 자 〈뉴욕타임즈〉는 중국은 국제연맹규약이 상정하고 있는 '국가'의 정의에 해당하지 않는 것이 아닐까라는 의문을 표명하게 되었다(손, 『만주사변은 무엇이었나』하).

미국은 국제연맹총회의 일본에 대한 권고 결정 후 소련과 함께 중소분쟁을 처리하는 국제연맹 자문위원회 참가를 요청받았지만 옵저버 입장 이상의 관여를 완곡하게 거절하였다. 소련 또한 위원회 참가를 거절했을 뿐만 아니라 1933년 5월 중동철로의 북지선(북철)을 만주국 혹은 일본에 매각할 것을 허가하였다. 같은 해 12월 외교인민위원 리토비노프는 주소 대사에 취임 예정이었던 미국 외교관 브리트에 대해 '소련으로서는 내년 봄 일본이 전쟁을 일으킬 것이 틀림없다고 생각한다'고 말하였다(Haslam, The Soviet Union and the Threat from the East, 1933-41).

다카하시(高橋)재정

1931년 12월 이누카이 내각의 대장대신에 취임했을 때 다카하시 코레키요(高橋是清)는 77세였다. 그날로 금본위제를 정지시키고 금 수출 재금지령을 내렸다. 금 유출을 최소한으로 억제해가면서 재금지를 단행하는 동시에 환율 관리를 긴급히 추진했다. 다카하시는 이후 사이토, 오카다 케이스케(岡田啓介) 내각에서도 대장대신을 역임하였다. 일본 경제 회복을 위한 다카하시의 처방전은 세 가지였다.

첫째, 실세를 반영하여 하락을 계속하는 환율 상장을 방임하여 수출 확대, 국제수지 흑자의 흐름을 만들었다. 금 해금 때 100엔에 대하여 49달러 27/32였으나 1933년에는 약 25달러까지 하락하였다. 둘째, 저금리정책을 취하여 기업 등이 확장 자금을 얻기 쉽게 하고 공채 발행을 쉽게 하였다. 셋째로 적자 국채의 일본은행 인수발행제도에 의해 군사비 등의 재정지출을 확대하였다. 다카하시는 군사비를 늘리는 한편, 농촌대책비로서 시국 광구사업비(時局匡救事業費, 구체적으로는 농민에게 현금 수입의 길을 터주기 위해 농촌의 토목사업 등을 일으켰다. 3년간 8억 엔 정도)를 처음으로 계상하였으며, 또한 농촌에 대한 저금리자금으로서 8억 엔 규모를 대여하여 금전이 유통되지 않는 문제를 타개하려 하였다(나카무라 다카히데(中村隆英), 『쇼와경제사』).

이상의 방침을 추진하면서 다카하시가 유의한 것은 자주 통제나 상호 협조를 중심으로 하는 수정자본주의적인 생각에 의해 위기를 극복하려는 재계와 밀접한 연계를 유지하는 것이었다. 또한 다카하시는 농촌 문제가 당파적으로 해결되는 것을 싫어하여 의회를 우회하는 초당파적인 심의회를 설치함으로써 이 문제를 정책적·기술적으로 처리하려고 하였다(마쓰우라 마사타카(松浦正孝), 『재계의 정치경제사』).

때마침 이뤄진 만주국 건국은 기초적인 산업이나 도로 건설 등 많은 건설 자재를 필요로 하는 등 만주 투자를 불러왔다. 본래 만주에서는 관동군의 반자본주의적인 자세가 강하여 만철 중심, 중요 산업의 한 업종 한 회사주의를 부르짖었으나 차츰 닛산(日産) 등 신흥재벌을 비롯하여 관료 등의 전문가에 의한 만주 경영이 이뤄지게 되었다. 만주국에 대해서는 야마무로 신이치의 『키메라 증보판』이 현재 가장 신뢰할 수 있는 연구이므로 이를 참조하고자 한다. 재정지출 확대와 수출 증가에 의해 불황 때 합리화에 의한 경쟁력을 높이고 있던 여러 산업도 생산량을 확대하기 시작하여 군수산업과 무역 관련 산업을 주도력으로 하여 일본은 공황에서 탈출하는 데 성공하였다. 도쿄·오사카 이외 지방에서 예금과 저금액이 증대한 것에서 이 시기 사회 상층과 중간층의 격차가 감소하고 있었던 것을 엿볼 수 있다.

재정 주도로 수요를 확대할 경우 적자가 늘어나게 되는 것을 다카하시도 자각하였기 때문에 1934~35년이 되면 세입 면에서 공채 발행을 점차 줄이는 방침을 택했을 뿐 아니라 세출 면에서도 군사비와 식민지비 이외의 지출에 대해 우선 긴축방침을 취했다. 나아가 국제수지의 파탄을 피하기 위해서는 군사비 억제가 필요하다고 판단하여 군부에 대해 다카하시는 강경한 태도를 취하게 되었다. 2·26사건으로 다카하시가 살해되는 우회적 이유도 거기서 잉태되었다(하라 아키라〔原朗〕,「다카하시 재정과 경기 회복」).

두 개의 외교 노선

1933년 11월 17일에 이뤄진 미소 국교회복은 일본과의 전쟁을 상정하여 소련 측이 미국에 접근한 결과이기도 하였다. 중국에서 장개석·왕조명 노선에 반대하는 사람들에게 미소 국교 회복 소식은 기대를 품게 하였다. 이들은 국민정부(당) 주변의 지식인이나 대일 강경파로서 호적, 손과, 송자문 등이 있었다. 한때 왕조명에게 기대를 걸었던 호적은 당고정전협정 이후로는 왕조명을 멀리하고 소련과의 연대 강화로 활로를 찾고자 하였다. 입법원장 손과도 일본을 견제하기 위하여 미국·소련과의 연대에 기대하여 8월 1일, 자신의 심중을 다음과 같이 고백하였다. 일본이 무도를 행하는 것은 '소련의 새로운 5개년계획이 아직 완성되지 않은 것과 미국 해군이 아직 보강을 마치지 않았기' 때문이다. 따라서 앞으로 3~5년 정도 지나면 일본의 비율이 열세가 되어 버리기 때문에 일본은 대소, 대미전에 나설 것이 틀림없다. 그때를 기다리면 중국에게도 기회가 찾아온다는 생각이었다.

손과의 입장은 미국·소련과 연대해 가면서 일본에 대항하는 것으로 정리할 수 있다. 9월 2일, 면맥차관(綿麦借款, 미국이 5,000만 달러의 현금을 중국에 공여하고 미국에서 면화와 밀을 구입할 수 있게 한다)의 성과를 안고 미국에서 귀국한 재정부장 송자문도 같은 입장이었다. 손과와 송자문의 외교 노선을 여기서는 연외항일(連外抗日, 외국과 연대하여 일본에 대항하는) 노선이라고 부르기로 하자.

그러나 왕조명이나 화북 정정회(政整會)의 황부는 이러한 논의에 끼지 않았다. 왕조명은 다음과 같이 판단하고 있었다. 미국·소련과 일본의 관계가 좋다면 중일 간에 아무 일도 일어나지 않지만 '유사시에 (일본은) 반드시 우리나라를 정복한다. 중국에 어부지리를 허락할 리가 없기 때문이다.' 영국·미국·소련과 일본의 싸움에서는 영국·미국·소련이 이기는 것은 분명하다. 그러나 중국 경제의 중심은 이 100년 동안 북에서 남으로 이동하여 통상활동도 해안선에 집중되었다. 현재의 전쟁은 경제전쟁이 되었는데도 중국군은 자립하기 위한 경제적 기반을 갖지 못했다. 따라서 군대가 해안선에 이동하면 다른 나라의 괴뢰가 되지 않을 수 없으며 군대가 서북 지방에 이동하면 지방의

도적이 될 수밖에 없다. 영국·미국·소련은 승리하지만 승리하기까지 중국은 반드시 파괴된다. 중국은 소비에트가 되든지 영지가 나눠지든지 국제공동관리를 선택하는 수밖에 길이 없게 된다. 이처럼 왕조명은 논리를 세워 나라가 황폐해지기 전에 일본과의 교섭이 필요하다고 보았다. 후에 한간(漢奸)이라 불리게 되는 왕조명이지만 이 암담한 예측은 적중했다. 왕조명 노선을 대일 교섭노선이라 부르기로 하자.

장개석은 기본적으로는 왕조명과 같은 입장이었으나 소련에 대한 정책에서는 왕조명과 약간 달랐다. 장개석은 일기에서 소련에 대한 협조는 의미가 있다. 왜냐하면 일본이 중소 연대를 기피하기 때문이다. '적이 두려워하는 것은 우리가 가장 환영하는 것이며, 적이 서두르려 하는 것은 우리가 지연시켜야 한다.'(1934년 2월 4일)고 적었다. 국민정부의 외교는 일본 육군의 화북 분리 공작이 본격화하는 1935년까지는 왕조명으로 대표되는 대일 교섭 노선을 주류로 하고 수면 아래에 손과로 대표되는 연외항일노선이 있었다고 정리할 수 있다(록석준, 「'연소' 문제를 둘러싼 국민정부의 노선 대립과 '이중 외교'」).

히로타(広田)와 시게미쓰(重光)

일본 측에도 시간이 잔잔하게 흐르기 시작했다. 1933년 9월 14일 외상이 우치다에서 히로타 코우키(広田弘毅)로 바뀌었다. 히로타는 사이토 내각에 이어 오카다 내각에서도 외상을 역임하였다(표 5-1). 히로타가 외상이 되자 극동 국제질서의 재편이 일본에 유리하게 전개되었다. 루스벨트 정권이 탄생하여 외교평론가 기요사와 키요시(清沢

測) 조차도 '법률요해(法律要解) 책에 양복을 입혀놓은 듯한 남자'라고 평한 스팀슨 국무장관은 물러났다. 영국에서도 쳄버린 재무대신이 주도하는 대일 유화공작이 고려되기 시작하였다. 중국에서도 대일교섭 노선 아래 일본 배척, 일본 제품 배척운동의 자제, 개정 관세, 화북 각종 현안 해결이 시도되었다.

히로타 외교를 지탱한 것은 시게미쓰 마모루(重光葵) 차관이었다. 차관으로서의 시게미쓰의 재임 기간은 1933년 5월부터 1936년 4월까지의 장기간에 걸쳤다. 유럽의 국제연맹과는 다른 지역질서가 극동에는 필요하다고 시게미쓰는 생각하고 있었다. '유럽의 국제관계에

▶표 5-1. 1931~41년의 내각과 외상

내각	외상(수상이 겸임할 때는 성만)
와카쓰키 레이지로(若槻礼次郎) II (1931.4.14~1931.12.13)	시데하라 키주로(幣原喜重郎)
이누카이 쓰요시(犬養毅) (1931.12.13~1932.5.26)	이누카이(犬養)→요시자와 켄키치(芳沢謙吉)
사이토 마코토(斎藤実) (1932.5.26~1934.7.8)	사이토(斎藤)→우치다 코사이(内田康哉)→히로타 코우키(広田弘毅)
오카다 케이스케(岡田啓介) (1934.7.8~1936.3.9)	히로타 코우키(広田弘毅)
히로타 코우키(広田弘毅) (1936.3.9~1937.2.2)	히로타(広田)→아리타 하치로(有田八郎)
하야시 센주로(林銑十郎) (1937.2.2~1937.6.4)	하야시(林)→사토 나오타케(佐藤尚武)
고노에 후미마로(近衛文麿) I (1937.6.4~1939.1.5)	히로타 코우키(広田弘毅)→우가키 카즈시게(宇垣一成)→고노에(近衛)→아리타 하치로(有田八郎)
히라누마 키이치로(平沼騏一郎) (1939.1.5~1939.8.30)	아리타 하치로(有田八郎)
아베 노부유키(阿部信行) (1939.8.30~1940.1.16)	아베(阿部)→노무라 키치사부로(野村吉三郎)
요나이 미쓰마사(米内光政) (1940.1.16~1940.7.22)	아리타 하치로(有田八郎)
고노에 후미마로(近衛文麿) II (1940.7.22~1941.7.18)	마쓰오카 요스케(松岡洋右)

적합한 국제연맹규약은 이른바 후진적 국제관계를 규정하는 데 적합하지 않다는 의미에서 미국은 '먼로'주의 제외를 요구했으나 더욱더 뒤처진 국제관계에 있는 극동의 상태로서는 지금 갑자기 유럽과 같은 이상적 평화조약 혹은 조직에 적응하기는 부적당한 상태이다'(「군축회의관계」, 1933년 9월). 중남미의 안전보장을 맡은 미국은 이 지역에 국제연맹 질서를 적용하는 것은 무리라고 판단하였기 때문에 오히려 먼로주의에 의한 제외를 요구했다고 할 수 있다. 보다 뒤처진 지역일 터인 극동에서 오히려 예외를 인정해야 한다는 생각이었다(사카이 데쓰야, 『다이쇼 데모크라시체제의 붕괴』).

5상 회의

1933년 10월 3일부터 5회에 걸쳐 심의된 5상 회의(수상·장상·육상·해상·외상의 5상)에서는 ① 만주국의 건전한 육성과 동양 평화의 확보, ② 1935년 전후의 '국제적 분규'를 미연에 방지하기 위해 주요 열강, 특히 중국·소련·미국과의 친선관계 확립이라는 두 가지가 결정되었다. ②의 설명 부분에서는 앞으로 중국·소련·미국 세 나라가 국제회의 등에서 '연합'하여 일본을 공격할 것으로 예상되므로 외교공작에 의해 가능한 한 다수의 국가를 일본 측에 끌어들일 필요가 있다고 설명하였다.

중국에 대한 외교의 목표는 반일정책의 포기, 일본 배척운동 근절에 두었다. 미국에 대한 외교로서는 1935년에 예정된 군축회의에 대한 외교 준비를 통해 미국의 극동정책을 가능한 한 변화시키는 것으로 특사 파견을 생각하였다. 소련에 대한 외교는 일본의 국체와 건국의 정신이 소련과 매우 다르므로 불가침조약 등의 가능성을 부정하면서 구체적인 현안 해결, 즉 중동철로 매수, 북부 사할린의 석유 이권, 어업 교섭 등에 힘써야 한다고 하였다. 미국과 소련 각각에 손을 쓰는 히로타 외교의 최종 목표가 중국 측의 연외항일 노선을 무력화하는 데 있었음은 분명할 것이다. 눈에는 보이지 않지만 이 시기에는 대일 교섭파를 2국 간 교섭으로 유도하고 싶은 일본과 소련, 미국과 연대하여 일본을 견제하려는 중국 사이에는 수면 아래서의 공방이 계속되고 있었다. 나아가 이 시기는 중국, 일본뿐 아니라 열강 또한 자국에 유리한 연합 형성과 열강의 분열을 목표로 하는 외교를 적극적으로 전개하고 있었다(모리 시게키〔森茂樹〕,「대륙정책과 미일 개전」).

소련에 대한 전쟁 준비

미국에 대한 히로타의 공작을 가장 열심히 지지한 세력으로 육군을 들 수 있다. 미국에 대한 접근을 시도한 것은 소련에 대한 전쟁 준비가 뒤처졌다는 자각에서 비롯되었다. 제2차 5개년계획에 착수한 소련은 1933년 여름 이후 소련과 만주 국경 전체에 걸쳐 견고한 콘크리트 축성지대를 건설하기 시작했다. 1934년 여름 시점에서 극동 소련군은 약 23만으로 증강되었다고 한다. 이에 비해 관동군은 3개 사단, 기계화 1개 여단, 3개 독립 수비대 등 약 5만 명이었다.

1933년 9월 29일 스즈키 요리미치(鈴木率道) 참모본부 작전과장은 소련에 대한 작전에 대해 '필승의 신념을 세우기 어렵다'는 견해를

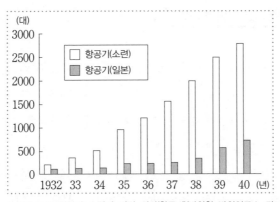

▶ 그림 5-2. 일본과 소련의 병력 격차(항공기)(방위청 방위연구소 전사실 편『전사(戦史)총서 대본영 육군부』 1, 朝雲新聞社, 1967을 근거로 작성).

육군성 군무국 신문반장인 스즈키 테이이치에게 털어놓았다. 이유는 항공 병력의 열세인데 일본 측은 소련의 극동군비 수의 37%(같은 해 11월) 병력밖에 없었다. 12월 13일 자로 소련대사관 소속 무관 가와베 토라시로(河辺虎四郞)는 참모차장에게 '지금 소련의 군비가 마치 만주 또는 제국 본토를 위협하는 듯한 기세에 이르렀다'고 보고하였다. 이러한 일본과 소련 정세에 관하여 영국 외무성은 당분간은 일소간이 서로 견제하게 두는 것이 좋겠다고 차갑게 평하였다(마스다 미노루〔益田実〕, 「극동에서의 영국의 유화 외교」1, 2).

관동군은 종래와 같은 만주 국내의 '비적·불령분자'에 대한 분산형 치안유지로는 불충분하다고 보고 1934년 4월 이래 소련군에 대응하는 집단방위형 배치를 하게 되었다. 첩보활동도 그에 대응하여 변경되어 만주국의 치안 회복 제일주의에서 소련에 대한 첩보로 중점이 옮겨갔다.

미국에 대한 일본의 접근

1933년 6월부터 7월의 런던세계경제회의에는 66개국이 참가했다. 물론 일본도 참가하였다. 영국은 제1차 세계대전의 전쟁 채권 문제 처리, 금본위 복귀에 대한 조건 정비, 군축문제 해결을 이 회의에서 처리하려고 하였다.

그러나 최악의 공황 상태였던 미국에서는 경제내셔널리스트의 세력이 후버 정권 때보다 강하였다. 루스벨트 대통령은 미국 전권 헐 국무장관에 대해 전쟁 채권과 군축을 회의에서 논하지 않도록 훈령을 내렸을 정도였다. 전쟁 채권을 논의하면 유럽 여러 나라가 미국에 채무 청산을 요구할 것은 당연하며, 군축을 논의하면 미국이 실업자의 고용과 산업 부흥을 명목으로 해군 군축을 중지한 것을 영국에게 비판받을 것이 예상되었다. 미국이 가장 경계한 것은 프랑스, 이탈리아, 스위스, 벨기에 등의 금본위 국가들에 의한 통화 안정을 위한 공동 성명(6월 30일)이 회의를 통과하는 것이었다.

루스벨트는 7월 3일 공동 성명을 비판하여 단기간만 몇몇 대국(프랑스 등 금본위국을 가리킴)의 통화를 인위적으로 안정시키는 것은 의미가 없으므로 환율 안정에 의한 통상 확대가 아니라 통상·무역의 장벽을 없애는 방향으로 노력해야 한다고 성명하고 회의를 자연 휴회로 몰아갔다. 영미 대립이 깊어지는 가운데 일본은 명확히 미국의 입장을 지지하였다. 의장에서 휴회 전 헐이 후에 호혜통상협정법으로 결실을 맺게 될 세계무역부활 플랜의 개요(무역 장벽 제거, 관세율 인하를 위한 2국간 협의 시작)를 설명했을 때 일본은 캐나다 등과 더불어 미국안을 지지하였다.

회의가 개최될 무렵의 일본은 면제품의 눈부신 수출로 대표할 수 있듯이 영제국 식민지를 향한 면포 수출 문제로 영국과의 관계가 악화되어 있었다. 한편, 통상 장벽 철폐를 논하면서 환율 안정을 언급하지 않는 미국의 태도는 다카하시 재정을 실시 중인 일본과 맞았다. 미국 또한 농촌을 중심으로 한 부채 경감을 위해 국내 물가 상승을 도모하여 달러를 약 4할 절하하여 관리 통화제로 이행하고 있었다(1934년, 금준비법). 이 작전에는 파운드에 대항하여 달러를 기본 통화화하는 의도도 숨겨져 있었다. 자국의 국내 물가 안정을 환율 상장 안정보다 우선시킨 미국의 정책은 영국의 반발을 사게 되었다.

이러한 전제를 토대로 외무성 구미국장(歐美局長) 도고 시게노리(東鄕茂德)의 「제국의 구미에 대한 외교 방침」에 바탕을 둔 미국에 대한 접근이 시도되었다. 도고는 당시의 대미 관계를 긴장관계라고 보고 어떻게든 미국에 극동정책을 '재고'하게 할 수 없을까 하고 고심하였다. 1934년 6월 12일 호혜통상협정법(대통령은 최대한 5할까지 현행 세율을 증감하여 3개년으로 기한을 정한 2국 간 협정을 체결할 수 있다)이 성립되자, 6월 21일 사이토 히로시(齋藤博) 주미 대사는 헐을 방문하여 미국의 보호주의적 산업부흥법, 산업조정법의 규정에 의한 수입 알선 방지 조치가 호혜통상협정법에 의해 새롭게 평가될 것이라는 전망을 확인하였다. 사실 종래에 덤핑이라고 부당 염가판매방지법 위반 등에 의한 조사나 보복 관세를 부과받았던 일본 제품에 대한 압력은 1934년경부터는 없어졌다.

사이토는 전미 각지의 강연에서 일본의 수출품이 부정 경쟁에 의한 것이 아니라고 청중을 계몽하는 데 힘썼다. 사이토의 강연을 필기한 『일본의 정책과 사명』(1935년)에 대한 태평양 문제 조사회 계열의 잡지『퍼시픽 어페어스』의 서평에는 다음과 같은 구절이 있었다. '일본의 광범위하고 눈부신 성공은 일본의 경쟁자가 아직 도달하지 않은 경제 수준으로 소비자 시장을 개발해가는 데 있다. 열정이 넘치고 숙련되어 있으며 세계를 무대로 활약할 수 있는 일본 통상에서 정치적 보호 아래서의 경제 성장이라는 측면은 중요하지 않을지도 모른다.' 국무성도 1935년 9월 시점에서 일본의 수출이 성공한 이유를 덤핑이나 수출 장려금이 아니라 엔 절하, 효율적인 마케팅, 생산 합리화에 의한 것이라고 냉정하게 결론지었다(가토 요코,『모색하는 1930년대』).

중국의 소련에 대한 접근

중국은 왕조명 라인으로 일본 측과 교섭을 계속하는 한편, 장개석 라인으로 소련과 협의를 시작하였다. 1934년 1월 27일 장개석은 주중 소련대사와 회담한 후 소련이 중국에 접근하고 싶어하는 것을 알아차렸다. 이에 대해 7월 13일 여산에서 열린 비밀회의에서 장개석은 '중일 분쟁은 단순히 중일 양국만의 문제가 아니라 태평양의 문제 및 세계의 문제이기도 하므로' '일본이 중국 침략을 계속하는 것은 필연적으로 열강의 간섭을 초래한다'고 연설하였다. 중일 분쟁은 반드시 세계전쟁이 된다는 것이었다. 장개석의 견해에 따르면 열강이 반드시 간섭하게 되는 이유는 두 가지였다. 첫째는 침략 과정에서 일본은 열강의 중국 이권을 침해하지 않을 수 없기 때문이었다. 둘째는 일본의 목적은 동양의 맹주, 태평양의 패권을 장악하는 것이다. 이때 일본은 미국, 소련과의 전쟁을 준비하기 위하여 우선 중국을 정복하여 발판으로 삼지 않을 수 없기 때문이다.

즉 장개석은 일본의 최대 약점은 국제관계에 있다고 생각하였다. 이러한 입장에서 보면 중국의 최대 이점 또한 국제관계에 있다고 결론지을 수 있을 것이다. 장개석은 왕조명의 대일 교섭을 인정하면서도 그것이 실패했을 때의 방책으로서 소련과의 외교에도 걸었다. 1934년 10월 장개석은 외교 고문으로서 신뢰해온 청화대학(淸華大學) 교수 장정불(蔣廷黻)에게 학술 조사 명목으로 소련을 방문하게 하였다.

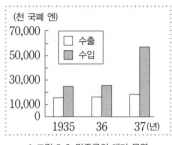

▶그림 5-3. 만주국의 대미 무역

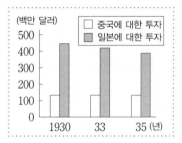

▶그림 5-4. 미국의 투자시장으로서의 중국·일본(가토 요코, 『모색하는 1930년대』, 出川出版社, 1993, 24쪽을 근거로 작성).

장개석의 대일 지구전계획은 제1단계에 상해·남경·무한 등 장강 유역에서 전투를 하고 열강의 대일 무력 제재나 대일 간섭 전쟁을 끌어낸다는 것이었다. 그것이 무리일 경우 제2단계로서 운남성이나 사천성 등의 오지 경제를 개발하여 장기 지구전을 하고 최종적으로는 중일전쟁에 기인하는 세계전쟁에 의해 일본을 패배시킨다는 방침을 세우고 있었다.

외무성의 노선

장개석이 소련에 대해 접근하기 시작한 것이 1934년 10월이라는 점에 주목하자. 이때 장개석은 제5차 공산군 소탕전을 성공시키고 그 결과 중국공산당과 홍군은 서금(瑞金)을 탈출하여 장정의 길에 오르지 않을 수 없었다. 같은 시기 시게미쓰 또한 발본적 내용을 포함하는 중국에 대한 외교방침「대중국정책에 관한 시게미쓰 차관 구술」을 정리하였다. 중일 쌍방의 외교가 움직이기 시작했다고 할 수 있다.

시게미쓰의 정책은 두 가지 틀로 이뤄져 있었다. 첫째는 서구의 영향력을 중국에서 '구축'하는 것, 둘째는 중일 간의 유화 제휴를 지향하는 것. 소련과 중국이 교섭의 길을 열어 소련을 매개로 하여 국민정부(당)와 중국공산당의 통일전선을 형성해 가는 커다란 역사의 흐름이 이 시기에 전망되었다. 역사적으로 보면 시게미쓰 플랜은 이러한 흐름에 대항하기 위하여 구상되었다고 할 수 있다. 연외항일파와 서구 그 자체를 구축하기 위해 시게미쓰는 영국이 주도하는 해관제도를 중국에 반환해야 한다며 일본을 포함한 열강의 중국 주둔국이나 함대의 철거와 축소를 주장했다. '이미 장성 부근 만주국 영토에 일본군을 주둔시키고 있는 오늘날 우리로서는 우리 북지 주둔군이 철수해도 별다른 불리함이나 손실을 입게 되지 않는다'라고 시게미쓰는 대담하게 말하며, 북청사변을 계기로 주둔이 인정되었던 열강의 중국 주둔군 철수 구상을 건의했다.

또한 중일 제휴를 추진하기 위해서는 일본이 솔선하여 조계를 해체하고 치외법권 철폐를 도모해야 한다고 하였다. 열강에 비해 장성 이남에 이권을 갖지 않는 일본이 주도하여 주로 영국을 희생시키면서 중국의 불평등조약을 지탱해온 기구를 해체하려는 플랜이었다. 외무성이 주도하여 육군의 화북분리 요인을 봉쇄하려는 시게미쓰의 노력은 왕조명의 방침과 일치하는 바도 있어서 일정한 효과를 올렸다. 일본상공회의소는 '올해는 중일관계가 (중략) 조심스럽게 현실정책을 수

행하여 이전과 같은 거센 일본 배척운동의 외침을 거의 듣지 않았다'
고 평가하였다.

　그러나 시게미쓰 구상은 아무래도 반영적 색채를 띠었다. 히로타
와 시게미쓰 콤비는 1935년 전반 영국 대장성이 영국 외무성의 반대
를 무릅쓰고 파견한 중국에 대한 공동차관 제안을 포함한 리스 로스
미션의 중요성을 놓치는 실태를 범했다. 이 미션은 만주국 승인을 포
함한 광범위한 대일 유화 권한을 본국에서 부여받았던 것이다.

화북 정세

　당고정전협정과 더불어 1933년 6월 17일에 설치된 정정회는 행
정원의 화북 파견기관이었다. 관할구역은 하북, 산동, 산서, 차하얼,
수원(綏遠)의 5성과 북평, 청도의 2시였다. 정정회 위원으로서 우학충
(于學忠, 화북), 한복구(韓復榘, 산동), 송철원(宋哲元, 차하얼) 등 지방 실력
자가 망라되었다. 그러나 실제로 이러한 사람들은 명목적 역할을 했
을 뿐 실권은 국민정부의 황부가 쥐고 그 아래서 은동(殷同)·은여경
(殷汝耕) 등 문관 측근 집단이 집행하였다. 장학량 시대의 북평정무위
원회, 혹은 후의 익찰정무위원회와 비교하면 국민정부에 의해 완전히
주도되었다는 점이 특징이었다.

　정정회는 비무장지대인 전구의 접수를 맡아 화북 지방 실력자의
지지세력 기반이었던 군대 병력과 군사비 삭감을 열심히 추진하였다.
그때까지 국민정부의 영향력이 미치지 않았던 화북에 일본군과 대치
하는 정세 아래 처음으로 군사적 재편이 이뤄지려는 것이다. 1933년 9

월 12일 같은 절강 사람인 황부와 왕극민(王克敏)은 화북 재정을 국민정부 재정부가 직접 처리할 것을 결정하였다. 그에 따라 동북계 정객이 화북의 주요 지위에서 배제되었다. 역설적이게도 당고정전협정은 화북 재정·행정의 중앙화를 촉진시켰다고 할 수 있을 것이다. 그러나 관동군은 이러한 사태가 진전되는 것을 묵과하지 않고 1935년에 들어서 움직임을 보였다.

분리가 필요한 이유

육군, 특히 관동군이 만주국을 독립국가화 하는 데 그치지 않고 화북을 국민정부의 영향력에서 분리시키려 한 것은 두 가지 이유에서였다. 첫째는 소련에 대한 강한 경계심에서였다. 소련은 1935년 블라디보스토크에 TB3형 중폭격기를 배치하였다. 관동군의 소련전 계획의 개요는 소련과의 개전에서 개전 시 소련군이 동원할 수 있는 최대 25만 명에 대항할 수 있을 만큼의 병력(어쩔 수 없을 경우는 3분의 2의 병력)을 만주국 내에 상주시켜 한꺼번에 진격하여 결전을 도모하는 것이었다. 개전할 때 블라디보스토크 부근의 비행장, 잠수함에 대해 공습을 가한 후 둘로 나누어 ① 동부에서는 소련 동부 국경에서 종래 장비의 보병을 기간으로 하는 부대에 의한 전투, ② 서부에서는 내몽고에서 몽고인민공화국의 울란바토르로 통하는 선에서 기계화부대를 사용한 전투를 각각 상정하고 있었다.

그렇다면 차하얼성이나 산서성 등 내몽고에서 몽고로 통하는 지역이 중요해진다. 소련과의 전쟁을 상정할 때 '배후의 안전'이 반드시 필요하다. 1935년 6월 27일 관동군 특무기관원이 송철원군에게 체포된 차하얼사건의 책임을 지우는 형태로 일본은 도히하라(土肥原)·주덕순(奏德純) '협정' 체결에 성공하였다. 통상 이것은 협정이라고 불리지만 중국 측은 일본 측의 요구를 모두 받아 적은 문장을 일본에 제시한 데 지나지 않으며 정식 협정문은 존재하지 않는다. 그때 일본에 의해 차하얼에서 쫓겨난 제29군은 북평 주변으로 이주하여 후의 노구교사건의 당사자가 되었다.

도이하라·주덕순 협정에 의해 일본은 차하얼성 안의 국민당군을 철수시키는 데 성공하였으며, 이 지역에 일본군 비행장을 설치하는 것도 가능해졌다. 이상은 소련과의 전쟁을 위한 화북 분리라고 할 수 있을 것이다. 1936년 3월 시점에서 관동군 참모본부 제1과장(작전)이었던 사카니시 가즈요시(坂西一良)가 해군 측에 말한 것에 따르면, 관동군은 병력을 북만주에 집중시켜 외몽고 공작과 산서성의 중국공산군 격파에 의해 소련과의 전쟁을 방지할 수 있다고 생각하였다. 관동군의 주관에 따르면 화북 분리의 의도도 거기 있었으며, '중국 북부 5성을 남경정부의 권외에 이탈시켜 만주국과 중국 사이의 완충지대로 삼아 소련전에서 측방의 위협을 없애려는' 것일 뿐이라고 하였다(제3함대 사령관,「중국을 중심으로 하는 국책에 관한 소견」).

두 번째 이유

화북 분리 공작이 시작되는 두 번째 이유는 관동군이 아니라 중국 주둔군에 관련된 것이었다. 1934년이 되면 황부가 이끄는 정정회는 비무장지대의 무장 해제가 진전되는 것을 계기로 당고정전협정 취소를 요구하고 외교 일원화를 위하여 앞으로는 지방 외교가 아니라 일본과 중국의 정부 간 교섭을 하자고 제안하였다. 정당한 주장이리라. 장개석도 1934년 가을, 서북·화북에 이어 차하얼·수원 등 내몽고도 시찰하고 지방 유력자 외에 덕왕(德王) 등 몽고족 지도자와도 회견하였다. 이러한 시찰은 서북, 화북을 국민정부의 직할로 두기 위한 준비 공작으로 보였다(야스이 산키치〔安井三吉〕,『류조호사건에서 노구교사건으로』).

이러한 움직임에 대항하기 위해 1934년 10월 23일 중국 주둔 참모장 사카이 타카시(酒井隆)는 만철 총무부장 이시모토 겐지(石本憲治)에게 화북 경제 조사를 의뢰하였다. 일본의 '중국에 대한 경제적 발전을 조장'하고 '전시 일본 국방 자원 부족의 충실'을 위한 것이었다. 일본, 만주국, 중국 북부 블록이라는 호칭은 당고정전협정 이후 사용하게 되었다(우치다 나오타카,『화북사변의 연구』).

육군, 해군, 외무성의 과장 또한 화북을 국민정부에서 분리시킬 방침을 선택해갔다. 이러한 경향을 조장시킨 배경 중 하나로 육군 황도파(皇道派)의 후퇴를 들 수 있다. 1934년 1월 23일 병으로 사임한 아라키(荒木) 육군대신을 대신하여 후임으로 하야시 센주로가 취임하였다. 3월 5일에는 나가타 테쓰잔(永田鉄山)이 육군성 군무국장으로 취임하였다. 같은 3월 지나주둔군 사령부가 「중국 북부 점령지 통치 계획」(1933년 9월 단계에서는 참모본부 제2부 「중국 점령지 통치강령안」)을 책정한 것은 나가타 취임과 무관하지 않다. 계획서 책정에는 1933년 8월까지 참모본부 제2부장이었던 나가타와 1934년 8월까지 지나과장이었던 사카이 타카시가 관여하고 있었다(나가이 가즈〔永井和〕,『중일전쟁에서 세계 전쟁으로』).

중국에 대해 온건정책을 취하고 있던 황도파가 중앙에서 일소된 영향은 컸다. 1934년 12월 7일 육군, 해군, 외무성 3성 과장은 「중국 정책에 관한 건」을 결정하였다. 그 가운데 「남경정부에 대한 방책」으로서 주목되는 것은 일본 배척에 관하여 화북에서 국민정부의 활동을 정지시키는 요구 항목이 들어 있다는 점일 것이다. 「중국 북부 정권에 관한 방책」 항목에는 화북이 국민정부의 명령이 미치지 않는 지역이기를 바라지만 아직은 일본의 실력이 부족하므로 점진적으로 실현하되 적극적으로 지방정권을 조장하지 않는다는 기술이 보인다. 어쨌든 화북에서 '국민당의 활동을 사실상 봉쇄하는' 것이 국민정부에 대한 요구 항목에 들어갔다는 점에 주목하고자 한다.

호응하는 북방인

여러 가지 이유(장학량과의 거리감, 일본과의 친근성, 청조와의 친근성 등)로 만주국 건국에 참가한 만주족, 몽고족, 조선족을 포함한 많은 중국인들이 있었던 것처럼 일본의 화북 분리 공작에 호응하는 중국인도 있었다. 하북성 출신으로 북벌 전까지 오패부(吳佩孚)의 막료로 일했던 백견무(白堅武)에 대해 지금까지의 연구에서는 일본 특무기관의 끄나풀이 되어 무장집단을 화북에서 이끌었던 한간이었다고 단정 지어 왔다. 그러나 최근 진행된 일기 분석에 따르면, 백견무에게는 국민당·국민정부와는 다른 타고난 북방인 의식에 바탕을 둔 화북통치관이 있었음을 알게 되었다. 백견무는 국제연맹에 제소하는 것 이외에 화북을 위해서 아무것도 하지 않았던 국민정부 방침을 강하게 비판하였다.(미쓰타 쓰요시〔光田剛〕,「『백견무일기』로 보는 9.18사변」).

분리공작의 경제적 측면

1935년 5월 지나주둔군은 비무장지대의 경계인 장성선을 돌파했다. 이유 중 하나는 천진 조계 안에서 일어난 친일 만주계 중국신문사 사장 암살이었다. 일본 측은 이 사건을 기화로 하북성에서 국민당 기관·중앙군·동북군을 철수시키라고 국민정부에 요구하고 6월 10일 우메즈(梅津)·하응흠(何應欽) '협정'을 체결했다. 이것 역시 협정이라고 불리지만 실태는 다르다. 일본 측 요구를 모두 승낙한다는 하응흠의 '통지'에 지나지 않으며, 협정문이 있는 것은 아니었다. 또한 지나주둔군의 요구도 참모장 사카이 타카시가 관동군의 지지를 받으면서 독단적으로 행한 것으로서 우메즈 요지로(梅津美治郎) 사령관의 승낙을 받지 않고 교섭이 이뤄졌음이 밝혀졌다(마쓰자키 쇼이치〔松崎昭一〕,「재고 '우메즈〔梅津〕·하응흠〔何應欽〕협정'」). 앞에서 설명한 도비히라·진덕순 협정과 더불어 육군에 의한 화북 분리 공작의 형태가 이로써 명확해졌다고 할 수 있으리라.

경제적인 요인에 관해 설명해 보자. 영국 대장성이 파견한 리스 로스가 관여한 중국 화폐 개혁은 일본 측을 초조하게 했다. 영국은 6월 상순 리스 로스를 주중 영국대사관 경제고문에 임명하고 9월 상순 히로타, 시게미쓰와 회담하게 하였다. 여기서 리스 로스는 중국에 유력한 중앙은행을 일으켜 통화발행권을 독점하고 통화를 파운드로 연결하여 은 본위에서 이탈시키는 한편, 중국은 만주국을 승인하고 만주국은 중국의 부채 중 적당한 비율을 분담하는 안을 제안하였지만 일본 외무성은 이 안을 받아들이지 않았다.

11월 4일 중국은 화폐 개혁을 단행하여 관리 통화제로 이행하였다. 화북 지역의 은행은 국민정부 쪽으로 내려보내게 되었다. 일본 측은 현재 은행을 남으로 보냄에 따라 화북경제의 자치적 측면이 손상된다고 판단하여 일본계 여섯 은행이 가지고 있는 은을 내주는 것을 거부하기로 결정하였다.

11월 25일 일본은 전구독찰전원(戰區督察專員) 은여경에게 국민정부에서 이탈한다는 자치 선언을 하게 하여 기동(冀東) 방공자치위원회를 성립시켰다(12월 25일, 동 위원회를 정부로 개칭). 관할구역은 정전협정구역으로서 하북성 22현과 차하얼성 동부 3현에 해당하며 만주와 화북의 회랑지대라고 할 수 있다. 일본 측은 이 괴뢰정권을 통해 일본 상품에 대한 관세를 4분의 1로 낮추고 당고정전협정 이후 활발해진 기동 밀무역도 공공연하게 지원하였다.

고노에 신체제기에 대장성의 혁신 관료로서 이름을 알린 모리 히데오토(毛利英於菟)는 만주국의 회계나 세수를 관장하는 부서에 있었으나, 1935년에는 지나주둔군 특무부 촉탁으로 근무하고 있었다. 모리는 화북 분리공작이 시작된 후의 화북에서 산업별 정책을 입안하고 있었다. 내부용 비밀문서에서 보이는 화북과 국민정부와의 관계에 대한 견해는 흥미롭다. 이를테면 농업정책 방침은 '남경정부의 식민지적 착취의 중압 아래 궁핍화 일로를 걷고 있는 중국 북부 경제'를 독립시켜 일본과 만주국 양국과 화북을 합친 '일체적 경제구역'으로 한 공존공영관계에 두는 것으로 되어 있다. 국민정부에 의한 중앙화를 '식민지적 착취'라고 보는 감각은 분명히 외무 차관 시게미쓰의 '도착된 반제국주의'적 성격에 상통하는 데가 있다.

만주국 창출과 화북 분리공작의 진전은 우선 일본과 화북 지역의 무역관계를 비약적으로 높였다. 일본의 전 제국권(일본, 대만, 조선, 만주)과 화북 지역의 무역은 그 관내(중국에서 만주를 제외한) 무역에 대해 1933년에는 8.6%에 지나지 않았으나 1938년에는 61.2%로 급증하였다. 이에 2할에서 3할에 달했다고 하는 기동 밀무역을 더하면 일본과 화북의 관계는 보다 밀접하리라(호리 카즈오〔堀和生〕, 「일본제국의 팽창과 식민지 공업화」).

더불어 만주국 창출과 화북 분리공작이 중국 국내에 미친 영향을 살펴보자. 이는 화중의 산업이 만주 지역이라는 거대한 시장을 잃었다는 것을 의미하였다. 호리 카즈오의 분석에서 만주의 중국 관내 지역별 무역 비율을 살펴보자. 1930년 만주와 화북 간 수이출입액 전체에서 차지하는 비율은 15%이며 같은 시기 만주와 화중 간이 60%인 것에 비하면 훨씬 적었다. 그런데 1935년에 들어서면 만주·화북 간 비율은 51%로 증대하여 만주·화중 간 비율 33%를 상회하게 되었다(호리 카즈오, 「1930년대의 중일 경제관계」).

서광이 비치는 중일 우호관계

제인사건(帝人事件)으로 물러난 사이토 내각에 이어 1934년 7월 8일 오카다 케이스케(岡田啓介) 내각이 성립되었다. 오카다는 정우회에서 3명(농림, 철도, 통신), 민정당에서 2명(문부, 상공)의 각료를 선택하여 정당 출신 각료의 자리는 전 내각과 같은 숫자였다. 대장대신은 본래 다카하시의 추천으로 대장차관이었던 후지이 사다노부(藤井真信)가 취임하였으나 11월에 사임, 다카하시 코레키요가 대장대신에 복귀하였다. 내각의 기초 강화를 위해 설치된 내각심의회 인선 역시 다카하시의 강한 영향을 받아 재계 대표로서 이케다 시게아키(池田成彬, 미쓰이〔三井〕합명 상무이사)와 가가미 켄키치(各務鎌吉, 도쿄해상 회장)가 참여한 것이 주목된다(마쓰우라 마사타카, 『재계의 정치경제사』).

새로운 내각에서 외상에 유임된 히로타가 1935년 1월 22일에 한 의회 연설은 중국 측의 호감을 얻었다. 장개석은 2월 1일 히로타 연설에 호응하여 일본과의 친선 우호를 주장하는 성명을 발표하였다. 중앙정치회의에서 왕조명과 장개석이 연명으로 제안한 일본 배척 금지령이 가결되어 3월 4일 공포되었다. 5월 중일관계는 공사에서 대사로 동시 승격을 실행하였다.

이러한 외무성의 노력은 같은 해 6월부터 활성화되었다. 관동군과 지나주둔군에 의한 화북분리공작을 억제하려는 마지막 시도였다고 할 수 있다. 10월 7일 히로타 외상이 장작빈 주일 공사에게 전한 일본 배척 중단, 만주국 승인, 공동 방공으로 이뤄진 히로타 3원칙은 일본 육군에 대해 화북을 짓밟으면 소련과 전쟁을 하게 된다고 자중을 호소하고, 중국에 대해서는 소련에 대한 양면적 중일 공동 방공을 호소하여 화북 일본군의 요망을 받아들이는 것이 중국 자신을 위하는 것이라고 설득하는 양면적 역할을 하였다. 단적으로 말하면 국민정부에게 3원칙을 인정시키는 형태를 취하여 육군의 화북 분리공작을 저지하려 했다고 할 수 있다.

그러나 1935년 11월에 단행된 화폐 개혁의 성공은 공상희(孔祥熙) 재정부장 등 연외항일파의 세력을 강화했을 것이다. 11월 1일에 암살 미수 사건을 당한 왕조명은 12월 1일 행정원장과 외교부장을 사임하였으며, 행정원장에는 장개석이 취임하고 외교부장에는 장군(張群)이 임명되어 대일 교섭파는 퇴진하지 않을 수 없게 되었다. 12월 18일 중국 측은 일본의 괴뢰정권인 기동 정권에게서 북평·천진을 방위할 필요에서 기찰(冀察)정무위원회를 발족시켰다. 이 위원회는 17명으로 구성되어 송철원, 장자충(張自忠, 천진시장), 주덕순(북평시장) 등 제29군 관계 실력자가 포함되어 있었다. 17명의 내역을 보면, 10명은 항일 실력자로 분류할 만한 사람들이었으며, 지일파는 왕극민 등 7명에 그쳤다. 국민정부와 강력한 연결 고리를 가지고 있었던 정정회와 비교하면 기반이 빈약한 기찰정무위원회가 유효한 대책을 세울 가능성은 없었다. 12월 왕조명 휘하에서 대일 교섭을 맡고 있던 당유임이 학생에게 사살되는 사건이 일어남으로써 대일 교섭파는 와해되었다. 장개석도 방침을 전환하지 않을 수 없게 되어 중국공산당과의 관계 개선도 모색되었다. 1936년 1월 장개석의 뜻을 따라 주소 중국공사관부 무관은 모스크바에서 중국 공산당 대표단의 왕명(王明) 등과 접촉을 시작했다.

화북 분리 공작은 일본 측에 무엇을 가져왔을까? 그것은 국민정부의 신뢰가 깊은 황부를 퇴진으로 몰고 가고 황부의 정정회, 하응흠의 군사위원회 북평분회라는 남경정부 직계의 지배를 대신하여 공산·항일적 색채가 강한 제29군(송철원군)을 북평에 불러들인 것이었다.

2. 두 개의 사건

2·26 사건

1936년 2월 26일 새벽 이소베 아사이치(礒部浅一), 구리하라 야스히데(栗原安秀) 등 청년장교가 이끄는 제1사단 보병 제1·제3연대를 주력으로 하는 1,400여 명의 군대는 수도 도쿄에서 쿠데타를 일으켰다. 궐기부대는 사이토 내대신, 다카하시 대장대신, 와타나베 조타로(渡辺錠太郎) 교육총감을 살해하고 스즈키 시종장, 마키노 전 내대신을 습격하였으며 4일간에 걸쳐 경시청·육군대신 관저·육군성·참모본부 등을 점거하였다.

반란군은 궐기문에서 천황의 간신과 군벌의 배제를 부르짖었으나 이면에는 오카다 내각을 무너뜨리고 후계 수반을 상주할 궁중 측근을 배제하여 황도파에 동정적인 군사참의관의 활동을 통해 황도파 잠정 내각을 수립할 계획이었다. 군대를 출동시키면서 목표는 애매한 궐기 장교의 모순된 행동을 이해하기 위해서는 그들 가운데 간신을 처

▶사진 5-5. 국회의사당에 배치된 진압군 전차(ⓒ 마이니치).

단하는 데 목적을 두는 천황주의파와 상부 공작을 통해 정치 변혁 계획을 가지고 있던 이소베·구리하라 등 개조주의파가 있었다는 것을 알 필요가 있다(쓰즈이 키요타다〔筒井淸忠〕,『쇼와기 일본의 구조』).

그런데 이 쿠데타는 왜 이 시기에 일어난 것일까? 혹은 잠정 내각 수립 후 그들은 어떠한 계획을 갖고 있었던 것일까? 1936년 2월 20일의 총선거와의 관계를 시사하는 견해가 있다. 해산 때보다 표가 줄어든 것은 정우회(242→171)와 국민동맹(20→15)이며, 반대로 늘어난 것은 민정당(127→205)과 사회대중당(5→18)이었다(전 의석은 466). 개표 때까지 기다리지 않아도 민정당과 사회대중당의 승리는 예상되었을 것이다. 이 두 당의 승리는 황도파에게 그들에게 탄압을 가해온 통제파·신관료·기성 엘리트 쪽의 승리를 말하며, 정당 내각의 부활도 예상되었다(반노 준지,『쇼와사의 결정적 순간』).

내우외환(內憂外患)과 안내양외(安內攘外)

전 육군 법무관 사키사카 슌페이(匂坂春平, 도쿄육군군법회의 주석 검찰관)가 남긴 2·26 관계 사료를 통해서는 또 다른 측면이 보인다. 종래의 연구에서는 육군 중앙이 청년 장교운동을 진정시키기 위해 황도파 영향력이 강했던 제1사단의 만주 이주를 결정하였기 때문에 막다른 곳으로 몰렸다고 느낀 청년장교들의 초조함이 2·26 사건을 일으켰다고 설명해왔다. 그러나 청년장교나 하사관병의 주관적 인식으로는 내우외환(內憂外患)의 시기에 외환을 당하기 전에 내우를 처리할 필요가 있다고 생각되었다는 점에 주의하기 바란다.

2월 28일 산노(山王)호텔 앞에 모인 수백 명의 군중을 향해 제3연대 제6중대(안도 데루조〔安藤輝三〕 지휘)에 속하는 어느 오장(伍長)이 다음과 같은 연설을 했다는 것을 사키사카 사료를 통해 알 수 있다. 그는 '우리나라의 현실은 재벌, 관료, 군벌, 중신 등이 자신의 사리사욕을 위해 군대를 자신들의 뜻대로 움직여오고 황군을 사병화해 왔다. 오는 20일 우리 제1사단에 만주 출정 명령이 내렸지만 이들 내부의 적들을 이대로 두고 출정할 수는 없어서 우선 국적을 쓰러뜨린 후에 피가 뚝뚝 떨어지는 군도를 쳐들고 만주의 벌판'으로 건너갈 결심이라고 연설하였다. 그가 연설할 때 청중들 대다수는 모자를 벗고 엄숙하게 들었다고 한다. 같은 제6중대의 어느 병사는 마지막을 자각하고 고향의 관청에 보낸 통신에서 잘 정리되지 않은 문장이기는 하나 '외국과의 문제를 해결하기 위한 출정에 앞서 일본의 현재 모습을 생각하니 참된 일본의 모습을 점검하지 않고 무슨 출정을 하며 외국을 상대로 절충이 가능한가?'라고 적었다(『검찰비록 2·26 사건 Ⅰ』).

이것은 사실상 1937년 9월 제2차 국공합작 전까지 중국 청년이 품고 있던 딜레마에 가깝지 않은가? 중국공산당은 국민정부가 부르짖는 안내양외(安內攘外) 정책이 결국은 민족상잔으로서 일본을 이롭게 할 뿐이라고 하여 국공 내전의 종결, 즉각 항일을 외쳤다. 국민정부 중앙군이 항일전쟁을 치르고 있는 사이에 공산당이 국내에서 조직을 확대하려 한다는 것은 국민정부나 지식인은 알고 있었으리라. 그런데도 공산당의 주장은 국민 특히 청년들의 지지를 얻은 것으로 보인다. 일본의 청년장교는 우선 내우를 제거하자고 주장하고 중국의 청년은 외환을 없애자고 주장한다. 방향은 정반대지만 1936년은 중일 양국에서 군대를 출동시킨 쿠데타가 동시에 등장한 시기라고 할 수 있다.

조르게의 분석

소련의 적군 제4부에 속했던 첩보원 조르게는 일본의 참모본부 바로 뒤편에 있던 독일 대사관에서 2·26을 지켜보았다. 조르게는 2·26 사건이 일어난 이유를 일본의 농민과 도시 소시민의 사회적 곤궁에서 찾았다. 병사의 중요한 공급원인 농민은 '정치 조직을 갖지 않으며 농민에 대한 2대 정당의 관심이 형식적인 데 지나지 않는 이상 우선 첫째로 육군이 농촌과 도시의 이들 계층의 긴장감을 대변하는 기관이 될 수밖에 없다'(「도쿄에서의 육군의 반란」, 『지정학잡지』, 1936년 5월호)는 것이었다.

조르게는 독일이 실시한 것처럼 이자 인하를 통한 농민 부채 경감, 자작농 증가를 위한 정책이 일본에서는 전혀 채용되지 않는 점에 대해 언급하며, 육군이 '이 문제의 중요성을 보고 있을 뿐 아니라 농업 문제를 (중략) 실천적으로 도전할 필요가 있음을, 적어도 그것이 이론적으로 가능하다는 것을 아는 거의 유일한 집단(「일본의 농업 문제」, 『지정학잡지』, 1937년 1월호)이라는 점에 주의를 환기시켰다. 조르게는 의회에 대변자를 갖지 못한 농민이나 도시상공업자의 사회 변혁 요구를 육군이 대변하고 있는 일본의 특수한 구조에 주목하였다.

쓰즈이 키요타다(筒井清忠)가 개조주의파로 명명한 이소베 아사이치는 2·26 사건 재판 공판에서 기타 잇키(北一輝)의 저작 『일본개조법안대강』의 어떤 점에 감동을 받았는가 라는 질문에 대해, '일본의 국체에 맞는 일본 정신을 구체화한 경제기구가 설명되어 있었기 때문입니다' 라고 대답했다. 개조주의파 청년장교가 반자본주의적인 경제개혁 구상에 가장 관심을 갖고 있었다는 점은 매우 흥미롭다(『2·26 사건 재판 기록』).

서안 사건

사실상 동시대 중국에서도 2·26 사건은 주목받았으며, 청년장교의 불만 때문에 같은 일이 일어나는 것은 아닌가 하는 우려도 있었다. 중국의 무대는 협서성(陝西省) 서안(西安)이었으며 이 경우 청년장교는 장학량이 이끄는 동북군의 젊은이들이었다. 1936년 12월 8일 협서성 주석 소력자(邵力子)는 제17로군 군장 양호성(楊虎城, 장학량과 함께 서안사변을 일으킨 인물)에 대해 '나는 당분간 공산당 소탕에 대해 걱정하지 않으나' '일본의 2·26 사건과 같은 사건이 일어나지 않을까 걱정하고 있다'라고 말하였다. 순간 장개석에 대한 병사들의 간언 계획이 당 주석에게 새어나갔다고 오해한 양호성은 놀란 나머지 담배를 손에서 떨어뜨리기도 했다(기시다 고로〔岸田五郎〕, 『장학량은 왜 서안사변을 일으켰나』). 그러나 소력자가 우려하고 있던 사건은 서안 사건이 아니라 '항일'을 요구하고 '공산당 소탕' 중지를 외치는 동북군의 청년장교에 의해 동북군 상층부가 습격당할 가능성 쪽이었다.

1936년 7월 23일 코민테른 집행위원회 서기국에서 중국문제회의가 열렸을 때 디미트로프는 다음과 같이 연설하였다. 중국 공산당의 기본적 임무는 일본의 만주·화북 침략에 대해 단결하여 저항하는 것이며 종래의 '남경, 장개석, 국민당에 대한 정치적 방침'은 잘못되었다며 국민당과 통일전선을 결성하도록 촉구하였다. 같은 해 8월 15일 위의 방침은 중국 공산당 중앙서기국에 전달되어 장개석을 일본의 침략자와 같이 보는 것은 옳지 않다는 점, 즉각 대일 선전의 슬로건을 내리고 방위전쟁이라고 강조할 것, 장개석과 당장 정전 교섭을 시작할 것을 지시하였다(쓰치다 테쓰오〔土田哲夫〕, 「코민테른과 중국 혁명」).

그러나 장개석과 연합하여 항일에 나서라는 코민테른의 지시를 공산당이 당장 그대로 따른 것은 아니었다. 공산당과 물밑 협의를 하는 한편, 공산군에 대한 군사적 압박을 늦추지 않는 장개석에 대해 공산당 쪽도 반장개석의 깃발을 내린 것은 아니었다. 모택동 등은 장개석에게서 홍군 토벌을 명받은 양호성의 서북군(제17로군), 장학량(당시 서북 초공〔剿共〕 부사령)의 회유에 힘써 군비 문제로 장개석에 강한 불만을 갖고 있던 서북·동북 양군과 홍군의 사이에 상호불가침관계를 쌓았다. 그를 토대로 장개석을 압박하여 일치 항일을 설득한다는 입장이었다.

서안에서의 서북군·동북군·홍군의 제휴를 알게 된 장개석은 12월 4일 장학량과 양호성에게 공산당 섬멸작전 실행을 명하였다. 장학량은 섬멸작전 정지와 일치 항일을 장개석에게 주장하였으나 받아들여지지 않았으며 여기서 12월 12일 장학량과 양호성이 장개석과 수행자를 감금하는 서안 사건이 일어났다. 장학량이 선택한 장개석 감금이라는 최종 수단은 장학량 독단이었으리라. 그러나 그 배경에 서안에서의 3군의 제휴가 있었다는 것은 사실이었다. 모택동은 사건 발발 직후 장개석을 인민재판에 회부하고 공산당, 장학량, 양호성의 세 세력을 중심으로 한 항일노선을 주장하였으나 주은래(周恩來)는 장개석을 잃으면 내전이 반드시 일어나고 그 사이에 일본이 남경에 괴뢰정권을 수립하게 될 것이라는 전망을 내세우면서 말렸다.

코민테른은 모택동 노선에 강하게 반발하여 사건은 통일전선의 파괴 그 자체라고 장개석 석방을 요구하였다. 이러한 코민테른 입장 외에 중국 각지의 지방 실력자, 각계로부터의 내전 회피를 요망하는 여론의 거대한 힘에 의해 중국공산당도 12월 19일 인민재판노선을 변경하여 평화 해결노선을 선택하지 않을 수 없게 되었다. 정부 안팎의 평가, 신문의 논조 등을 종합한 결과 장개석을 석방하지 않으면 중국은 '스페인의 전철을 밟게' 된다는 비판이 있었다고 생각된다.

오자키(尾崎)의 분석

국공 내전은 정지되어 공산당은 합법적인 지위를 획득하고 홍군은 팔로군·신4군으로 개편되었다. 공산당은 서안 사건을 통해 동북군

▶사진 5-6. 오자키 호쓰미, 1940년 8월(ⓒ 마이니치).

지배 아래 있던 연안 등의 지역을 넣고 근거지를 두세 배로 확대했다. 제2차 국공합작이 이뤄진 것은 노구교사건 발발 후인 1937년 9월 23일이었다(안도 마사시〔安藤正士〕,「서안 사건과 중국 공산당」).

사건에 대해 일본은 비교적 냉정하게 받아들였다. 장학량이 보내는 전보문을 해독하고 있었던 타이완군사령관 하타 슌로쿠(畑俊六)는 공산당이나 코민테른의 영향력은 실은 한정적일 것이라고 냉정하게 평가하였다. 하타는 '진상은 요컨대 군비 문제이며 불만을 품은 동북의 다수 군인이 인민전선운동에 이용되어 학량이 이들 부하에게 조종당했다(12월 31일 일기)고 판단하였다. 사건의 최대 요인은 동북군의 불만에 있었다.

관찰자가 특정한 사상적 근거를 가지고 있는 경우 군 첩보와 같은 분석 능력을 발휘할 수 있을 때가 있다. 오자키 호쓰미(尾崎秀実)는 '일찍이 동삼성 왕의 호화로운 꿈을 계속 회상하면서 룸펜 군벌로 전락한 장학량이 건곤일척의 한 판을 걸었다'고 사건 발생 직후인 13일에 썼다(「장학량 쿠데타의 의의」). 후에 제2차 고노에 내각의 브레인 중 한 사람이 되며 조르게사건으로 체포되는 오자키가 세상에 널리 알려지게 되었던 것은 바로 이 평론에 의해서였다. 장개석의 가치가 공산당 인민전선과는 별도의 이른바 국민전선의 군사지도자로서 국민의 지지를 받는 이상 장개석은 생존할 것이라고 오자키는 예측할 수 있었던 것이다.

지나주둔군 증강

1936년 5월 15일 육군성 당국은 1,771명이었던 지나주둔군을 방공과 재류 일본인 보호를 이유로 5,774명으로 증강하겠다는 뜻을 중국 측과의 사전 협의 없이 통고하였다. 증강 의도가 일본인 보호 등이 아니라 '화북의 평안과 소련에 대한 전비 강화'에 있었음은 말할 필요도 없다. 문제는 증강된 부대의 일부인 지나주둔군 보병 제1연대 제3대대의 내력에 있었다. 제3대대는 장교단이 2·26 사건의 반란 장교 측에 가담한 것으로 유명했던 아오모리(青森) 제5연대에 있었던 고이와이 미쓰오(小岩井光夫) 소위가 통신반장으로 근무하는 부대였다. 고이와이는 2·26 사건 발발 때 제8사단장에 대해 '파괴의 오늘은 건설의 당일'이라며 사단장의 상경을 촉구하는 진언서에 가장 먼저 이름을 올린 인물이었다. 이 제3대대야말로 1년 후인 1937년 7월 7일 중국 제29군과 노구교사건으로 이어지는 군사적 충돌을 일으키는 부대였다(마쓰자키 쇼이치,「지나주둔군 증강문제」상, 하).

경제적 통일의 이점

서안사건에 의해 중국의 거국일치가 진척되는 한편, 장개석이 취할 수 있는 정책 또한 항일로 제한될 것이 예측되었다. 천진에서 서안사건의 추이를 지켜보던 대장성 관료이자 지나파견군 특무부 촉탁 모리 히데오토는 이 무렵「서안사변을 계기로 한 중국 화폐제도 및 중국 북부 화폐 대책 확립에 관한 의견」을 정리하였다. 앞으로 중국에서는 화폐 개혁의 마지막 단계인 중앙은행 개조가 구체적으로 촉진될 것이다. 지금까지 일본은 현은의 국민정부 인도를 거절해왔으나 이는 소극적 자세였다. 모리는 중국 경제가 안정되지 않으면 일본이 곤란하다며 다음과 같은 정책 전환을 주장했다. 화폐제도 통일을 받아들여 오히려 양국의 화폐가치 안정을 꾀해야 한다는 것이었다.

> 일본 경제가 전시 경제체제로 전환되는 현 단계에서 객관적 조건은 중국 경제의 안정을 절대적으로 요청하고 있다. 즉 중국 화폐제도의 파탄에서 발생하는 중국 경제의 혼란은 그대로 일본 경제에 어느 정도 치명적인 타격을 입히는 상관성을 가진다는 인식 아래 재검토를 요한다.

육군에서는 소련에 대한 전비 확충, 해군에서는 해군군축조약 이탈에 따른 건함계획 추진이 필수가 되어 가는 1937년에 중국 경제 안정은 일본에게 필수라는 인식이었다. 이는 적확한 인식이었다. 장개석은 반장개석의 거점인 광동·광서 양파를 1936년 여름에 굴복시키고 같은 해 11월 수원사건에서는 관동군의 지원을 받은 내몽고군을 격퇴시켰다. 국민정부의 지배지역은 확실하게 확대되었다.

이를 경제사적으로 보면 다음과 같이 설명된다. 엔 블럭은 관리통화제 아래 파운드에 연결됨으로써 넓은 의미에서 스탈린 블럭의 일부로서 움직이게 되었다. 일본은 조선·만주·화북을 기반으로 하는 엔 블럭을 중국이 주권을 가진 지역 안에 포함시키는 구조로 소유하게 되었다. 화폐제도 개혁에 따라 원(元)이 파운드와 연결되므로 엔과 원은 실질 환율이 파운드를 매개함으로써 안정되었으며, 파운드에 비해 대폭 절하된 채 아시아권에 대한 수출 무역에서 유리한 위치를 점할 수 있게 되었다(스기하라 카오루(杉原薰), 『근대 국제경제질서의 형성과 전개』).

제국국방방침 개정

이상과 같은 통일된 중국의 존재가 일본에도 유익하다는 중국관은 1935년 10월 센다이(仙台)의 연대장에서 참모본부 제2과장(작전)으로 이동한 이시하라 칸지의 대소 전비 충실 제일주의 방침과 모순되지 않는 것이었다. 만주사변 때는 균형을 이루고 있던 일본과 소련의 병력비는 그 후 사단 수에서 약 3분의 1, 비행기·전차에서 약 5분의 1로 일본이 열세에 놓였다. 이시하라가 종래에 품고 있던 소련의 육군력과 미국의 해군력에 대해 중국을 점령지로 하여 싸우는 지구전론은 파탄을 맞았다. 따라서 1923년 이래의 국방방침 개정이 추진되게 되었다.

이시하라는 만주국의 국방 특히 항공 병력 충실에 의해 소련의 극동 공세를 단념시키고자 하였다. 1923년의 국방방침에서는 미국을 주적으로 하였으나 이때의 개정에서는 미국과 소련 두 나라를 목표로 함으로써 육해군 간의 타협을 꾀하였다. 6월 8일에 재가된 방침은 육군 측이 요구하는 소요 병력(50개 사단, 항공 142중대)을 그대로 인정하는 한편, 해군 또한 전함공모 각 12척, 항공 65대를 갖춰 '공세에서 속전속결을 본령'으로 하였다. 국방방침은 소련·미국·중국·영국순으로 각각 한 나라와 전쟁을 하는 일국전의 이미지로 쓰여 있는데(구로노 타에루(黒野耐), 『제국국방방침 연구』), 일본으로서는 국방방침이라기보다는 희망 사항에 가까웠으리라. 히로타 내각은 8월 7일 이를 정부 방침으로 하여 5상 회의에서 결정하였다(국책의 기준).

육해군의 방침을 그대로 병기한 국방방침과 국책의 기준을 가능하게 하기 위해서는 중국과의 관계를 근본적으로 개선하지 않을 수 없다고 생각했을 것이다. 이시하라를 중심으로 각 관청 사이에 절충이 이뤄져 1937년 4월 16일 육군·해군·외무·대장 4대신 결정 「중국에 대한 실행론」으로 정리되었다. 내용은 국민정부 및 국민정부가 지도하는 중국통일운동에 대해 공정한 태도로 임한다고 결정하였다. 즉 전년 8월의 「중국에 대한 실행론」에서 화북에 방공친일만 정권을 수립한다고 한 화북 분리공작을 일단 정지하는 조치이며 주로 경제 공작 촉진에 따른 화북정책을 취하는 것이었다.

그러나 일본의 국방방침 개정에 대응하듯이 중국 측도 군사위원회 직속의 참모본부에서 1937년 3월 「민국 26(1937)년도 국방작전계획」을 책정하였다. 화북 분리공작과 같은 부분적 침략에 대한 대안이 갑, 전면 전쟁에 대한 대안이 을, 각각이 일본의 불확대파, 확대파의 전략과 작전에 호응하고 있었다. 양쪽 계획 모두 일본군의 상해 상륙을 서전에서 저지하고 이어서 상해·남경 사이를 장강 연안을 따라 거슬러 오르는 일본군의 공격을 군사요새선을 정비함으로써 전력 저지하는 계획이었다.

군과 재계의 연합

1937년 1월 23일 히로타 내각이 의회 해산을 둘러싼 각내 불일치로 총사직하자 우가키 카즈시게에게 수상으로서 내각을 조직하라는 대명(大命)이 내려졌다. 그러나 육군 중견층의 반대로 우가키가 조각을 저지당하자 하야시 센주로가 수상이 되었다. 하야시는 황도파와 통제파의 육군 파벌 대립에서는 중립적 입장을 취하고 있었다. 하야시 내각을 탄생시킨 세력은 민정당과 정우회의 반주류파 등 기성정당의 일부, 재계의 대륙파(유키 토요타로〔結城豊太郎〕·아유카와 요시스케〔鮎川義介〕 등), 산업조합(아리마 요리야스〔有馬賴寧〕·센고쿠 코타로〔千石興太郎〕등), 육군중견층 등이었다. 영미와의 경제적 협조관계를 유지해오면서 대소 국방 준비에 전념하려는 세력이 중심이 되어 하야시 내각을 성립시켰다.

내각은 ① 일본은행·일본흥업은행의 기능 확대에 의해 경제를 통제하려는 유키 재정과, ② 영연방 안에서의 면제품 보이콧에 대처하기 위하여 영일관계를 회복하고 중국에 대해서는 공정한 관계를 구축하려는 사토 나오타케 외교를 두 개의 축으로 하였다. 일본흥업은행 총재였던 유키는 대장대신 취임 후 히로타 내각에서 바바 에이이치 (馬場鍈一) 대장대신이 편성한 군비 확대·증세계획에 수정을 가하여 국제 수지의 급격한 적자를 막았다.

육군 중견층 등은 1934년에 육군 팸플릿 「국방의 본의와 그 강화를 제창」을 발표한 시점에서 대형 은행의 국유화 등 반자본주의 입장을 명확히 하고 있었다. 청년 장교가 지지하는 기타 잇키가 지은 『일본 개조 법안 대강』 가운데 경제기구 개혁안과 거의 같은 입장이었다. 그런데 이시하라 등에 의해 조직된 일만재정경제연구회가 이때 주장한 경제 개혁 플랜은 일본은행의 기능 확대, 권업은행·흥업은행의 조직 확대 등에 의해 경제 위기를 돌파하고자 하였다. 재계·금융자본과의 충돌 회피형 플랜으로 성격을 바꾸었다. 반자본주의적 색채를 양화시킨 육군에 대해 종래는 친군적이라고 불리었던 사회대중당은 경제정책 차이로 군과 거리를 두기 시작했다.

즉 중견층은 1934년에는 자본주의의 본격적 개조를 부르짖고 있었지만 하야시 내각이 되자 재벌 자본 도입에 따른 화북 경제 개발을 계획하게 되었다. 사회대중당은 이러한 중견층의 변절에 대해 '금융 자본의 산업 제패를 촉진하고 자본 평균이익률을 유지함으로써 협의 적 국방 달성을 서둘러 국민 생활을 유린한다'고 비판하였다. 1937년 3월 하야시 내각에 의한 의회 해산 후 친군적 신당 결성이 선전되었으 나 성공하지 못한 이유는 사회대중당과 육군의 경제 구조 불일치 때문 이었다. 군은 생산력 확충계획의 진전을 위해서라도 재계와 금융자본 앞에 무릎을 꿇을 필요가 있었으며 사실상 무릎을 꿇었다.

3. 선전포고 없는 전쟁

노구교(盧溝橋)사건

1937년 7월 7일 북평시 서남 교외 풍대(豊臺)에 전년도의 병력 증강으로 주둔해 있던 지나주둔군 제1연대 제3대대에 속하는 제8중대는 노구교의 북방 영정하(永定河) 왼쪽 강변에서 야간 연습을 하고 있었다. 이 제8중대 소속 이등병 한 명의 행방불명 사건이 발단이 되어 일본군과 중국 제29군(사령 송철원) 제37사 사이에서 발생한 우발적 충돌은 8월 13일 상해 일본조계에서 시가전(제2차 상해사변)으로 발전하였으며 전면 전쟁으로 확대되었다(에구치 케이이치, 『15년전쟁 소사』).

당시 지나주둔군 대표와 기찰정무위원회 구성원이자 북평시장이었던 주덕순(제29군 부군장) 등이 교섭하여 7월 11일 현지에서 정전협정이 맺어졌다. 그런데 7월 9일 장개석은 4개 사단을 북상시키는 한편 정전을 상신해온 주덕순에게 우선은 결전의 결심을 하라는 명령을 내렸다. 6월 4일 막 조각을 마친 고노에 후미마로 내각 또한 7월 11일 화북으로의 파병을 성명하였다(내지 3개 사단의 실제 화북 파병은 동 27일). 중일 양 정부 모두 불확대를 바라면서도 도발에는 단호히 응전하겠다는 태도를 취하였다. 그 후 협정의 실시 세칙을 둘러싸고 중일 간에는 일진일퇴의 교섭이 진행되었다. 일본 측에서 처음부터 확대론을 주장한 사람 가운데는 비교적 위험이 낮다고 생각된 중국을 상대로 하는 분쟁을 명목으로 임시군사비를 획득하여 산업5개년계획(통제경제에 의한 군수공업을 축으로 한 중화학공업계획)을 한꺼번에 궤도에 올리려는 의도를 가진 사람이 있었다(요시다 유타카, 「'국방국가'의 구축과 중일전쟁」).

가장 큰 문제는 중국을 상대로 하는 분쟁이 임시군사비를 획득하기 위한 명목 정도의 전쟁이 아니라는 데 있었다. 상해에서는 8월 13일, 화북에서는 22일 무렵부터 본격적인 전투가 시작되었으나 상해작전이 거의 일단락된 11월 8일까지 일본 측의 손해는 전사자 9,115명, 전사 3만여 명에 달하고 있다. 상해와 장강 유역에는 장개석이 독일인 고문단과 더불어 육성한 정예부대 8만을 포함한 30만의 중앙군이 준비되어 있었다. 이에 비해 일본은 육군이 도착할 때까지는 해군특별육전대 약 5,000명에 지나지 않았다.

일본 육군은 소련전만을 염두에 두었으나 중국 측은 일찍이 독일인 고문단에 의해 1934년부터 준비를 시작하였으며 1936년 4월에는 독중차관조약(1억 라이히스마르크 차관에 의해 중국은 군수품과 병기 공장을 발주한다)을 체결하였다. 1936년 통계로는 독일은 무기 수출총량의 57.5%를 중국에 집중시키고 있었다. 독일의 대일 무기 수출은 대중 수출의 1%에도 미치지 않았다. 중일전쟁이 일어나자 국민정부군은 독일의 플랜트공장에서 만들어진 무기를 사용하고 다이무라 벤츠 트럭으로 수송하며 독일인 고문단에게 군사 지도를 지원받는 상황이었다

(다지마 노부오〔田嶋信雄〕,『나치즘 외교와 '만주국'』).

사건 발생 5개월 전에는 상해를 지키는 진지 45개소 중 17개가 완성되어 있었다. 1935년부터 정비되었던 오복(吳福) 진지(소주-복산)는 약 7할이 석징(錫澄) 진지(무석-강음)는 거의 100% 완성되었으며(하응흠,「노구교사변 전 중국 군비 상황」), 독일인 고문은 100파운드 이하의 폭탄이라면 진지는 꿈쩍도 하지 않을 것이라고 호언하였다. 전투가 시작된 후 참모본부에서 전지 시찰에 나선 니시무라 도시오(西村敏雄)는 '적의 저항은 완강하다. 적의 제일선 병력은 약 19만'이라고 보고하였다.

상해전

상해전은 '베르단(제1차 세계대전의 격전지) 이래 가장 유혈이 낭자하였다'고 일컬어지는 전투로서, 당시 외무성 동아국장이었던 이시이 이타로(石射猪太郎)는 일기에 '중국은 대군을 상해에 쏟아부어 육전대 섬멸을 꾀하고 있다. 이를 며칠이나 견딜 수 있을까?'(1937년 8월 17일)라는 위기 의식을 표현하였다. 독일 국방군을 본따서 공군 정비에 힘쓴 중국군은 14일 상해의 일본해군 육전대 사령부, 황포강(黃浦江) 위의 제3함대 기함 이즈모(出雲)에 폭격을 가했다. 도양(渡洋) 폭격을 행한 기사라즈(木更津) 항공대와 공중전을 연출하여 3기를 격추시켰다. 당시 군령부 제3부(정보) 소속이었던 천황의 동생 다카마쓰노미야(高松宮) 노부히토(宣仁)는 14일 일기에서, 11시 20분 동맹보(同盟報)에 따르면 육전대 본부, 포함, 구축함, 비행장 용지가 '중국기에 폭격되었

▶사진 5-7. 상해 시가전(1937년 10월, ⓒ 마이니치).

다. 이것이 중국기의 첫 신호'라고 기록하였다.

일본 측이 8월 15일 '중국의 폭거를 응징'한다는 뜻의 성명을 발표하고 불확대방침을 전환한 날, 해군은 나가사키 현(長崎県) 오무라(大村) 기지와 대만 대북기지에서 해군 항공대의 신예폭격기 962 육상공격기에 의한 도양폭격을 시작하였다. 남경과 광동에 대해 가장 격렬한 공중폭격이 이뤄진 1937년 9월부터 10월까지의 1개월 사이에 해군공습부대가 투하한 폭탄은 합계 4,950발에 달했다(마에다 테쓰오〔前田哲男〕, 『전략 폭격의 사상 신개정판』).

육군은 8월 15일 상해파견군으로서 우선은 제3사단(나고야〔名古屋〕)과 제11사단(선덕사〔善通寺〕)의 2개 사단 파견을, 그 후 9월 11일이 되자 제9(가나자와〔金沢〕), 제13(센다이〔仙台〕), 제101(도쿄)의 3개 사단 증파 결정을 내렸다. 또한 상해파견군 외에 10월 20일에 제10군이 편성되어 제6(구마모토〔熊本〕), 제18(구루메〔久留米〕), 제114(우쓰노미야〔宇都宮〕)사단과 제5(히로시마〔広島〕)사단 일부가 편입되었다. 11월 상해파견군과 제10군을 합쳐 중지나(中支那)방면군이 신설되었다.

군의 진용에 특설사단(번호가 세 자리 사단이나 군축으로 폐지된 사단 번호를 사용하여 편성된 사단)이 포함되어 있는 데서 알 수 있듯이 참모본부는 소련의 동향을 고려한 나머지 현역병 비율이 높은 정예부대를 상해·남경전에 투입하지 않았다.

황도파 전 육군대신 아라키 사다오(荒木貞夫)는 일기에서 '동원령이 내렸다. 출동은 아직이다. 이번 소집은 후비 미년자(後備 未年者)와 제1 을미(乙未)교육(보충)병을 소집하는 것과 무엇이 다른가'(7월 20일)라고 솔직한 의문을 드러내었다. 동시대인의 눈에도 후비역을 중심으로 한 동원은 불가사의하게 비쳐졌으리라. 정우회 중진 중 한 명인 오가와 헤이키치(小川平吉)도 자신의 일기에 '새벽 소집령이 떨어지다. 나가사키 현(長崎県) 전체에서 1만여 명이라고 한다. 이번에는 예비병이 많다'(8월 15일)고 분명히 기록하고 있다.

9월 27일 전선 불확대에 실패한 이시하라는 참모본부 제1부장을 사임하고 관동군 참모부장으로 전출되었다. 이시하라의 주장 중에, 중국전선이 안정된 후 상해에는 제3사단만 남고 나머지를 북으로 보내 화북에서 방면군을 만들어 '소련과의 개전에 긴급히 대응할 수 있도록 병력을 배치'해야 한다는 것이 있었다. 육군은 어디까지나 북쪽을 향했던 것이다.

이러한 육군의 방침에 대해 천황 또한 강한 의심을 품고 있었다. 화북에서 화중으로 확대된 전쟁에서 병력의 점진적 투입만큼 어리석은 정책은 없다. 불안에 사로잡힌 천황은 8월 18일 군령부 총장과 참모총장에 대해 '핵심지역에 병사들을 모아 큰 타격을 입히고 우리의 공명한 태도로 화평으로 이끌어, 속히 시국을 수습하는 방책이 없는가, 당장 중국을 반성시킬 길이 없는가?' 하고 하문하였다. 육해 통수부의 봉답은 해군 항공부대에 의한 적 항공 병력의 섬멸, 중요한 군사시설, 군수공업중심지 등에 대한 반복적 공격에 의해 적의 전의 상실을 꾀하는 계획이었다. 병력의 열세를 전략 폭격으로 보완하려는 발상이 보인다(후지와라 아키라, 『쇼와 천황의 15년 전쟁』).

군기 해이

아라키 일기에서 언급한 소집병의 내실은 흥미롭다. 현역병이란 교육을 위해 군대에 들어가 군의 근간 형성이 기대되는 자로서 만 20세부터 2년간(해군은 3년)이다. 현역을 마친 자는 예비역이 되어 전시 소집을 기다리는데 그 기간은 5년 4개월(해군은 4년)이었다. 후비역은 예비역을 마친 자 전원으로서 10년(해군은 5년), 전시 소집에 응할 의무가 있었다(그림 5-8).

그렇다면 후비의 미년자란 가장 젊은 경우에도 27~28세는 될 터였다. 육군성 군사과장이었던 다나카 신이치(田中新一)는 이 점을 엄격히 관찰하였다. 10월 18일의 업무일지에는 '군기 숙정 문제, 군기 퇴폐의 근원은 소집병에게 있다'고 적었으며, 1938년 1월 2일에는 '군기 문란 현상은 황군의 중대 오점이다. 강간·약탈이 끊이지 않는다. 엄중히 단속하려고 애쓰지만 부하 장악이 불충분하다. 미교육 보충병 등이 더욱 문제가 끊이지 않는다'라고 썼다.

아라키 일기에 나온 제1 을미 교육보충병이란 무엇인가? 보충병에는 징병검사에서 갑종을 받았지만 추첨에서 떨어진 사람과 제1 을종인 사람이 해당된다. 제1 을미 교육보충병이란 제1 을종 합격으로 1기 3개월의 교육 소집을 경험하지 못한 병사를 의미하였다. 다나카가 일지에 쓴대로

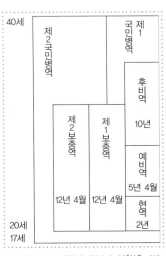

▶그림 5-8. 병역의 구분과 연한(후지와라 아키라[藤原彰], 『남경의 일본군』, 대월서점, 1997년).

'보병 연대에 관해서 보면 초년병은 1,000에서 1,500을 충당하지만 전원의 3분의 2에서 4분의 3은 예비역 혹은 보충병으로서 현역병은 각 사단 200 안팎밖에 남지 않는다'(12월 20일)는 현상이라면 상해·남경전에 종군한 병사의 훈련도는 낮고 사기도 낮았을 것이다. 다나카는 '예비역 후비역의 소집 해제를 실시하여 가능한 한 빨리 평상체제로 전환하여 병사 부족을 보충병·신병으로 충족시키는'(11월 18일) 방침을 세웠다.

다나카는 천황의 중일전쟁관과 마찬가지로 병력의 점진적 투입책에 강하게 반대하는 인물이었다. 불확대 방침은 언뜻 보면 온건해 보이지만 실은 많은 문제를 발생시킨다. 이시하라에 대한 다나카의 분노는 격렬하였다. 그는 '상해전은 초기에 크게 실패했기 때문에 외국 여러 나라를 반일로 몰았으며 마침내 장기전으로 가게 되었다. 그 책임은 (중략) 불확대정책이 져야 할 것이다'(12월 31일)라고 비판하였다.

중국 전선의 특질

개전 후 1년이 지난 1938년 8월 시점에서 육군성은 중국 전선에서 역종 구분을 조사하였다. 10개 사단의 총계를 산출하면 현역병 비율 16.9%, 예비역 28.3%, 후비병 41.5%, 보충병 13.5%가 된다(4사5입 원칙에 의해 작성했으므로 합계는 100이 되지 않는다. 이하 마찬가지). 중국 전선의 40% 이상이 후비병에 의해 지탱되는 것이었다. 후비병 비율이 높다는 것은 높은 범죄율로 직결되었다. 제10군 군법회의 기록에서 피고의 역종을 요청해보면 기결범 중 현역 3.9%, 예비역 22.5%, 후비역 57.8%, 보충병역 14.7%가 된다. 기결범의 50% 이상을 후비병이 점하고 있었다.

상해전은 37년 8월 13일부터 11월 9일까지 3개월간 계속되었다. 중국 측의 손해도 매우 컸다. 상해전이 종반에 들어서자 독일인 고문단에 의해 훈련되고 독일제 병기로 무장된 근대식 전투부대가 완전히 소모되는 통한의 사태가 일어났다. 중앙군의 병력이 부족해지자 급거 지방군이 전선에 투입되었다. 상해전에 투입된 중국군은 모두 70개 사단, 70만, 그중 19만이 희생되었다고 일컬어진다. 상해에서 퇴각한 중국군은 수도 남경을 둘러싼 공방으로 옮겨갔다. 그것은 12월 13일까지 이어졌다. 상해에서는 장개석의 신뢰가 두터운 진성(陳誠)이 총지휘를 맡았으나 남경에서는 현대전의 지휘 경험이 없는 당생지(唐生智)가 남경방위군 사령장관이 되었다(가사하라 도쿠시〔笠原十九司〕, 「국민정부군의 구조와 작전」).

이에 대해 일본 측은 상해파견 사령관에 마쓰이 이와네(松井石根), 제10사령관에 야나가와 헤이스케(柳川平助)가 취임하였다. 일본군은 중국군을 격퇴하여 남경으로 향했다. 본래는 남경 공략의 의도가 없었던 육군 중앙도 제1선의 돌진을 보고 12월 1일 남경공략을 추인하였다. 상해파견군과 제10군은 경쟁하면서 남경으로 향했다. 서로 공을 다투며 진군하는 가운데 식량을 운반하는 부대와 군수품을 보급하는 부대는 따라 붙지 못했고 결국 보급은 현지 물자의 약탈로 충당하게 되었다(후지와라 아키라, 『남경의 일본군』).

남경전

작가 이시카와 타쓰조(石川達三)는 1937년 12월 하순 중앙공론사 (中央公論社) 특파원 자격으로 남경 함락 후의 화중방면 작전에 종군하였다. 그가 쓴 「살아 있는 병사」(『중앙공론』, 1938년 3월호, 즉시 발매 금지) 가운데의 한 구절. '남경은 적의 수도이다. 병사는 그것이 기뻤다. 남경을 빼앗는 것은 결정적 승리를 의미한다.' 결정적 승리를 얻을 수 있다면 전쟁은 끝나고 고향에 돌아갈 수가 있으니 병사는 기뻤던 것이다. 그러나 만일 남경이 함락되어도 전쟁이 끝나지 않는다는 것을 알았다면 그들은 어찌 되었을까?

남경의 성벽은 높이 약 18m였다. 바깥쪽에는 해자를 파고 방위선은 세 겹으로 둘러쌌다. 방어에 적당한 도시는 일단 적의 침입을 당할 경우 적의 포위망을 뚫고 군대가 퇴각하는 데 적합하지 않다. 남경 방위전을 둘러싸고 중국의 군사위원회 막료들은 남경 사수를 포기하고 어느 정도의 항전을 한 후에는 자발적으로 퇴각하여 장기 지구전으로 이행할 것을 장개석에게 진언하였다. 그러나 장개석은 남경을 일정 기간 사수한다는 작전을 고집하였다.

장개석이 남경전에 집착한 것은 일본 참모본부가 1937년 12월 무렵을 소련이 일본에 공세를 펴는 호기로서 가장 경계하였던 것과 관계있었다. 장개석은 군사위원회에서 사람을 모스크바에 파견하여 전차·중포·고사포 등의 무기 원조를 의뢰하는 동시에 중국이 군사적 저항의 성과를 보이면 소련은 대일 참전할 의사가 있는지 물었다.

당생지가 철수 시기와 방법을 그르치면서 12일 밤부터 13일 아침에 걸쳐 약 15만 명의 중국군은 일본의 포위망을 뚫고 퇴각을 시도하였다. 그러나 제58사에서 장강 좌안으로 탈출할 수 있었던 것은 3분의 1에 지나지 않고 제87사는 약 300명이 장강의 격류를 건넜을 뿐이었다. 서로 배를 뺏고 빼앗기는 형국은 처참하다고밖에 말할 수 없는 광경이었다.

한편, 일본 측은 불충분한 보급을 받으면서 추격전으로 인한 울적함, 중국 병사에 대한 멸시의 감정을 가지고 있었다. 작가 이시카와 타쓰조는 병사의 감정을 잘 관찰하고 있었다. '병사의 감정을 특히 초조하게 한 것은 중국 병사가 위기에 몰리면 군복을 버리고 서민 속에 숨어들어 가는 상투수단(후략)이었다.' 투항을 비겁하다고 보는 일본 병사의 문화적 바탕에서 보면 군복을 벗고 국제안전구(난민구)로 도망치는 중국 병사의 심성을 이해할 수 없었으리라. 또한 병사들은 포로에 대한 대우를 잘 몰랐다. 이시카와는 솔직히 '이러한 추격전에서는 어느 부대라도 포로 처리에 골치를 앓았다'라고 썼다. 이 혼란의 와중에 남경사건은 일어났다(노지마 히로유키(野島博之), 「문학이 다룬 전쟁」).

일본은 1929년 주네브에서 의결된 포로에 관한 조약을 비준하지 않았다. 그러나 포로의 인도적 대우를 정한 1907년 헤이그에서의 「육전의 법칙 관례에 관한 조약」 부속의 「육전의 법칙 관례에 관한 규칙」은 비준하였다. 선전포고가 없는 전쟁에서는 청일, 러일 등의 전쟁에서와 같은 선전 조서 중의 '국제법규를 준수'해야 한다는 문구도 없었다. 1933년 육군보병학교가 반포한 「대중국군 전투법의 연구」 가운데 '포로의 취급' 항목에는 포로는 반드시 송환할 필요는 없으며 특별한 경우를 제외하면 현지 또는 지방으로 옮겨서 석방해도 된다고 되어 있었다. 그 후에 이어서 '중국인은 호적법이 완전하지 않을 뿐 아니라 특히 병사는 부랑자'가 많으므로 '설령 이를 살해하거나 다른 지방에 놓

아주어도 문제되지 않는다'라고 적었다(후지와라 아키라, 『굶어 죽은 영령들』).

당시의 중국 병제로 볼 때 육군보병학교 교본에서 호적법 운운하는 설명은 심각한 의미가 있었다. 중일전쟁이 시작되었을 때 중국에서 징병제는 실질적으로 도입되지 않았으며, 1936년에 실시한 '징병제 실시 계획'에 의해 전국에 설정한 병영구와 전국에 설정한 60개 사단의 군구마다 징병과 부대 편성, 훈련을 행하는 제도로서 기구를 이용하여 각 구에 병력 공출을 할당하였다. 중일전쟁 기간에 국민정부가 동원한 병사의 총수는 약 1,405만 명이라고 일컬어지는데 그중 사천성에서는 약 258만 명이 징집되었다고 한다. 그들 대부분은 빈농으로서 경작 담당자이기 때문에 종종 군대에서 도망쳤는데 장정의 도망은 중국 군정당국에게 언제나 심각한 문제였다. 수를 채우지 못한 보갑장(保甲長)은 그 지역 이외에 적을 둔 행상인 등을 납치하여 수를 맞춘 예도 있었다고 한다(사사카와 유지〔笹川裕史〕, 「식량·병사의 전시 징발과 농촌의 사회 변용」).

전시 경제

산업 구조에서 군수 관련 부문의 비중, 재정지출 중의 군사 지출 비율로 볼 때 1932년에서 1936년까지의 시기는 아직 평시 경제라 할 수 있으나 1937년 중국과의 전쟁이 전면화되자 일본 경제는 전시 경제로 전면적인 편성을 바꾸었다.

같은 해 9월 육군은 임시 군사비로서 25억 엔을 요구했다. 이는 당시의 국가 예산 28억여 엔에 필적하는 액수로서 수입 급증은 당연하였으므로 통제 없이는 국가 수지 악화를 피할 수 없게 되어 경제 계획화가 시작되었다(그림 5-9 참조). 9월 임시의회에서는 이후의 경제에서 커다란 영향력을 가지게 될 3법, 즉 임시자금조정법(군수와 관계가 적은 기업에 대한 설비 투자 자금을 통제할 수 있다), 수출입품 등 임시조치법(불요불급이라고 인정된 물자를 수입 금지할 수 있다), 군수공업동원법(필요한 공업 설비를 군부가 감리할 수 있다)이 성립하였다.

10월에는 중요산업 5개년계획을 추진하기 위한 기획청과 물자수급을 측정하는 자원국(1927년 창립)을 통합하여 전시 경제의 계획입안 기관으로서 기획원이 설치되었다. 의원에게서 나치스 수권법과 같다는 비판도 받았던 국가총동원법이 1938년 4월 제국의회 심의에서 성립되었다. 이는 총동원 관계 사항에 관해 국가의 광범위한 명령, 제한,

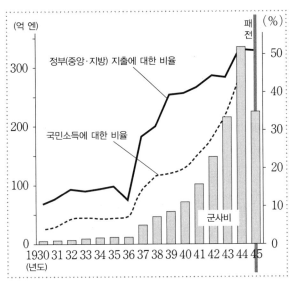

▶그림 5-9. 군사비의 증대와 국가 예산의 팽창(大川一司 외, 『장기 경제 통계 1 국민소득』·江見康一 외, 『장기 경제 통계 7 재정지출』을 근거로 작성).

금지 권한을 주는 것으로서 본래는 의회의 협찬이 필요한 법률로 결정되어야 할 사항이라도 칙령이나 성령(省令) 등으로 지시할 수 있게 되었다(나카무라 다카히데, 『쇼와경제사』).

철강 생산에서는 병기 생산에 직결되는 특수강 등은 태평양전쟁 말기까지 계속 확대되지만 경제 전체에 커다란 영향을 미치는 보통강 강재 등은 1938년 최고에 달하여 이후는 감소한다. 1938년부터 경제 생산은 물자동원계획에 바탕을 두고 이뤄졌으나 그 경우 보통강 강재의 배분 요구를 둘러싸고 육해군이 대립한 결과 민수는 압박되어 경제 전체를 약체화시키게 되었다. 최대의 에너지원이었던 석탄 생산도 40년을 정점으로 이후는 5,000만 톤대가 되었다. 1938년에 병력 총수는 100만 대를 넘어 병력 동원에 의해 생기는 노동력 부족은 섬유산업이나 상업으로부터의 노동력 이동으로 메워졌다. 병력 동원이나 군수산업으로의 노동력 이동에 의해 감소한 남자 농업노동력은 여자노동력에 의해 메워졌다(하라 아키라 편, 『일본의 전시 경제』).

1937년 9월 이후 육해군은 팽창된 임시 군사비 예산을 획득하였다. 그러나 이러한 예산의 60% 정도는 눈앞의 중일전쟁에 대한 조치라기보다는 장래의 큰 전쟁에 대비하여 군수품을 축적하는 쪽에 사용되었다. 그러나 군수 생산이 우선되면 경제는 축소된다. 도쿄제국대학에서 경제학을 강의한 아리사와 히로미(有沢広巳)는 「전쟁과 경제」(『개조〔改造〕』, 1935년 3월호)에서 군수 부문의 생산 규모가 민수 부문의 확장 생산부문의 규모보다 크면 축소 재생산에 빠지지 않을 수 없다고 하였다. 일본은 미국과 소련을 상대로 한 전쟁에서 승리할 수 없다는 것이 아리사와 논문 이면에 숨겨진 주장이었으리라.

육해군의 군수동원계획은 중일전쟁 발발 이전부터 자원국에서 육해군의 전시 소요량이라는 형태로 조정되고 있기는 했다. 현재 남아 있는 「제2차 기간계획의 개요」(1936년 12월 26일)에 따르면 이를테면 강재의 전시 총수요는 연간 약 420만 톤인데 강재 생산 능력은 500만 톤이었다. 계획상으로도 고철 300만 톤이 부족하므로 이에 대처하기 위해서는 제강법의 개혁, 용광로 증설을 포함, 대소·대미 2국 동시 개전을 예측하면 준비기간이 1.5~2년 필요하다는 것을 알 수 있다.

대소 대미전 이전에 중일전쟁이 시작되었다. 육군이 「제2차 기간계획」에서 징용 예정선으로서 상정한 선박은 약 48만 톤이었다. 그러나 현실적으로 1940년 12월 시점에서 중일전쟁에 대한 대응만으로 이미 약 90만 톤, 상정한 것의 배 이상의 선박이 징용되었다. 계획상의 수치가 너무도 낙관적이었음을 알 수 있다(아라카와 켄이치〔荒川憲一〕, 「전간기의 전쟁 경제 연구에 대하여」).

병원선

일본 측의 준비는 불충분했다. 내지 송환 환자가 발생하는 전쟁에 대응할 수 있는 준비가 없었다고 할 수 있다. 중일전쟁 시작부터 2년 반에 걸쳐 일본 적십자사의 구호간호부로서 병원선에 근무한 후지가키 교코(藤垣京子)의 일지가 있다. 히로시마 니노시마(似島)의 전염병원 격리병동에 근무했던 그녀는 이렇게 적었다. '얼음을 넣으려 하니 얼음베개도 없지만 송곳도 없다. 대변을 바꿔 담으려 해도 목화도 없다. 눈물이 흐르는 것을 참을 수 없다'(1937년 10월 1일). 이러한 전염병 환자는 초기의 진포(津浦) 연선의 작전이나 상해전의 나환자일까?

상해에서 병원선에 수용된 환자 중에 신경 쇠약에 나환자가 된 사람도 있었다. '오전 2시 반경, 변소에 간다고 나갔는데 걱정이 되어 슬쩍 따라가 보았더니 아니나 다를까 베란다에 올라가려고 하였다. 애써 말려서 잠자리에 돌려보내고 갖은 말로 위로하여 간신히 재울 수 있었다'(1938년 2월 4일). 이는 투신자살을 막은 사례인데 일기에 기록된 다른 두 예는 자살을 막지 못한 예였다(신타니 타카노리〔新谷尚紀〕, 「일본적 십자사 간호부와 진중일기」).

지구전으로

화북과 화중에서 전투를 계속하면서 일본 측은 1937년 10월 1일, 총리·외무·육군·해군 4성 대신에 의한 「지나사변 대처요강」을 결정하여 상주하였다. 화북과 화중에서 전황이 확대되어 장기전의 우려가 커지자 10월 공세의 전과에 의해 전쟁을 끝내고 국민정부와의 화평 해결을 상정한 것이었다.

국민정부도 10월 25일의 국방회의에서 정전이 협의되어 ① 사기 면에서 보면 정전은 불리, ② 현역 군대는 모두 투입해버렸으므로 정전은 유리, ③ 무기·탄약 소모가 심하고 보충이 어려우므로 정전은 유리, ④ 산서, 산동 전투의 귀결은 아직 미결이고 상해의 정세도 유리하므로 정전은 외교적으로 나쁜 정세가 아니다, 라는 논의가 이루어졌다. 일본 측의 조건에 따라 중국 측도 정전에 응하지 않을 수 없는 궁지에 몰려 있었다.

11월 2일 히로타 외상은 주일 독일 대사 디르크센에게 「지나사변 대처요강」을 기초로 한 조건, 즉 내몽고에 자치정부 수립, 만주 국경에서 천진·북평 사이에 비무장지대 설정, 상해 비무장지대 확대, 일본 배척 정책(반일 교과서 개정 등)의 중지, 공동 방공 등의 조건을 전달하였다. 디르크센은 조건을 주중 독일 대사 트라우트만에게 전하였으며, 12월 2일 국민정부는 화북의 주권과 독립을 침범당하지 않는다는 것을 조건으로 일본과의 화평협의에 응할 것을 결정하였다(유걸(劉傑), 『중일전쟁하의 외교』).

당시 군령부 제11과는 재정부장 공상희나 외교부에서 재외 사신에게 보낸 전보, 또는 주중 영국 대사와 주중 미국 대사가 본국에 보낸 전보를 해독하여 12월 4일부터 5일 시점에서 중국 측이 화평을 원한다는 것을 알았으며 이는 외무성과 육군에게 곧장 전해졌다. 여기서 문제가 일어났다. 트라우트만 공작은 사실상 참모본부의 작전과와 지나과, 육군성 군무국 군무과 지나반 등에 사전에 알리지 않고 히로타 외상 주도로 이뤄졌기 때문에 암호 해독을 통해 처음으로 실정을 알게 된 육군 중견층은 강하게 반발하였는데(미야스기 히로야스(宮杉浩泰), 「전전기 일본의 암호 해독 정보의 전달 루트」), 이 대립은 그 후의 국책 결정 과정에도 영향을 미쳤다.

일본 측은 11월 20일에 대본영을 설치하여 정전 양략 일치를 꾀하기 위한 대본영 정부 연락회의를 설치했다. 정부는 상해·남경작전의 성공을 통해 중국에 대한 교섭 조건을 강화해갔다. ① 화북에는 중국의 주권을 인정한 특수한 '행정 형태'를 수립, ② 내몽고에는 방공 자치정부 수립, ③ 일본에 강화 사절 파견 등이 추가되었다. 또한 처음에는 명시하지 않았던 만주국 정식 승인에 관한 항목도 추가되었다.

1938년 1월 15일의 연락회의(출석자는 고노에 수상, 히로타 외무대신, 스기야마 하지메〔杉山元〕육군대신, 요나이 미쓰마사〔米内光政〕해군대신, 스에쓰구 노부마사〔末次信正〕, 간인노미야 참모총장, 후시미노미야〔伏見宮〕군령부 총장, 다다 하야오〔多田駿〕참모차장, 고가 미네이치〔古賀峯一〕군령부 차장)에서는 중국 측의 회답이 성의 없다며 교섭 중지를 주장하는 정부와 한 번 더 회답을 기다려야 한다는 통수부가 격렬하게 대립하였다.

간인노미야가 '세목 11개 조가 철저하다면 각 조항을 자세히 적는 것은 어떤가'라고 하여, 새롭게 추가된 세목 조건을 구두가 아니라 문서로 작성하여 보다 자세히 설명하면서 중국 측을 설득해야 한다고 발언한 데 대해 히로타 외상은 '자세히 설명해 두었으므로 알고 있을 것이라고 생각한다'고 대답한 것처럼 정부가 중국에 대한 교섭 중지라는 강경한 태도를 취한 것이 주목된다. 1월 16일, 정부는 '국민정부를 상대하지 않겠다'고 성명하였다.

중국 측과의 교섭을 중지하기 위하여 이처럼 강한 언사를 사용한 것은 장래의 화평 교섭을 어렵게 하였다. 왜 정부 측은 화평 교섭 중단을 결정했을까? 그 대답의 하나로서 정부 측이 가장 염두에 두었던 것이 전시 경제 강화였다는 점을 들 수 있다. 중국 측의 저항 의욕을 꺾고 전쟁 지속의 필수인 해외로부터의 경제적 보급을 안정적으로 하기 위해서라도 대외 환율 상장 유지와 공채 소화율 향상이 불가결했다. 그런데 트라우트만 공작에 일본 측이 집착하는 것은 일본이 정전을 서두르고 있는 것이라고 외국이 생각하지 않을까 하는 경계심을 낳았다 (마쓰우라 마사타카, 『중일전쟁기의 경제와 정치』). 일본군은 그 후 1938년 5월 서주를 함락시키고 10월 광동, 무한을 점령하였다. 그러나 중경에서 밀려난 국민정부가 항전을 계속함에 따라 전쟁은 장기 지구전 형태로 옮겨가게 되었다.

조르게는 중일전쟁을 통해 일본의 전력이 강화되었다는 점을 깨달았다. '일본 육군은 중일전쟁을 하는 사이에 23만 명이 채 안 되는 작은 육군에서 독일이나 적군 규모의 큰 육군으로 발전하였다. 또한 중일전쟁까지는 기술상으로도 훨씬 뒤떨어져 보였으나 지금은 모든 근대 병기를 갖추어 기술상으로도 뛰어난 역전의 육군으로 변화했다'(「중일전쟁중의 일본 경제」, 『지정학잡지』).

중일전쟁의 국제화

국제관계를 안정시키는 체제가 존재하지 않게 되었을 때, 모든 강대국은 이중외교를 전개함으로써 안정 보장에 힘썼다. 이를테면 독일은 1936년 4월 무기 수출을 중심으로 하는 독중 차관조약을 체결하는 한편, 일본과의 사이에 같은 해 11월 일독방공협정을 체결하였으며, 1937년 5월에는 소련에 관한 일독정보교환부속협정을 맺어 극동 외교에 양다리를 걸쳤다. 그러나 유럽 정세의 긴박화와 더불어 양다리 외교는 서서히 종지부를 찍었다. 일본에 대한 독일의 접근은 독일 내부 전통적 지배층의 정치적 쇠퇴가 결정적 요인이 되었으며 리펜도르프의 외상 취임(1938년 2월), 만주국 승인(같은 해 5월), 중국과의 사실상의 단교(같은 해 6월)에 의해 명확해져 갔다(다지마 노부오, 「일독군사협정문제」).

한편, 중국은 소련과의 군사협정에 돌입하여 1938년 2월 중소군사항공협정이 조인되었다. 유럽이나 소련의 정세 변화와 더불어 중일전쟁은 국제화의 양상을 띠어갔는데 그것은 다음과 같은 이유에서였다.

① 독일이 중국에서 일본으로 정책을 전환한 점, ② 일본이 장개석의 국민정부를 부정하고 친일괴뢰정권 수립에 의한 장기 지구전 태세에 들어선 점, ③ 영미 해군의 공동 전략회의가 비밀리에 런던에서 시작된 점, ④ 소련 안에 대일 강경론이 생겨나 중국 원조 이상의 대일 강경책을 선택하는 움직임이 나타난 점, ⑤ 영국이 제국방위순위에서 극동의 열세로 인해 일본에 대해 어느 정도의 유화 자세를 보였기 때문에 일본 안에 영국에 압력을 가하여 중일전쟁을 해결하려는 기운이 생겨난 점(이리에 아키라〔入江昭〕, 『태평양전쟁의 기원』).

⑤에 관해서는 다소 유보가 필요할 것이다. 영국이 중국에서 한 투자 총액은 2억 5,000만 파운드에 달하여 그것은 영국의 전 해외자산의 6%, 중국에 대한 외국으로부터의 투자액의 35%(1937년 현재)를 점하고 있었다. 영국은 싱가포르 기지에 유력한 해군부대를 파견할 힘은 없었지만, 중국군과 일본군의 전투 양상, 혹은 노몬한에서의 소련·몽고인민공화국 연합군과 일본군의 전투 양상을 보고 일본의 군사력에 대해 경멸감을 갖게 된 것은 사실이었다. 1938년 2월 단계에서 영국인 정보장교는 '공격정신 왕성하고 훈련과 지도가 잘 된 중국군 부대는 거의 동등한 조건 아래 일본군과의 전투를 두려워할 필요가 없다'고 보고 있었다. 따라서 영국의 대일 유화자세는 1938년 9월 뮌헨에서의 대독 유화와는 차원이 다른 보다 소극적인 것으로 보인다.

그러나 1937년 9월 1일 독일이 폴란드로 진격하고, 3일 영국과 프랑스가 독일에 선전포고함으로써 제2차 세계대전이 발발하였다. 영국은 무엇보다도 이탈리아 타도를 제일로 부르짖었기 때문에 지중해 지역의 방위를 우선시하지 않을 수 없었고 극동에서의 일정한 타협은 불가피해졌다.

일본 측 또한 중일전쟁 개전 후인 1937년 11월 일독방공협정에 이탈리아를 참가시켜 1939년 6월 천진의 영국 조계를 봉쇄하는 등 영국 견제에 힘썼다(A. 베스트, 「중일전쟁과 영일관계」). 이처럼 중국 문제를 둘러싼 미국과의 최종적인 원리적 대립을 맞이하기 전에 극동과 유럽에서의 전쟁은 밀접한 관련을 갖게 되었던 것이다.

자기 설득의 논리

국민이 중일전쟁을 지지한 이유 중 하나는 속전속결로 중국을 타도할 수 있다는 전망이 있었기 때문이리라. 그러나 전쟁은 서전에서부터 어려운 싸움이 되어 1937년 말까지 동원된 병사는 93만 명에 달했다. 내역을 보면, 소집병은 59만 4,000명으로서 현역병 33만 6,000명의 배에 가까웠다(후지이, 『국방부인회』). 전쟁은 계속되면서 귀환병에 의해 전쟁의 양상이 조금씩 사회에도 전해지게 되었다. 육군 차관 통첩 「지나사변에서 귀환하는 군대 및 군인의 언동 지도 단속에 관한 건」에 예시되어 있는 귀환병의 이야기에는 다음과 같은 것이 있었다. '병참지역에서는 소나 돼지 징발은 헌병에게 발각되어 야단맞지만 제일선에 나가면 먹지 않고 싸울 수는 없으므로 발견하는 대로 전부 다 죽여서 먹었다.' '전투 사이에 가장 기쁜 것은 약탈로서 상관도 제일선에서는 보고도 못 본 척하므로 마음껏 약탈하는 자도 있었다.' '전쟁터에서는 강간 정도는 아무렇지도 않게 생각한다.' 이러한 사례는 요시미 요시아키(吉見義明)가 종군 병사의 일기나 편지를 축으로 민중의 전쟁 체험을 구성한 『풀뿌리 파시즘』에서 묘사하는 세계와 통하고 있다. 대체 무엇을 위해 전쟁을 하고 있는 것일까 하는 의문이 사람들 사이에서 생겨나는 것은 당연하리라.

그것에 대한 고노에 내각의 대답이 1938년 11월 3일의 '동아신질서' 성명이었다. 동아신질서란 제2차 세계대전 후에 공공연히 정통성을 주장할 수 없게 된 제국주의·식민지주의를 대신할 설명 형식의 필요성과 워싱턴체제적 협조주의의 부정이라는 모티브 사이에서 지식인에 의해 구상된 자기 설득의 논리였다고 할 수 있다.

그 대표적 지식인의 한 사람, 도쿄제국대학교수 로야마 마사미치(蠟山政道)는 무력전이 필요한 이유를 다음과 같이 설명하였다. 유럽의 지역 질서에 지나지 않는 국제연맹의 시스템을 보완하기 위해서는 동아시아의 지역주의적 질서 원리 확립이 본래 필요하였다. 그러나 중국의 민족주의는 동아시아의 지역주의적인 질서 원리를 인정하지 않을 뿐 아니라 유럽 제국주의에 이용되고 있는데도 알아차리지 못한다. 아시아의 빈곤을 초래한 것이야말로 각국 내셔널리즘의 대립을 동일한 평면상에서 해결하려고 한 윌슨류의 민족주의에 있었던 것이다. 따라서 일본은 각성하지 않는 중국의 민족주의와 그에 따르는 서구 제국주의를 함께 군사력으로 타도할 필요가 있다. 로야마는 이렇게 논하면서 전쟁을 정당화하였다(미타니 타이이치로,「국제환경의 변동과 일본의 지식인」).

제1차 고노에 내각의 브레인이 된 많은 혁신파도 동아공동체에 대해서 많은 논고를 남겼다. 사회대중당 의원 가메이 칸이치로(龜井貫一郞)의 논리를 살펴보자. 일본과 중국의 내셔널리즘을 동일 평면 위에서 조정하여 중일전쟁을 해결하는 것은 불가능하기 때문에 보다 높은 차원에서 해결할 수밖에 없게 되었다. 보다 입체적 해결 즉 세계 신질서의 한 단위로서의 동아시아라는 위상으로 해결하는 수밖에는 없다. 일본과 중국과 만주국의 내셔널리즘을 흡수해 가면서 초국가체로서의 동아공동체를 형성하는 방향만이 역사적 필연에 따르는 것이라고 가메이는 설명하였다(이토 다카시〔伊藤隆〕, 『고노에 신체제』).

이 시점에서 대장성 예금부의 감리부장이었던 혁신 관료 모리 히데오토는 「'동아 일체'로서의 정치력」(『해부시대』, 1938년 11월호)에서 중일전쟁을 '동아시아의 세계(국제자본주의 및 공산주의적 지배)에 대한 혁명이다'라고 표현하였다(이토 다카시, 『쇼와기의 정치 속편』). 알기 쉬운 예로 설명하면 이제까지 반식민지의 지위에 있던 동아시아 농업 문제가 해결을 보지 못했던 것은 나라별로 대응해왔기 때문이므로 일본·중국·동남아시아를 관통하는 광역적인 토지문제·농업문제를 동시적으로 해결함으로써 반식민지 상태에서 벗어나는 것이 가능해진다고 논하였다. 당시 지식인들 논리의 최대 공약수는 이상과 같은 내용에 있었다고 할 수 있다.

중립법의 여파

일본도 중국도 선전포고를 하지 않았다. 선전포고를 하면 미국 중립법의 적용을 받게 될 우려가 생기기 때문이었다. 중립법은 미국 자체를 전쟁으로부터 멀리 하기 위한 국내법으로서의 의미를 가지는 한편, 거대한 미국의 물자와 자금력으로 주변 여러 나라의 전쟁 발발을 억제하는 힘을 가지고 있었다. 즉 중립법은 한편으로는 미국의 고립을 보장하고 다른 한편으로는 경제 제재와 같은 움직임을 보일 수 있는 특수한 법이라고 할 수 있었다.

1937년 5월에 개정된 미국 중립법에 의하면 전쟁 상태에 있다고 인정되는 나라는 ① 미국으로부터의 병기·탄약·군용기재의 수입이 금지된다. ② 일반의 물자·원재료에 대해서도 수입 제한이 이뤄져 이들은 수입을 원하는 당사자국의 책임으로 '현금·자국선 수송'이 아니면 안 된다. ③ 금융상의 거래 제한(대통령이 전쟁 상태를 포고했을 때는 교전국의 공채·유가증권·그 밖의 채권증서를 매매하거나 교환하는 것이 불법이 된다. 또한 교전국에 자금 또는 신용을 주는 것은 불법이 된다) 등의 조치를 받게 되었다.

일본은 주로 ③을 우려하고 중국은 주로 ①과 ②를 두려워하였다. 일본은 1937년 11월 내각 제4위원회에서 선전포고의 가부에 대해 논의하여 육해외 3성의 합의에 의해 선전포고를 하지 않기로 결정하였다. 그런데 선전포고를 하지 않으면 통상의 교전권 발동에 의해 인정되는 권리 행사가 불가능하게 된다. 즉 군사 점령이나 배상을 적법하게 요구할 수 없는 딜레마에 빠지게 되는 것이다. 고노에 내각은 적극적인 의의를 표명하지 못하고 시작한 중일전쟁의 의의를 혁신파 논의로 장식하였으나 중립법의 딜레마에서 오는 모순까지도 한 번에 설명할 수 있는 경지까지 이데올로기적 장식을 더욱 강화할 필요가 생겼다.

고노에의 좌절

그것이 1938년 11월 3일의 동아신질서 성명(제2차 고노에 성명)이며, 같은 해 12월 22일의 고노에 3원칙(제3차 고노에 성명)이었다. 고노에가 말한 중일관계 해결을 위한 3원칙은, 선린우호·공동 방공·경제 제휴였으나 그 내용을 자세히 보면, ① 주권 존중, ② 무배상·무병합, ③ 경제 개발을 독점하지 않는다, ④ 제3국 권익을 독점하지 않는다, ⑤ 점령지역에서의 철수, 이 다섯 가지이다.

참모본부 지나과 주도로 국민정부에서 장개석 다음 지위에 있었던 왕조명을 유도하는 공작이 동시에 진행되고 있었다. 고노에 성명에 왕조명이 호응하는 형식으로 ① 만주국 승인, ② 치외법권 철폐, ③ 화북 경제 개발, ④ 중일 제휴에 의한 동양의 부흥, ⑤ 영국과 소련 양국에 대한 공동 전선, ⑥ 광동·광서·운남·사천을 기반으로 하는 신정부 수립 등을 골자로 하는 왕조명의 성명안이 극비리에 준비되었다. 왕조명은 1938년 12월 18일 중경 탈출을 감행하여 29일에 대일 화평 전보를 중국 전역에 발하였으나 왕조명을 따르는 지방 실력자는 나타나지 않았다.

1940년 7월 22일 요나이 미쓰마사 내각이 무너지자 고노에 신체제를 바라는 육군에 의해 제2차 고노에 내각이 성립되었다. 이 내각은 일본을 제2차 세계대전하의 유럽 정세와 연동시키려는 의욕을 가지고 있었다. 고노에로서는 중일전쟁을 끝내기 위한 국민조직을 만들어 일국일당(一國一黨)에 의한 의회 운영을 통해 군부를 억제하려는 의도가 있었다. 그러나 고노에의 지지 기반 중 하나였던 관념 우익 등이 국민조직이나 일국일당은 막부적 존재이며 헌법 위반이라고 반대하였다.

일국일당 구상에 관해서는 해군은 물론 육군 중앙도 반대하였다. 따라서 고노에는 10월 일국일당론을 단념하고 상의하달(上意下達) 조직으로서 대정익찬회(大政翼贊会)를 설립하는 것으로 바꾸었다. 이것은 고노에 내각이 본래 품고 있던 구상, 즉 국내적으로 정치 세력을 재결집시켜 중일전쟁을 독자적으로 해결한다는 전망을 스스로 포기하는 것을 의미하는 것이었다.

맺음말

군과 국민

여기까지 읽어온 독자는 모두 알아차렸을 것이라 생각하지만, 쇼와 전전기 일본에서 국방사상 보급운동 등을 통해 국민을 끌어들이고 선동하여 만주사변에 대한 지지를 얻은 육군 등이 정말로 지향한 것과 선동 과정에서 국민 앞에 강조된 논리 사이에는 사실상 간극이 있었다.

이시하라 칸지가 바란 것은 ① 소련이 아직 약체였을 때, ② 중국과 소련의 관계가 악화되어 있을 때, ③ 일본과 소련이 장래에 대치하는 방위 라인을 중소 국경의 천연 요새까지 북으로 서로 밀어붙이는 것이었다. 만주는 장래 미국과의 전쟁 보급기지로서도 필요했다. 그러나 국민들에게는 그것을 감추고 조약을 지키지 않는 중국, 일본상품을 보이콧하는 중국이라는 구도로 국민의 격렬한 배외 감정에 불을 붙였다.

마쓰오카 요스케, 그리고 다테카와 요시쓰구까지도 국제연맹에 남으려고 분투했던 1932년 말부터 1933년 초반 주네브 군축회의의 육군 측 수행원의 한 사람으로서 같은 주네브에 합류한 이시하라가 조기 탈퇴론에 대해서는 냉담하게 방관하였다는 증언이 있다. 전략상의 목적이 달성되면 중일분쟁 귀결 등이 문제가 아니었으리라. 마구 부채질을 당했다가 나중에는 방치된 국민의 분노는 '만주사변은 보복'이라는 자기 설득의 논리에 보다 강하게 결합되어 갈 수밖에 없었다.

간극은 중일전쟁에서도 일어났다. 참모본부 제1부장이었던 이시하라는 1937년 후반에도 소련의 대일 참전이 있을 수 있다고 보았다. 소련을 경계한 나머지 만주에 주둔해 있던 현역병이 많은 강한 사단에는 손을 대지 않고 아라키 사다오가 갈파한 것처럼 후비병 비율이 높은 약체의 특설사단에게 상해·남경전을 치르게 했다. 한편, 군의 확대파 또한 눈앞의 중국과의 전쟁을 명목으로 임시군사비를 획득하여 사실상 장래의 대소전에 대비한 확충계획, 국방 국가화에 예산의 60%를 쏟아 붓고 있었다. 육군의 불확대파도 확대파도 실상은 중국과 제대로 맞서지 않았다. 이러한 때 중국 측이 독일인 고문단과 함께 구축한 튼튼한 진지와 잘 훈련된 중국병 앞에 투입된 일본병 등에게 형세 만회 후의 중국 전선이 보상·보복의 장으로 바뀌는 것은 자연스러운 흐름이리라.

반군 연설

군과 국민 사이의 사실상 인식되지 않았던 간극을 메우기 위해 중일전쟁에 의의를 부여하는데 분주했던 것이 제1차 고노에 내각의 브레인조직 쇼와연구회에 모였던 혁신파 관료나 지식인이었던 것은 이미 살펴보았다. 그들은 ① 주권 존중, ② 무배상·무병합, ③ 경제 개발을 독점하지 않는다, ④ 제3국 권익을 독점하지 않는다, ⑤ 점령지역에서의 철수 등을 주장하고 있었다. 요나이 미쓰마사 내각도 위의 방침을 승인하였다. 이를 근본부터 비판한 것이 1940년 2월 2일의 민정당 의원 사이토 타카오(斎藤隆夫)의 반군 연설이었다.

사이토는 ① 동양 평화를 위하여 싸우는 성전이라는 정부의 설명은 성립할 수 있는가, ② 장개석을 상대하지 않고 통치 능력에 의문이 있는 왕조명을 상대하는 전쟁 해결은 가능한가, ③ '중일전쟁은 가장 노골적인 침략전쟁'인데 왜 정부는 무배상 등을 말하는가, 하는 문제를 제기하였다(아리마 마나부[有馬学], 「전쟁의 패러다임」). 요나이 내각 비판의 형태를 띠고 있었으나 성전이라는 등의 기만적 부르짖음만으로는 중일전쟁에서 죽은 병사가 눈을 못 감을 것이라는 국민적 내셔널리즘을 대변하는 것이었다. 국민은 사이토 연설을 지지하였으며, 요시미 요시아키의『풀뿌리 파시즘』에 따르면 3월에 중의원 의원에서 제명된 사이토 앞으로 많은 격려 편지가 쏟아졌다고 한다.

삼국동맹

1940년 7월에 성립된 제2차 고노에 내각은 중국과의 전쟁을 둘러싼 군과 국민의 거리가 이미 위험한 단계라고 느꼈다. 사이토의 비판도 무시할 수 없었다. 또한 유럽에서 승승장구하는 독일을 눈앞에 보면서 독일에 패배한 네덜란드나 프랑스 등의 유럽 각국이 갖고 있던 아시아 식민지에 대한 동정도 문제가 되기 시작했다. 따라서 어쨌든 중일전쟁을 해결하고, 유럽 각국에 의한 아시아 식민지의 처우를 하루 빨리 독일과 협의한다는 두 가지를 지향하였다.

그 결과 7월 27일의 대본영 정부 연락회의에서 「세계 정세 추이에 따른 시국 처리 요강」이 채택되었다. 요강은 북부 프랑스령 인도차이나에 대한 무력행사를 결의한 것으로서, 더욱이 ① 독일의 영국 본토 상륙, ② 중일 정전이라는 두 조건이 충족될 경우 극동의 영국령을 공략한다는 무력 남진 구상도 포함되어 있었다. 북부 프랑스령 인도차이나에 대한 진격이 검토된 것은 장개석 지원 루트를 폐쇄하고 중경 국민정부에 직접 화평을 강요하기 위한 것이었다. 독일의 승승장구라는 상황 아래 비로소 육군은 남진에 의한 중일전쟁 해결을 위해 분주하게 되었다. 9월 27일에 베를린에서 조인된 일독이 삼국군사동맹은 이상과 같은 문맥으로 설명할 수 있다. 그러나 육군이 중국에 정면으로 맞섰을 때 독일을 매개체로 하는 미국과의 전쟁이 잉태되었다.

러일전쟁을 다시 하다

일본이 독일에 접근한 것은 1940년 5월부터 독일의 승리를 보고 나서의 이야기였으나 제2차 세계대전이 발발하기 전 1939년 1월에 성립된 히라누마 키이치로 내각에서 이미 일독이 방공협정 강화 문제로서 협의된 바 있었다. 이 시점에서 영국과 프랑스를 적국으로 삼을 것인가를 둘러싸고 육해군이 대립하였기 때문에 삼국동맹은 연기되었다. 이 분규 속에서 천황이 1939년 1월 유아사 구라헤이(湯浅倉平) 내대신에게 한 말은 주목된다.

'아무래도 지금의 육군은 곤란하다. 요컨대 각국이 만주, 조선을 본래대로 돌리라고 일본에게 강요할 때까지는 도저히 깨닫지 못하리라'(『사이온지공과 정국』7권, p.273). 완곡한 표현이지만 러일전쟁에서 일본이 획득한 만주의 여러 권익이나 전승 5년 후에 병합한 조선 등 모든 것을 잃을 때까지 육군은 깨닫지 못하리라고 천황은 말하였다.

한 나라의 통치권 총람자가 러일전쟁 이래의 역사를 파탄시키지 않고는 육군의 폭주가 멈추지 않을 것이라고 예측하는 것을 보는 것은 놀랍다. 그러나 눈앞이 아득해지는 암담한 예상은 사실상 일찍부터 많은 사람이 하고 있었다. 1932년 3월 조사단을 이끌고 상해를 방문한 리튼은 마쓰오카 요스케와 두 번 회견하였다. 그 회견에서 마쓰오카는 만일 중국 국민당의 주장이 만몽에 실현된다면, '일본은 다시 러일전쟁을 하지 않을 수 없다'는 말까지 했던 것이다.

다시 만몽 문제

1932년 마쓰오카의 반응을 보면, 중국의 주장이 만몽 문제로 국제연맹에 채택되는 것은 일본인의 주권이나 사회계약, 국가를 성립시키고 있는 헌법 원리(국체)에 대한 공격과 마찬가지라는 불퇴전의 견해임을 알 수 있다. 1939년에 천황이 의구심을 품었던 육군의 완강함도 아마 같은 뿌리에서 나온 것이리라.

주권이나 사회계약이나 헌법 원리의 대립에서 국가와 국가는 불가피하게 전쟁을 향해 간다. 만몽 문제에서 일본인에게 전쟁을 불가피하게 했던 헌법 원리란 무엇이었을까? 일본이 만몽에서 획득한 권익은 동인도회사 등 사기업이 획득한 권익과 달리 전승에 의한 강화조약에 의해 규정된 것이었다. 즉 본래부터 국제법적인 색채를 가지고 성립된 것이었다. 더욱이 1926년의 통계는 일본의 대외 투자 중 68%가 만주를 향했으며 투자액의 93%가 국가 관련이고 사기업 투자는 7%에 지나지 않는다는 것을 가르쳐주고 있다.

국가 관련이라는 것은 조직도 없고 자치 능력도 부족한 재류 일본인이 자기 책임이 아니라 국가 권력의 보호를 받으며 현지에 진출한다는 구도가 된다. 무슨 일이 생기면 국가 권력 발동에 의존하는 관계가 일본과 만주 사이에 성립해 있었던 것이리라. 만몽 권익이 이러한 성격을 가지고 있을 때 조약상의 해석이 도저히 흑백을 가리기 힘든 문제에 대해 법률적 논의를 중국이나 국제연맹과 정면에서 다투게 되면 어떻게 될 것인가?

이리하여 이야기는 다시 '머리말'과 제1장으로 돌아가게 된다.

저자 후기

　'예로부터 사람은 죽어 이름을 남기고, 호랑이는 죽어서 가죽을 남깁니다' 등으로 시작하는 구절은 앞 문장 다음에 여러 문장을 넣어서 즐길 수 있다. 고마쓰좌『the 座』편집장 오다(小田豊二) 등은 '라이온은 죽어 치아를 남긴다'라고 이었다. 이런 식으로 말하자면 필자는 쓰지 못했던 일람표를 '후기'에 남긴다고 할 것인가(아직 죽지 않았지만).

　『이와나미서점의 신간』(2006년 11월)에 게재된『일본 근현대사 시리즈 전 10권』간행을 시작하는 설명문에는 '가족이나 군대의 모습, 식민지의 움직임까지 고려하면서 막말에서 현재에 이르는 일본의 발자취를 좇아가는 새로운 통사'라고 되어 있다. 핵심은 가족, 군대, 식민지 세 가지.

　이 척도로 보면 필자의 이 책은 낙제점이리라. 군대에 대해서는 질릴 정도로 썼다. 식민지에 대해서는 제국 안의 경제 질서를 언급한 정도이고, 가족에 이르러서는 색인에 올릴 것이 없을 것이다. 전쟁의 시대는 가족 문제에 대해 뛰어난 연구가 많은 분야이기 때문에 자신의 무능이 부끄럽고 창피할 뿐이다.

　쓰지 못했던 이유는 가족을 주어로 이 시대를 쓸 각오와 능력이 필자에게는 없었기 때문이다. 가족도 소중하다는 것이 아니라 가족은 소중했다는 시각이 아무래도 떠오르지 않았다. 중일전쟁 후방의 가장 큰 특징이 여성의 조직화에 있었다는 것을 후지이 다다토시『국방부인회』는 정확히 지적하고 있다. 전쟁은 여성도 조직한 것이 아니다. 시정촌(市町村)의 단체 동향으로 말하자면, 이 시기에 신설되거나 구성원이 증가한 것은 여성단체뿐이었다. 전쟁은 여성을 조직한 것이다. 후지이의 예리한 시각을 넘어설 무언가가 필자에게는 없었다.

또한 아버지나 남편, 자식을 국가를 위해 잃은 가족이 '유족'이 되어갈 때 국가나 지역은 그들을 어떻게 처우했는가? 그 처우 방법의 전전과 전후의 낙차, 유골의 처우에서 보이는 국가가 책임을 지는 방식의 문제점을 지적한 이치노세 슌야(一ノ瀬俊也)의『총후(銃後)의 사회사』를 뛰어넘을 박력도 필자에게는 없다. 가족에 대해서는 위의 두 책을 권하고 싶다. 필자 자신도 권토중래(捲土重來)를 기하며 연구를 계속하고자 한다.

끝으로 어디로 튈지 모르는 필자를 이끌어서 기분 좋게 글을 쓰도록 해주신 편집부의 우에다 마리(上田麻里) 씨에게 마음속으로부터 감사를 드린다.

2007년 5월

가토 요코

역자 후기

    이 책은 이와나미서점(岩波書店)이 펴낸 일본 근현대사 시리즈의 제5권으로서, 전체 시리즈 중 시기적으로 중간 부분에 해당된다. 에도 시대 말기에서 시작하여 2000년대까지를 다룬 전 시리즈는 각 시기별 또는 필자에 따라 그 빛깔이 다르겠으나, 제5권은 만주사변에서 중일 전쟁까지(1931~1937)라는 전쟁과 침략의 시대를 다룬 책이다.

    역자가 이 방대한 시리즈의 번역에 참여하게 된 것은 저자인 가토 요코(加藤陽子) 선생님이 석사, 박사 과정의 지도교수였기 때문이었다. 제자의 한 사람으로서 가토 선생님의 책을 직접 번역하고 싶다는 단순한 이유로, 품이 많이 든다며 평소에 기피하던 번역 작업에 참여하였다. 그러나 막상 시작하니 처음 생각했던 것과는 다른 어려움이 있었다.

    첫째는 문체를 살리면서 번역하는 어려움이다. 일본에서 유학하던 시절에는 수식어와 묘사가 많은 가토 선생님의 유려한 글에 감탄하였다. 그러나 막상 번역을 하는 입장이 되고 보니 수식어가 어느 단어 또는 어느 문장을 수식하는가를 분명히 하지 않으면 난해한 문장이 되거나 오역이 될 가능성이 있었다. 다양한 비유와 섬세한 묘사가 뛰어난 문장을 자칫 나열적인 진부한 문장으로 바꾸지 않았는지 새삼 돌아보게 된다.

　두 번째는 다양한 사료의 입증을 통한 실증적 문장을 어떻게 살릴 것인가의 문제에 있었다. 이 책의 참고문헌은 책 말미에 따로 정리하였지만 사실 이 책의 가치는 다양한 1차 사료의 발굴과 인용에 있다. 본문의 괄호 안에 제시한 다양한 사료들에 주의하며 읽을 필요가 있다. 그러나 이런 1차 사료의 인용이 많다 보니 본문 자체가 무겁고 늘어지지 않도록 옮기는 것이 쉽지 않았다.

　좋은 문장을 원어로 읽는 것과 그 문장을 번역하여 한국의 독자에게 쉽고 재미있게 소개하는 것은 또 다른 차원의 문제로서 커다란 책임이 따른다는 것을 실감했던 작업이었다. 역자의 부족함이 원서의 지식과 맛깔스러움을 손상시키지 않았을지 두려울 뿐이다.

　이 책은 2004년에 제출한 『일본 외교에서의 새로운 국제질서의 모색―만주사변에서 일소중립조약까지』라는 역자의 박사 논문과 일정 시기가 겹친다. 역자의 논문은 1931년에서 1941년을 대상으로 하기 때문에, 역자로서는 이 책을 통해 당시 조사하였던 사료들과 논문들, 가토 선생님의 논문 지도를 다시 되돌아보게 되었다. 때문에 문제를 제기하고 풀어가는 가토 선생님의 논리 구성이 역자에게도 많은 공부가 되었다.

　가토 선생님은 이 책으로 베스트셀러 역사가의 반열에 드셨다. 하지만 이 책을 번역한 역자의 감상으로는 이 책은 결코 가벼운 대중서라고 보기는 어렵다. 전쟁과 침략, 육군과 외무성의 외교정책의 차이, 중국 국민당의 외교정책과 일본 정부의 교섭 등 결코 가볍지 않은 소재를 하나하나 사료를 제시하여 짚어가며 서술한 이 책이, 일반 대중들에게도 많이 읽힐 수 있었던 일본의 '대중 교양의 깊이'와 새로운 역사 기획을 끊임없이 개발하는 출판 환경에 부러움을 느낀다. 이 시리즈의 한국어 번역이 연구자와 학생들, 나아가 대중들에게도 널리 읽혔으면 하는 소박한 바람을 담아 역자의 인사를 마치고자 한다.

2012년 8월
김영숙

연표

중일외교관계를 중시하여 만든 연표로서, 일부 연대가 제4권과 중복됨.

연도	일본	세계
1900년 (메이지33)	6. 북청사변에 파병 결정	8. 연합군, 북경 총공격
1905년 (메이지38)	9. 러일 강화조약 조인 12. 만주에 관한 청일조약 조인	1. 러시아, 피의 일요일사건
1907년 (메이지40)	7. 제1차 러일협약 조인	8. 영불로(英佛露) 삼국협상
1910년 (메이지43)	7. 제2차 러일협약 조인 8. 한국 병합	
1911년 (메이지44)	2. 미일 신통상항해조약 조인(관세 자주권 확립)	10. 신해혁명 시작
1912년 (메이지45)	7. 제3차 러일협약 조인	2. 청나라 멸망 6. 6국 차관단 성립
1914년 (다이쇼3)	8. 독일에 대한 선전 포고	7. 제1차 세계대전 발발
1915년 (다이쇼4)	5. 중국에 대한 21개조 요구	3. 브라이언 노트
1917년 (다이쇼6)	11. 이시이 런싱협정 체결	11. 러시아, 10월 혁명
1918년 (다이쇼7)	8. 시베리아 출병 9. 하라 다카시내각 성립	11. 제1차 세계대전 종결
1919년 (다이쇼8)	4. 관동도독부 폐지, 관동청과 관동군사령부로	6. 베르사이유조약 조인
1920년 (다이쇼9)		10. 신4국 차관단 성립
1921년 (다이쇼10)	11. 워싱턴회의 참가 12. 4개국조약 조인	
1923년 (다이쇼12)	2. 제국국방침 제2차 개정	
1925년 (다이쇼14)	1. 일소기본조약 조인 4. 치안유지법 공포	10. 북경관세회의 시작

연도	일본	세계
1926년 (쇼와원)		7. 북벌 시작 12. 영국, '12월 메모랜덤'
1927년 (쇼와2)	4. 다나카 기이치내각 성립 6. 동방회의 개최	1. 한구의 영국 조계, 실력회수됨
1928년 (쇼와3)	3. 3·15사건 4. 제2차 산동 출병 6. 장작림 폭살	8. 부전조약 조인 10. 소련, 제1차 5개년계획 12. 동삼성 역치
1929년 (쇼와4)	7. 하마구치 오사치내각 성립 11. 금 해금	7. 부전조약 발발 8. 중소분쟁 발발 10. 세계 공황
1931년 (쇼와6)	3. 3월사건 발생 9. 류조호사건 발생 12. 금 수출 재금지	5. 광주 국민정부 12. 소련, 일본에 대해 불가침조약 제안
1932년 (쇼와7)	3. 만주국 건국 선언. 19인위원회 설치 5. 5·15사건 6. 제국회의, 만주국 승인 결의 9. 일만의정서 조인, 만주국 승인 11. 리튼보고서 심의 시작	1. 스팀슨 독트린. 제1차 상해사변 12. 국제연맹 특별 총회
1933년 (쇼와8)	2. 국제연맹, 화협안에서 권고안 심의로 3. 국제연맹 탈퇴 조서 발포 5. 당고정전협정 9. 히로타 코우키, 외상 취임	2. 국제연맹 총회, 권고안 채택 6. 런던세계경제회의 11. 미소 국교 회복
1934년 (쇼와9)	3. 지나주둔군사령부 「북지나점령지 통치계획」	11. 국민정부군, 서금 점령
1935년 (쇼와10)	6. 우메즈·하응흠 '협정' 체결 11. 기동방공자치위원회 성립 12. 기찰정무위원회 성립	3. 중국, 일본 배척 금지령 공포 10. 이탈리아·이디오피아 전쟁 11. 중국, 폐제 개혁
1936년 (쇼와11)	2. 2·26사건 5. 지나주둔군 증강 8. 국책의 기준 11. 일독방공협정 체결	4. 독중차관조약 12. 서안사건
1937년 (쇼와12)	2. 하야시 센주로내각 성립 6. 제1차 고노에내각 성립 7. 노구교사건 발발 8. 상해에서 전투 본격화 9. 임시자금조정법, 수출입품 등 임시조치법 공 포, 군수공업동원법 11 트라우트만 화평공작 개시 12 남경 점령, 남경사건	5. 미국 중립법 개정 11. 일독이 방공협정
1938년 (쇼와13)	1. 국민정부를 상대하지 않겠다는 성명 4. 국가총원법 공포 5. 서주 함락. 독일, 만주국 승인 10. 광동·무한 점령 11. 동아신질서 성명 12. 고노에 3원칙을 성명	2. 중소군사항공협정 조인 3. 독일, 오스트리아 병합 9. 뮌헨 협정 12. 왕조명, 중경 탈출
1939년 (쇼와14)	5. 노몬한사건 7. 일미통상항해조약 폐기 통고	8. 독소불가침조약 조인 9. 제2차 세계대전 시작
1940년 (쇼와15)	6. 신체제운동 7. 제2차 고노에내각 성립. '세계 정세의 추이에 따른 시국처리요강'을 결정 9. 북부 프랑스령 인도차이나 주둔. 일독이 삼국 군사동맹 조인 10. 다이쇼익찬회 발회식	5. 처칠내각 성립 6. 독일군, 파리에 무혈 입성 11. 독소교섭 결렬

참고문헌

본문 중에 직접 언급한 문헌만을 소개하였으며 자료나 사료, 간행 사료는 제외하였다. 지면 관계상 전부 소개하지 못하는 것은 유감스럽지만 많은 연구에서 배우게 되었다는 점은 밝혀 둔다. (각 항목마다 간행연대순으로 배열)

전체

우스이 가쓰미(臼井勝美), 『일본과 중국(日本と中国)』, 原書房, 1972

반노 준지(坂野潤治), 『근대 일본의 외교와 정치(近代日本の外交と政治)』, 研文出版, 1985

사카이 데쓰야(酒井哲哉), 『다이쇼 데모크라시체제의 붕괴(大正デモクラシー体制の崩壊)』, 東京大学出版会, 1992

이노우에 도시카즈(井上寿一), 『위기 속의 협조 외교(危機のなかの協調外交)』, 山川出版社, 1994

크리스토퍼 손, 이치카와 요이치(市川洋一) 옮김, 『만주사변은 무엇이었는가(満州事変とは何だったのか)』 上下, 草思社, 1994

미타니 타이이치로(三谷太一郎) 『증보 일본 정당정치의 형성(増補 日本政党政治の形成)』, 東京大学出版会, 1995

황자진(黄自進), 「만주사변과 국민공산당」, 나카무라 가쓰노리(中村勝範) 편, 『만주사변의 충격(満州事変の衝撃)』, 勁草書房, 1996

우스이 가쓰미(臼井勝美), 『중일외교사연구(日中外交史研究)』, 吉川弘文館, 1998

핫토리 류지(服部龍二), 『동아시아 국제환경의 변동과 일본 외교(東アジア国際環境の変動と日本外交)』, 有斐閣, 2001

록석준(鹿錫俊), 『중국 국민정부의 대일 정책(中国国民政府の対日政策)』, 東京大学出版会, 2001

황자진(黃自進), 「장개석과 만주사변(蔣介石と満州事変)」, 『法学研究』, 75권 1호, 2002

야마무로 신이치(山室信一), 『키메라 증보판(キメラ 増補版)』, 中公新書, 2004

나가이 가즈(永井和) 『중일전쟁에서 세계전쟁으로(日中戦争から世界戦争へ)』, 思文閣出版, 2007

머리말

후지와라 아키라(藤原彰) 외, 『심포지움 일본역사21 파시즘과 전쟁(シンポジウム 日本歴史21 ファシズムと戦争)』, 学生社, 1973

요시다 겐이치(吉田健一) 『유럽의 인간(ヨオロッパの人間)』, 講談社文藝文庫, 1994

제1장

요시다 유타카(吉田裕), 「만주사변하의 군부(満州事変下における軍部)」, 『日本史研究』238, 1982

에구치 게이이치(江口圭一), 『15년전쟁소사(十五年戦争小史)』, 青木書店, 1986

나카미 다쓰오(中見立夫), 「지역 개념의 정치성(地域概念の政治性)」, 미조구치 유조(溝口雄三) 외 편, 『아시아에서 생각한다1 교착하는 아시아(アジアから考える1 交錯するアジア)』 東京大学出版会, 1993

NHK취재반 편, 『이념 없는 외교「파리강화회의」(理念なき外交「パリ講和会議」)』, 角川文庫, 1995

이시도 기요모토(石堂清倫), 『20세기의 의미(20世紀の意味)』, 平凡社, 2001

우치다 나오타카(内田尚孝), 『화북사변의 연구(華北事変の研究)』, 汲古書院, 2006

제2장

시노부 준페이(信夫淳平), 『만몽특수권익론(満蒙特殊権益論)』, 日本評論社, 1932

아카시 이와오(明石岩雄), 「제1차 세계대전 후의 중국문제와 일본제국주의(第一次世界大戦後の中国問題と日本帝国主義)」, 『日本史研究』150·151 합병호, 1975

아카시 이와오(明石岩雄), 「신 4국 차관단에 관한 일고찰(新四国借款団に関する一考察)」, 『日本史研究』203, 1979

미타니 타이이치로(三谷太一郎), 「국제금융자본과 아시아의 전쟁(国際金融資本とアジアの戦

争)」, 近代日本研究会 編, 『年報近代日本研究2 近代日本と東アジア』, 山川出版社, 1980

후루야 데쓰오(古屋哲夫) 편, 『중일전쟁사연구(日中戦争史研究)』, 吉川弘文館, 1984

기타오카 신이치(北岡伸一), 「21개조 재고(二十一カ条再考)」, 近代日本研究会 編, 『年報近代日本研究7 日本外交の危機認識』, 山川出版社, 1985

다카무라 나오스케(高村直助) 외 편, 『일본역사대계 5 근대2(日本歴史大系5 近代)2』, 山川出版社, 1989

아사다 사다오(麻田貞雄), 『양 대전간의 미일관계(両大戦間の日米関係)』 東京大学出版会, 1993

모리 다다시(森肇志), 「전간기 '자위권' 개념의 한 단면(戦間期における「自衛権」概念の一断面)」, 『社会科学研究』 53권 4호, 2002

시노하라 하쓰에(篠原初枝), 『전쟁의 법에서 평화의 법으로(戦争の法から平和の法へ)』, 東京大学出版会, 2003

가와시마 마코토(川島真), 『중국 근대 외교의 형성(中国近代外交の形成)』, 名古屋大学出版会, 2004

다카하라 슈스케(高原秀介), 『윌슨 외교와 일본(ウィルソン外交と日本)』, 創文社, 2006

제3장

사사키 다카시(佐々木隆), 「육군 '혁신파'의 전개(陸軍「革新派」の展開)」, 近代日本研究会 編, 『年報近代日本研究1 昭和期の軍部』, 山川出版社, 1979

아카시 이와오(明石岩雄), 「신 4국 차관단에 관한 일고찰(新四国借款団に関する一考察)」, 『日本史研究』 203, 1979(전게)

요코테 신지(横手慎二), 「게 베 치체린의 외교(ゲー ·チチェーリンの外交)」, 『ロシア史研究』 29, 1979

데이빗 J. 루(デービット J. ルー), 하세가와 신이치(長谷川進一) 역, 『마쓰오카 요스케와 그 시대(松岡洋右とその時代)』, TBSブリタニカ, 1981

쓰쓰이 기요타다(筒井清忠), 『쇼와기 일본의 구조(昭和期日本の構造)』, 有斐閣, 1984

사카이 데쓰야(酒井哲哉), 「'영미 협조'와 '중일 제휴'(「英米協調」と「日中提携」)」, 『年報近代日本研究11 協調政策の限界』, 山川出版社, 1989

기타오카 신이치(北岡伸一), 「지나과 관료의 역할(支那課官僚の役割)」, 日本政治学会編, 『年報政治学 1989』, 岩波書店, 1990

사토 모토에이(佐藤元英), 『쇼와 초기 중국에 대한 정책의 연구(昭和初期対中国政策の研究)』, 原書房, 1992

마크 피티(マーク R. ピーティ), 오쓰카 겐요(大塚健洋) 외 역, 『'미일 대결'과 이시하라 간지(「日米対決」と石原莞爾)』, たまいちぼ, 1993

에드워드 밀러(エドワード・ミラー), 사와다 히로시(沢田博) 역, 『오렌지계획(オレンジ計画)』, 新潮社, 1994

존 마크마리(ジョン・マクマリー)원저, 아서 월드론(アーサー・ウォルドロン)편저, 기타오카 신이치(北岡伸一) 감역, 고모로카와 히로시(衣川宏) 역, 『평화를 어떻게 잃었는가(平和はいかに失われたか)』, 原書房, 1997

기타무라 미노루(北村稔), 『제1차 국공합작 연구(第一次国共合作の研究)』, 岩波書店, 1998

구보 도오루(久保亨), 『전간기 중국〈자립에 대한 모색〉(戦間期中国〈自立への模索〉)』東京大学出版会, 1999

도미타 다케시(富田武), 「중국 국민 혁명과 모스크바(中国国民革命とモスクワ)」, 『成蹊法学』49, 1999

미타니 다이이치로(三谷太一郎), 「15년전쟁하의 일본 군대―五年戦争下の日本軍隊」상, 『成蹊法学』53, 2001

이에치카 료코(家近亮子), 『장개석과 남경 국민정부(蔣介石と南京国民政府)』, 慶応義塾大学出版会, 2002

도미타 다케시(富田武), 「고토 신페이의 소련 방문과 어업협약 교섭(後藤新平訪ソと漁業協約交渉)」, 『成蹊法学』61, 2005

다지마 노부오(田嶋信雄), 「손문의 '중국・독일・소련 삼국 연합' 구상과 일본 1917~1924(孫文の「中独ソ三国連合」構想と日本 1917~1924年)」, 服部龍二 외 편, 『戦間期の東アジア国際政治』, 中央大学出版部, 2007

다지마 노부오(田嶋信雄), 「동아시아 국제관계 속의 일독관계」, 工藤章・田嶋信雄編, 『日独関係史』, 東京大学出版会, 2007

제4장

다치 사쿠타로(立作太郎), 『국제연맹 규약론(国際連盟規約論)』, 国際連盟協会, 1932

우스이 가쓰미(臼井勝美), 『만주사변(満州事変)』, 中公新書, 1974

요시다 유타카(吉田裕), 「만주사변하의 군부(満州事変下における軍部)」, 『日本史研究』238, 1982(전게)

야마무로 겐토쿠(山室建徳), 「사회대중당 소론(社会大衆党小論)」, 近代日本研究会 編, 『年報近代日本研究5 昭和期の社会運動』, 山川出版社, 1983

무라이 사치에(村井幸恵) 「상해사변과 일본인 상공업자(上海事変と日本人商工業者)」, 近代日本研究会 編, 『年報近代日本研究6 政党内閣の成立と崩壊』, 山川出版社, 1984

후지이 다다도시(藤井忠俊), 『국방부인회(国防婦人会)』, 岩波新書, 1985

유신돈(兪辛焞), 『만주사변기의 중일외교사 연구(満州事変期の中日外交史研究)』, 東方書店,

1986

시모토마이 노부오(下斗米伸夫),「스탈린체제와 소련의 대일정책(スターリン体制とソ連の対日
　政策)」, 近代日本硏究会 編,『年報近代日本硏究11 協調政策の限界』, 山川出版社, 1989

스에타케 요시야(季武嘉也),「어느 신문의 쇼와 전전사(一ブロック紙の昭和戦前史)」, 近代日本
　硏究会 編,『年報近代日本硏究12 近代日本と情報』, 山川出版社, 1990

야마모토 가즈시게(山本和重),「무산운동에서 출정 노동자 가족 생활보장문제(無産運動におけ
　る出征労働者家族生活保障問題)」,『北大史学』31, 1991

다카쓰나 히로후미(高綱博文),「상해사변과 일본인 거류민(上海事変と日本人居留民)」, 中央大
　学人文科学硏究所編,『日中戦争』, 中央大学出版部, 1993

나카무라 다카히데(中村隆英),『쇼와사 I (昭和史 I)』, 東京経済新報社, 1993

우스이 가쓰미(臼井勝美),『만주국과 국제연맹(満州国と国際連盟)』, 吉川弘文館, 1995

NHK취재반,『만주사변, 세계의 고아로(満州事変 世界の孤児へ)』, 角川文庫, 1995

사카이 데쓰야(酒井哲哉),「'동아협동체론'에서 '근대화론'으로(「東亜協同体論」から「近代化
　論」へ)」, 日本政治学会編,『年報政治学 1998』, 岩波書店, 1999

고바야시 게이지(小林啓治),『국제질서의 형성과 근대 일본(国際秩序の形成と近代日本)』, 吉川
　弘文館, 2002

보리스 슬라빈스키, 드미트리 슬라빈스키, 加藤幸,『중국혁명과 소련(中国革命とソ連)』, 共同通
　信社, 2002

시노하라 하쓰에(篠原初枝),『전쟁의 법에서 평화의 법으로(戦争の法から平和の法へ)』, 東京大
　学出版会, 2003(전게)

야스이 산기치(安井三吉),『류조호사건에서 로구교사건으로(柳条湖事件から盧溝橋事件へ)』,
　硏文出版, 2003

후지오카 겐타로(藤岡健太郎)「만주문제의 '발견'과 일본의 지식인(満州問題の「発見」と日本
　の知識人)」,『九州史学』143, 2005

우치다 나오타카(内田尚孝),『화북사변의 연구(華北事変の研究)』, 汲古書院, 2006(전게)

제5장 ─────────────────────

미타니 다이이치로(三谷太一郎),「국제환경의 변동과 일본의 지식인(国際環境の変動と日本の
　知識人)」, 細谷千博編,『日米関係史』第4巻, 東京大学出版会, 1972

이토 다카시(伊藤隆)『고노에 신체제(近衛新体制)』, 中公新書, 1983

요시다 유타카(吉田裕),「'국방국가'의 구축과 중일전쟁(「国防国家」の構築と日中戦争)」,『一橋
　論叢』92巻 1号, 1984

즈쓰이 기요타다(筒井清忠),『쇼와기 일본의 구조(昭和期日本の構造)』, 有斐閣, 1984(전게)

후지이 다다도시(藤井忠俊), 『국방부인회(国防婦人会)』, 岩波新書, 1985(전게)

에구치 게이이치(江口圭一), 『15년전쟁소사(十五年戦争小史)』, 青木書店, 1986(전게)

요시미 요시아키(吉見義明), 『풀뿌리 파시즘(草の根のファシズム)』, 東京大学出版会, 1987

다지마 노부오(田嶋信雄), 「일독군사협정문제(日独軍事協定問題)」, 近代日本研究会 編, 『年報近代日本研究11 協調政策の限界』, 山川出版社, 1989

하라 아키라(原朗) 「다카하시 재정과 경기 회복(高橋財政と景気回復)」, 高村直助編, 『日本歷史大系5 近代2』, 山川出版社, 1989

이리에 아키라(入江昭), 『태평양전쟁의 기원(太平洋戦争の起源)』, 東京大学出版会, 1991

마스다 미노루(益田実), 「극동에서의 영국의 유화 외교(極東におけるイギリスの宥和外交)」 1, 2, 『法学論叢』 130卷 1号, 130卷 4号, 1991

후지와라 아키라(藤原彰), 『쇼와천황의 15년 전쟁(昭和天皇の十五年戦争)』, 青木書店, 1991

Jonathan Haslam, The Soviet Union and the Threat from the East, 1933~41(University of Pittsburgh Press, 1992)

다지마 노부오(田嶋信雄), 『나치즘 외교와 '만주국'(ナチズム外交と「満州国」)』, 千倉書房, 1992

안도 마사시(安藤正士), 「서안사건과 중국 공산당(西安事件と中国共産党)」, 『近代中国研究彙報』, 15, 1993

이토 다카시(伊藤隆), 『쇼와기의 정치 속편(昭和期の政治 続)』, 山川出版社, 1993

쓰치다 데쓰오(土田哲夫), 「코민테른과 중국 혁명(コミンテルンと中国革命)」, 『近代中国研究彙報』, 15, 1993

노지마 히로유키(野島博之), 「문학이 다룬 전쟁(文学がとらえた戦争)」, 駿河台学園, 『駿台フォーラム』, 1995

마쓰자키 쇼이치(松崎昭一), 「지나주둔군 증강문제(支那駐屯軍増強問題)」 상, 하, 『国学園雑誌』 96卷 2, 3号, 1995

기시다 고로(岸田五郎), 『장학량은 왜 서안사변을 일으켰나(張学良はなぜ西安事変に走ったか)』, 中公新書, 1995

하라 아키라(原朗) 편, 『일본의 전시 경제(日本の戦時経済)』, 東京大学出版会, 1995

마쓰우라 마사타카(松浦正孝), 『중일전쟁기의 경제와 정치(日中戦争期における経済と政治)』, 東京大学出版会, 1995

미쓰타 쓰요시(光田剛), 「'백견무일기'로 보는 9·18사변(白堅武日記に見る九·一八事変)」, 『立教法学』 42, 1995

유걸(劉傑), 『중일전쟁하의 외교(日中戦争下の外交)』, 吉川弘文館, 1995

후지와라 아키라(藤原彰), 『남경의 일본군(南京の日本軍)』, 大月書店, 1997

A. 베스트(ベスト), 아이자와 준(相澤淳) 역, 「중일전쟁과 영일관계(日中戦争と日英関係)」, 軍事史学会編, 『日中戦争の諸相』, 錦正社, 1997

마쓰자키 쇼이치(松崎昭一),「재고 '우메즈·하응흠협정'(再考「梅津·何應欽協定」)」, 軍事史学会編, 『日中戦争の諸相』, 錦正社, 1997

아라카와 겐이치(荒川憲一),「전간기의 전쟁 경제 연구에 대하여(戦間期の戦争経済研究について)」, 『軍事史学』139, 1999

구로노 다에루(黒野耐), 『제국국방방침 연구(帝国国防方針の研究)』, 総和社, 2000

미쓰다 쓰요시(光田剛),「화북 '지방외교'에 관한 고찰(華北「地方外交」に関する考察)」, 『近代中国彙報』22, 2000

록석준(鹿錫俊),「'연소' 문제를 둘러싼 국민정부의 노선 대립과 '이중 외교'(「連ソ」問題を巡る国民政府の路線対立と「二重外交」)」, 『北東アジア研究』1, 2001

후지와라 아키라(藤原彰), 『굶어죽은 영령들(餓死した英霊たち)』, 青木書店, 2001

호리 가즈오(堀和生),「일본제국의 팽창과 식민지 공업화(日本帝国の膨張と植民地工業化)」, 『1930年代のアジア国際秩序』, 渓水社, 2001

마쓰우라 마사타카(松浦正孝), 『재계의 정치경제사(財界の政治経済史)』, 東京大学出版会, 2002

신타니 다카노리(新谷尚紀),「일본적십자사 간호부와 진중일기(日赤看護婦と陣中日誌)」, 『国立歴史民俗博物館研究報告』101, 2003

스기하라 가오루(杉原薫), 『근대 국제경제질서의 형성과 전개(近代国際経済秩序の形成と展開)』, 山本有造編, 『帝国の研究』, 名古屋大学出版会, 2003

야스이 산기치(安井三吉), 『류조호사건에서 로구교사건으로(柳条湖事件から廬溝橋事件へ)』, 研文出版, 2003(전게)

사사카와 유지(笹川裕史),「식량·병사의 전시 징발과 농촌의 사회 변용(食糧·兵士の戦時徴発と農村の社会変容)」, 石島紀之·久保亨編 『重慶国民政府史の研究』, 東京大学出版会, 2004

호리 가즈오(堀和生),「1930년대의 중일 경제관계(一九三〇年代の日中経済関係)」, 台湾中央研究院近代史研究所主催国際シンポジウム「蒋介石近代日中関係」での報告ペーパー, 2004

반노 준지, 『쇼와사의 결정적 순간(昭和史の決定的瞬間)』, ちくま新書, 2004

가사하라 도쿠시(笠原十九司),「국민정부군의 구조와 작전(国民政府軍の構造と作戦)」, 中央大学人文科学研究所編, 『民国後期中国国民党政権の研究』, 中央大学出版部, 2005

모리 시게키(森茂樹),「대륙정책과 미일 개전(大陸政策と日米関係)」, 歴史学研究会·日本史研究会編, 『日本史講座9 近代の転換』, 東京大学出版会, 2005

우치다 나오타카(内田尚孝), 『화북사변의 연구(華北事変の研究)』, 汲古書院, 2006(전게)

마에다 데쓰오(前田哲男), 『전략 폭격의 사상 신개정판(戦略爆撃の思想 新訂版)』, 凱風社, 2006

미야스기 히로야스(宮杉浩泰),「전전기 일본의 암호 해독 정보의 전달 루트(戦前期日本の暗号解読情報の伝達ルート)」, 『日本歴史』703, 2006

나카무라 다카히데(中村隆英), 『쇼와경제사(昭和経済史)』, 岩波現代文庫, 2007

맺음말

요시미 요시아키(吉見義明), 『풀뿌리 파시즘(草の根のファシズム)』, 東京大学出版会, 1987
  (전게)
아리마 마나부(有馬学), 「전쟁의 패러다임(戦争のパラダイム)」, 『比較社会文化』1, 1995

후기

후지이 다다도시(藤井忠俊), 『국방부인회』, 岩波新書, 1985(전게)
이치노세 도시야(一ノ瀬俊也), 『총후의 사회사(銃後の社会史)』, 吉川弘文館, 2005

색인

일본 근현대사 시리즈 ⑤

만주사변에서 중일전쟁으로

초판 1쇄 발행일 2012년 10월 2일

지은이 가토 요코
옮긴이 김영숙
펴낸이 박영희
편집 이은혜·김미선·정민혜·장은지·신지항
인쇄·제본 태광인쇄
펴낸곳 도서출판 어문학사
　　　　 서울특별시 도봉구 쌍문동 523-21 나너울 카운티 1층
　　　　 대표전화: 02-998-0094/편집부1: 02-998-2267, 편집부2: 02-998-2269
　　　　 홈페이지: www.amhbook.com
　　　　 트위터: @with_amhbook
　　　　 블로그: 네이버 http://blog.naver.com/amhbook
　　　　　　　 다음 http://blog.daum.net/amhbook
　　　　 e-mail: am@amhbook.com
　　　　 등록: 2004년 4월 6일 제7-276호

ISBN 978-89-6184-142-9 94900
ISBN 978-89-6184-137-5(세트)
정가 15,000원

이 도서의 국립중앙도서관 출판시도서목록(CIP)은 e-CIP홈페이지(http://www.nl.go.kr/ecip)와
국가자료공동목록시스템(http://www.nl.go.kr/kolisnet)에서 이용하실 수 있습니다.
(CIP제어번호: CIP2012004125)

※잘못 만들어진 책은 교환해 드립니다.